インド仏教思想史 下

ひろさちや

佼成出版社

目次

装幀／山本太郎

本書は、一九八八年二月に㈲大法輪閣から発刊されたものを装幀を変え新装版として小社から復刊したものです。本文は概ねそのままですが、若干著者により加筆訂正を行ないました。

第五章　初期大乗仏教の思想展開

一　大乗仏教の成立と経典

▼大乗仏教の成立年代

大乗仏教の〝大乗〟とは、「大きな乗り物」の意である。古来、〝大〟には「大・多・勝」の三義あり、といわれている。「大きな乗り物」であり、「多くの人を乗せることができる乗り物」であり、そして「勝れた乗り物」なのである。

もちろん、これは自己主張である。われわれの仏教は、そういう大きな、勝れた乗り物であると、この新しく大乗仏教の運動をはじめた人々が豪語したのである。それは、裏返しにいえば、それまでの既存の仏教は小さな、劣った乗り物であるという批難なのである。つまり、

「きみのはチッチャイ。ぼくのはデッカイ」

というのが、大乗仏教徒の主張であり、そこで彼らは既存の仏教――部派仏教――を「小乗」と攻撃したのであった。したがって、〝小乗〟の語は貶称《へんしょう》であって、部派仏教の人たちがみずから〝小乗〟を名乗っていたわけではない。

ところで、大乗仏教徒が、自分たちの仏教のほうがすばらしいと主張した、その主張を書き留めたものが大乗経典である。いや、大乗経典については、大乗経典とはそもそも何か、大乗経典はいかにして成立したか、といったような、非常に厄介な問題がある。それを先に論じておかないと、わたしの言っていることが誤解されそうな気がする。けれども、それらの問題をここで論ずるわけには行かない。それらの問題を先に論ずると、かえってわかりにくくなるからだ。だから、ここでは、誤解されることを覚悟の上で、大乗仏教徒がみずからの主張を表明するためにつくったものが大乗経典である、と言っておく。とりあえずは、大乗経典は、大乗仏教徒の著作だと思っていただいて結構である（この点については、あとで修整することにする）。

では、大乗経典はいつごろからつくられるようになったか？

じつは、この問いは、読者もすでにお気づきのように、大乗仏教はいつごろ成立したか？……といった問いと同じなのである。そしてこれは、非常に頭の痛い問題である。なぜなら、これまで何度も繰り返してきたように、古代のインド史においては歴史年代がほとんどわからないからである。正確な年代決定は、ほぼ絶望だと思っていただきたい。

▼現存する最も古い大乗経典

しかし、正確な年代決定は不可能だとしても、大乗仏教（大乗経典）の成立時期はおおよそいつごろであろうか？

大乗経典のうちで、最も古いといわれているものは「般若経」である。「般若経《はんにゃきょう》」というのは経典のグループの名称で、そのなかには、

『大品《だいぼん》般若経』（二十八巻、もしくは三十巻、あるいは四十巻。正しくは『摩訶般若波羅蜜経《まかはんにゃはらみつ》』という。また『二万五千頌《じゅ》般若』とも呼ばれる）

『小品《しょうぼん》般若経』（十巻。正しくは、これも『摩訶般若波羅蜜経』という。『八千頌般若』と俗称される）

『大般若経』（六百巻。正しくは『大般若波羅蜜多経《はらみったきょう》』。『十万頌般若』）

『般若心経』（一巻。正しくは『般若波羅蜜多心経』）

『金剛経《こんごうきょう》』（一巻。正しくは『金剛般若波羅蜜経』）

などが含まれている。これらの「般若経」のグループのうち、最も古いものは『小品般若経』だという。そこで、大乗仏教の成立はいつか、といえば、この『小品般若経』がいつごろつくられたか、その時期がわかると明らかになるわけである。

しかし、それを知ることは、とうてい不可能である。

だが、ほんの少しの手掛りは残されている。

というのは、漢訳仏典があるからである。

ご承知のように、仏教はインドから中国に伝えられた。そして、中国に伝えられた仏教が、朝鮮半島を経て日本に伝わってきたのである。日本の仏教は、中国で翻訳された漢訳経典をそのまま使

ったが、中国人はインドから中央アジアを経て伝わってきた経典を、全部自国のことばに訳したのである。そこで、経典が中国で翻訳された年代を手掛りにすれば、その経典がインドで製作された年代のおおよそが推定できるわけである。

では、中国に仏教が伝わったのはいつごろか……？　それについてはさまざまな伝説が語られているが、われわれはそれを西紀前後のころと考えておくことにする。この点については、学者の見解はほぼ一致している。

しかしながら、西紀前後のころに仏教が中国に伝わったにせよ、経典の翻訳はそれより後のことである。経典の翻訳は、

――後漢の桓帝（在位一四六〜一六七）の時代に、安息国（パルチア）の安世高が洛陽に来て、「小乗経典三十四部、凡《およそ》四十巻」を訳した。

――同じく後漢の桓帝と霊帝（在位一六八〜一八九）の時代に、月支の支婁迦讖《しるかせん》が洛陽で、「大乗経典十三部、凡二十七巻」を訳した。

のが最初とされている。したがって、西紀二世紀のころである。

ところで、この支婁迦讖が翻訳した「大乗経典十三部、凡二十七巻」のうちには、われわれが問題にしている『小品般若経』がある。もっとも、支婁迦讖はそれを『道行般若経』と訳しているが、『道行般若経』は『小品般若経』の同本異訳である。したがって、現存する最古の大乗経典と考えられる『小品般若経』は、二世紀には中国に伝来していたのである。それから考えて、この経典の

インドでの成立年代を、平川彰博士は次のように推定しておられる。

『道行般若経』が中国に伝えられたのは、西紀一七〇年ごろであるから、したがって一五〇年ごろには、この経はすでに大月氏国に存在していたわけである。ゆえにそれより遡って、最古の「道行品」等（『道行般若経』は三十章に分かれているが、章によって成立年代がちがう。第一章の「道行品」等は、最も古く成立したものと考えられている――引用者注）の成立は、西紀一世紀に遡ることは確かであり、あるいはそれより古く、西紀前一世紀ごろに比定することも不可能ではない。しかしアショーカ王（西紀前二六八～二三二ごろ在位）の「法勅」には、大乗思想は見当らないから、大乗の興起を西紀前後のころよりあまり遡らせることはできない。（『講座・大乗仏教1』春秋社、所収の平川氏の論文）

▼大乗経典の数

頭が痛くなるような、面倒なことを論じてきたが、要するに大乗仏教の成立は西紀前後のころ、といった程度のことしかわからないわけである。インド史の場合は、百年ぐらいの単位でしかものを考えられない。日本の場合とだいぶ事情がちがっている。

では、西紀前後のころ、つまり紀元前一世紀から紀元後一世紀のころにかけて、大乗仏教が興起してきたが、それはどのようなかたちで行なわれたのであろうか……？　ここでわれわれは、実際の歴史的経緯を検討する必要がある。

しかし、その前に、大乗経典の発達史について少しく述べておこうと思う。というのは、やむなく文献学的な面倒な論述をしたのだから、ことのついでに文献的な問題を片づけておこう、という魂胆である。

さて、大乗仏教の経典は、どれくらいの数があるだろうか?

仏教経典を集大成したものに「大蔵経《だいぞうきょう》」があるが、現在、仏教学者たちが依拠している最もスタンダードな「大蔵経」は「大正新脩《しんしゅう》大蔵経」全百巻である。ただし、全百巻のうちの最初の三十二巻が印度撰述部であって、これが本来の「大蔵経」である。

ところで、読者もよくご存知のように、「大蔵経」は、「経蔵」(教え。これが狭義のお経)と「律蔵」(戒律に関する文献)と「論蔵」(哲学的文献)の三蔵から成り立っている。三十二巻の印度撰述部のうちには、経蔵・律蔵・論蔵がすべて含まれているから、われわれがここで大乗経典を問題にしているときには、経蔵だけをとりあげればよいわけだ。経蔵だけだとなれば、三十二巻のうちの二十一巻がそれである。

もちろん、二十一巻のうちには、小乗経典と大乗経典が含まれている。小乗経典は最初の四巻で、第五巻から第二十一巻までの十七巻が大乗経典である。経の数でいえば、千二百一経である。

したがって、大乗経典は小乗経典の四倍ほどの分量があるのである。

である。

▼大乗仏教の三人の大哲学者

ところで、これらの大乗経典は、普通、発達史的に三期に分類されている。初期・中期・後期である。

初期というのは、最初期の経典から、龍樹《りゅうじゅ》の時代まで。

中期は、龍樹以後、無着《むじゃく》・世親《せしん》の時代まで。

後期は、無着・世親以後、仏教がインドで滅びるまで。

となっている。つまり、インドの大乗仏教には、龍樹および無着・世親という大哲学者がいたのであり、これら三人の大哲学者の出現をもって、仏教思想史を時代区分するのである。

龍樹および無着・世親についての詳しいことは、のちにその場所になってから述べることにする。ここでは簡単に、インド名と生存年代くらいを言っておく。

龍樹は、インド名をナーガールジュナ（Nāgārjuna）という。一五〇年ごろから二五〇年ごろの人物である。それ以上の詳しい生没年はわからない。漢訳仏典では〝龍樹〟と表記されるほか、〝龍《りゅう》猛《みょう》〟あるいは〝龍勝《りゅうしょう》〟とも呼ばれている。南インドのバラモンの出身で、最初に小乗仏教を学んだが、のちに大乗仏教に転向したという。

つぎに無着であるが、彼のインド名はアサンガ（Asaṅga）という。三九〇年ごろから四八〇年ごろの人。北インドのガンダーラ国のプルシャプラ市（現在のペシャワール）の出身。この人も最初は小乗仏教で出家したが、のちに大乗に転じたのである。

さらに世親であるが、この人は無着の弟である。したがって、同じくガンダーラ国のプルシャプラ市の出身。インド名をヴァスバンドゥ（Vasubandhu）といい、漢訳名には〝世親〟のほかに〝天親《てんじん》〟もある。生没年は四〇〇年ごろから四八〇年ごろとされている。じつは、無着・世親の生没年については、学者の説は大きくわかれている。世親について言えば、いま挙げた四〇〇年ごろから四八〇年ごろという説のほかに、三三〇年ごろから四〇〇年ごろとする説もある。昔は三三〇年―四〇〇年説が有力であったが、最近は四〇〇年―四八〇年説のほうが支持者が多い。ここでも、支持者の多いほうの説を採用しておく。世親も最初は小乗仏教の学者であって、『倶舎論《くしゃろん》』をつくって大乗仏教を攻撃していたが、のちに兄の無着に諫《いさ》められて大乗仏教に転向した。

このように三人の大哲学者を紹介していて、三人が三人とも最初は小乗仏教を学んでいるところが面白いと思う。こんなところでわたし自身の体験を書けば、龍樹や無着・世親と自分を同列に置いているのか⁉……と叱られそうだが、わたしにそんな不遜な気持ちはない。ただ、単純にわたしの経験を語っておこうとするまでであるが、わたしもまた仏教の勉強をはじめたとき、小乗仏教からはじめた。小乗仏教の思想を学んでいて、それにものすごく惹《ひ》かれたことをおぼえている。大乗仏教は泥臭くて、野暮ったくて、わけのわからない思想体系のように思えてならなかった。もちろん、いまではそんなことはこれっぽっちも考えていない。いまは大乗仏教のほうに惹かれている。

しかし、仏教の勉強のし方としては、小乗仏教の教理から勉強をはじめたほうがよいのではないかしら……。いきなり大乗仏教から勉強したのでは、大乗仏教そのもののよさがわからなくなると思う。わたしはそんな感想をもっている。龍樹や無着・世親が最初は小乗仏教を学んでいたことを思い出して、わたしはますます自分の感想を強めた次第である。

▼大乗経典の三期の分類

話をもういちど元に戻す。

大乗経典は、龍樹と無着・世親兄弟の時代を境にして、初期・中期・後期の三期に分けることになっている。すなわち、龍樹の著作の中で言及され、引用されている経典が、初期大乗経典である。次に、龍樹の著作のうちには引用されておらず、無着・世親兄弟の著作の中で言及され、引用されている経典は、中期大乗経典である。そして、龍樹や無着・世親兄弟の著作にいっさい言及のない経典が、後期大乗経典である。後期大乗経典のうちには、密教経典も含まれている。

では、初期の大乗経典にはどのようなものがあるか？

以下のものが代表的な初期大乗経典である。

「般若経」グループ……『小品般若経』『大品般若経』『大般若経』『般若心経』『金剛経』

『維摩経《ゆいまぎよう》』

『華厳経《けごんきよう》』

「浄土教経典」……『大無量寿経《だいむりようじゆきよう》』『阿弥陀経《あみだきよう》』『観無量寿経《かんむりようじゆきよう》』（ただし、『観無量寿経』はインド外の成立と見られている）

『法華経《ほけきょう》』

次に、代表的な中期大乗経典を挙げると、

『涅槃経《ねはんぎょう》』

『楞伽経《りょうがきょう》』

『勝鬘経《しょうまんぎょう》』

『解深密経《げじんみつきょう》』

などがある。のちにその場になって解説するが、中期大乗経典は「如来蔵思想《にょらいぞう》」と「唯識説《ゆいしき》」を展開している。

最後に、後期大乗経典がある。後期大乗経典としては、

『大集経《だいじっきょう》』

『地蔵十輪経《じぞうじゅうりんきょう》』

を挙げるべきであろう。しかし、これらの経典は、インド以外の中央アジアあたりでの成立かもしれない。

また、後期大乗経典のうちには、

『大日経《だいにちきょう》』

『金剛頂経《こんごうちょうきょう》』

といった密教経典を含めるのが普通である。もっとも、密教と大乗仏教はまったくちがった宗

教（仏教）だと考えることもできるから、その場合は、密教経典だけを別にして論じることになる。しかし、それにしても、密教経典の成立は後期大乗経典の時期に重なるのである。密教と大乗仏教はどう違うか、大乗仏教のうちに密教を含めてよいかどうかは、いずれ密教を論ずるときに考えることとしよう。

二　山林に隠棲した行者たち

▼二つのグループの存在

大乗仏教は、仏教の開祖の釈尊が入滅されてから、三百年、四百年ののちに歴史の舞台に登場した新興宗教である。そしてそれは、仏舎利《ぶっしゃり》（釈尊の遺骨）を祀ったストゥーパ（仏塔）崇拝を基盤に形成されたものである。といったことを、わたしはこれまで数度にわたって指摘してきた。現在のところ、これが学者たちの最も有力な説である。

ところで、大乗仏教の主張を表明している大乗経典であるが、現在知られている最も古い大乗経典は「般若経《はんにゃぎょう》」である。ただし、「般若経」というのは単独の経典ではなく、経典類（グループ）の名称である。

じつは、ここのところに、ちょっと厄介な問題がある。

というのは、「般若経」は、あまり仏塔崇拝をすすめていないのである。

仏塔崇拝をしてはならない——というわけではない。仏塔崇拝を完全に否定しているわけではないが、仏塔崇拝の功徳よりも、「般若経」という「経巻」を供養して得られる功徳のほうがはるかに大きい、と主張しているのである。

たとえば、『道行般若経』巻二の「般若波羅蜜功徳品」（『大正新脩大蔵経』第八巻、四三一ページ下〜四三二ページ上）には、

——般若波羅蜜は明呪・大明呪・無上明呪であり、これを読誦し受持すれば、四天王に護念され、戦場においては刀や矢に当たらず、あらゆる災難を避けることができる。般若波羅蜜を受持・読誦・供養・恭敬・尊重讃嘆し、好花・香・瓔珞《ようらく》・塗香《ずこう》・焼香・末香・雑香・繒蓋《そうがい》・幢幡《どうばん》をもって供養すれば、無量無辺の福徳が得られる。その福徳は、仏舎利を供養する功徳よりはるかに大きい。

と述べられている。面白いのは、経巻供養のやり方である。これは仏舎利供養と同じなのだ。つまり、仏舎利のかわりにそこに経巻を置けば、それが経巻供養になるのである。

それはともかく、「般若経」をつくった人たちは、経巻崇拝を喧伝《けんでん》し、仏塔崇拝をあまりよく言っていなかった。ということは、最初期の大乗仏教の運動家のなかには、少なくとも二つの系統があったことになる。それを、

——仏塔信仰グループ——

——般若グループ——

と呼んでおく。したがって大乗仏教は、たんに仏塔崇拝だけが起源になったのではなく、仏塔崇拝を核にして、そこにさまざまな要素が影響をおよぼしてできあがったものと考えたほうがよい。

しかも、そうした副次的要因のうち、とりわけ「般若グループ」の影響は大きかったようである。ある意味では、このグループを無視して大乗仏教の成立を語れそうにない。それほど大きな影響をもつグループであったと思われる。

では、「般若グループ」とは、いかなるものであったか……?

▼『法華経』に登場する「般若グループ」

だが、残念なことに、この「般若グループ」については、現在の研究では、ほとんど何もわかっていないのである。「般若経」といった経典が存在しているのだから、それをつくった人たちがいたことだけはまちがいない。しかし、そのグループがいかなるものであったか、皆目わからないのである。

じつをいえば、ちょっと思わぬところに、このグループが顔を覗《のぞ》かせている。思わぬところ……というのは、『法華経』である。

『妙法蓮華経』「方便品第二」には、釈尊が説法をはじめようとしたとたんに、五千人の聴衆が退場したことが語られている。

此の語《みことば》を説きたもう時、会中《えちゅう》に比丘・比丘尼・優婆塞《うばそく》・優婆夷《うばい》、五千人等あり。即ち座より起《た》って仏を礼《らい》して退きぬ。所以《ゆえ》は何《いか》ん、此の輩《ともがら》は罪根深重に及び増上慢にして、未だ得ざるを得たりと謂《おも》い、未だ証せざるを証せりと謂《おも》えり。此の如き失《とが》あり、是を以て住せず。世尊黙念として制止したまわず。爾《そ》の時に仏《ほとけ》、舎利弗《しゃりほつ》に告げたまわく、我が今此の衆は復《また》枝葉なく、純《もっぱ》ら貞実《じょうじつ》のみあり。舎利弗、是の如き増上慢の人は、退くも亦《また》佳《よ》し。（『訓譯　妙法蓮華経并開結』平楽寺書店版による）

僧・尼僧・男女の信者の五千人は、増上慢の故に釈尊の説法の場を去って行く。釈尊はそれを制止せず、去るがままにまかせておられる。そして、彼らがいなくなったあと、この場にかす（枝葉）はなくなり、真の信仰をもつ者（貞実）のみが残った。あの増上慢の者どもが去るのは、よいことである――。釈尊はそう言っておられる。いや、釈尊はそう言われたと、『法華経』は語っているのである。

もちろん、読者もよくご存知のように、『法華経』はフィクション（虚構）である。このような出来事が実際にあったわけではない。しかし、そのように書けば、おまえは『法華経』は嘘っぱちを語っていると、『法華経』にケチをつけるつもりか?!……と、叱られそうな気もする。大乗経典を論ずるときには、実際、ここのところがむずかしいのである。ストレートに事実を述べると、かならずクレームがくる。

この後のこともあるので、ちょっと贅言《ぜいげん》を付しておく。

わたしは、『法華経』にしろ『華厳経』にしろ、「般若経」「浄土経典」にしても、すべて大乗経典は事実を超えた真実を語っていると思っている。だから、『法華経』が事実を語っていないといっても、心配することはない。『法華経』は——その他の大乗経典も——フィクションを通じて最高の真実・真理を語っているのであるから……。

それはともかく、『法華経』は面白いフィクションを語っている。それは、釈尊の説法のはじまる直前、五千人が退場してしまったという舞台設定である。釈尊がこれから説こうとされているのは『法華経』である。五千人の人々は、『法華経』など聴きたくないといって去って行ったのである。

では、この五千人は、どういう人々であるか……? 『法華経』を信奉しているグループに対立するグループだ、ということはまちがいない。しかし、それ以上のことはわからない。だが、どうやらこの人たちが、「般若グループ」ではなかったか……。わたしは、そんなふうに勝手に想像しているのである。

▼仏教教団の支部組織

『法華経』は、仏塔信仰を派手に鼓吹《こすい》した経典である。一方、「般若グループ」は、仏塔信仰をそれほど評価しない。だから、どうしても仲が悪いのである。その仲の悪さが、『法華経』のうちに「五千人の退場」というフィクションを描かせたわけだ。わたしはそう見ている。

ところで、では、この「般若グループ」はどのような人たちか? 前にも言ったように、現在の文献学では全然、まったくわからないのである。したがって、文献学的にインド仏教思想史を執筆しようとすれば、これ以上を語ることはできない。あとは、「般若経」――いちばん古い大乗経典類――の思想を解説することになる。

でも、それでは、あまり面白くない。

わたしは、なにも与太を飛ばすつもりはない。けれども、かといって、絶対確実とされる文献資料だけを連ねて、それで能事《のうじ》畢《おわ》れりとするつもりもない。わたしは、わたし自身の思想のいとなみとしての思想史を書きたいのである。

いや、率直に言おう。このところで、わたしはちょっと大胆な推理をしてみたいのである。これまで誰も学者は言っていないのだが、わたしは独創的な仮説を持っている。このような仮説を導入すれば、いろんなことがうまく説明できる、そんな仮説をわたしは持っている。それをここに紹介したいと思うのだ。いささか危険であるが、あえて大胆な推理を展開しておく。読者は、したがって、ある程度の覚悟をしておいてほしい。

*

さて、話は釈尊在世のころに遡《さかのぼ》る。

上巻の、「虚実のデーヴァダッタ」のところ（一六三ページ）で、わたしは、釈尊の在世のころの仏教教団は一種の支部組織になっていたのではなかったか……と、これも想像を語っておいた。この想像には、相当の根拠がある。人々は支部単位で活動していた。支部長ともいうべき長老の阿羅漢の指導をうけて、修行に勤《いそ》しんでいたと考えたほうがよい。広い地域にひろがった弟子たちを、釈尊一人が教化されたと考えるほうがおかしい。とてもそんなことはできないはずである。

そして、釈尊が亡くなられたとき、当時第一の長老であったマハーカッサパ（摩訶迦葉《まかかしよう》）の提唱によって、各支部の大同団結が行なわれた。それが、一般に「結集《けつじゆう》」と呼ばれているものである。各支部が、それぞれ釈尊に教示されたままを伝承して行くことの不可を思ったマハーカッサパは、教理や戒律を統合することを考えたのである。教団としての正統教義、正統戒律を樹立したのが、第一結集であった。

ところが、この第一結集に参加しない支部があった。その代表がデーヴァダッタ（提婆達多《だいばだつた》）の支部であったと、わたしは推理している。デーヴァダッタの支部は、わりと大きかった。そして、結集に参加しないばかりか、そのような結集の無意味さを主張した。釈尊は、人それぞれにそれぞれの道があると教えておられた——対機《たいき》説法・応病与薬・八万四千の法門——のだから、なにも教義や戒律を統一する必要はない。いや、統一しようとしてはならない。と、デーヴァダッタの支部は主張したのではなかったか……。そのために、この支部は、部派教団の歴史から抹殺されてしまった。デーヴァダッタは釈尊に叛逆し、釈尊を殺そうとさえした。そんなありもしない事実まででっちあげられて、彼は叛逆者の烙印を押されてしまったわけである。それが荒唐無稽なでっちあげであることは、紀元後四世紀のインドにデーヴァダッタの教団が存続していたことによって、一目瞭然である。

▼阿蘭若の行者たち

以上は、すでに述べたことの蒸し返しである。

ところで、わたしは、ここにもう一つの、第一結集に参加しなかった支部を追加しておきたい。

その支部のリーダーが誰であったか、じつはよくわからない。

しかし、わたしは、ここにわたしの推理を語っているわけである。このことについては、これまで何人《なんぴと》も語っていないことである。したがって、「よくわからない」などと言わずに、わたしは大胆に推理を進めておく。もしも推理に矛盾が生じたなら、あとから修整すればよいだろう……。

そこで、わたしがその支部のリーダーに推定する人物は、スブーティである。スブーティ。漢訳仏典では須菩提《しゆぼだい》と呼ばれている人物だ。例の祇園精舎《ぎおんしようじや》を寄進した、舎衛城《しやえじよう》の給《ぎっ》孤独《こどく》長者の甥にあたる人で、釈尊の十大弟子の一人に数えられ、「被供養第一」と賞讃されている人物である。

いや、それよりも、『金剛般若波羅蜜経《こんごうはんにやはらみつきよう》』において、釈尊はこのスブーティ（須菩提）を相手に法（教え）を説いておられることを忘れてはいけない。彼はまた、「解空《げくう》第一」といわれている。「空」の教理の理解にかけては、釈尊のあまたの弟子のうちで彼が第一であったというのである。まことに、「般若グループ」の祖とするにふさわしい人物である。

わたしの想像では、釈尊の在世中、仏教教団のうちにはスブーティを指導者とする支部があり、この支部は阿蘭若《あらんにや》における修行を行なっていた。阿蘭若というのは森林であり、だからこの人々を山林修行者と呼ぶことができるだろう。日本でいう修験道の山伏を連想してもらってもよい。いや、インドの森林は恐ろしい場所で、トラが出てくる危険もある。山伏などよりはるかに命がけの修行であったと考えるべきであろう。

したがって、釈尊は、たとえばウパーリ（漢訳仏典では優波離《うばり》）に向かっては、汝には阿蘭若の行はふさわしからずと、阿蘭若（森林）における修行を許可されていない。

「優波離よ、僧伽の中に住せよ、汝、僧伽の中に住せば安穏ならん」（『増支部経典』十集、九十九「優波離」――「南伝大蔵経」第二十二巻下、一二〇〜一二九ページ）

と、釈尊はウパーリに言っておられる。僧伽の中、つまり教団の中にあっての修行がオーソドックス（正統的）なのだ。山林に隠棲して修行する行者は、仏教教団では異端視されていたのかもしれない。

だが、阿蘭若の行者は、異端視されていたとしても、厳として存在していた。存在していたからこそ、ウパーリは釈尊に、自分もまた山林（阿蘭若）に隠棲したいと願い出たわけである。彼らは非正統ではあるが、ひょっとしたら数の上ではわりと多数であったかもしれない。わたしは、そのような人々が、すでに釈尊在世のころから、仏教教団の内部にいたと推測している。

▼山林隠棲者たちの偶像

先程わたしは、この山林に隠棲したグループの指導者はスブーティであったと、一つの想像を語っておいた。しかし、どう考えても、「指導者」「リーダー」といった語は不適当である。早速に修整を加えておく必要がある。

というのは、ちょっと考えればわかるように、山林隠棲者たちは絶対に大集団にならないのである。数十人の人間が山林にコロニー（群集）をつくれば、とたんにそこは山林でなくなってしまうだろう。

したがって、山林隠棲者たちが多数いたにしても（わたしは多数いたと推定しているが）、彼らは五、六人を単位として行動していたのだと思う。せいぜいのところ、十人、二十人が限度である。そういえば、成道《じょうどう》以前の釈尊は、マガダ国のウルヴェーラー地方で、五人の仲間とともに苦行をつづけておられた。釈尊を加えて六人のグループがあったわけだが、あれが山林隠棲者の一つの典型であった。

だとすれば、山林隠棲者には、正式な意味でのリーダーはなかった。また、山林隠棲者のグループは、デーヴァダッタのグループが「支部」を形成していたと同じ意味では、「支部」とは呼べないものである。むしろ彼らは、支部をはみ出た比丘たちであって、いかなる支部にも属さぬ浮動層であったようだ。したがって彼らは、支部の大同団結の儀式であった第一結集にも参加しなかったのである。というより、参加のしようがなかったわけだ。

では、スブーティは、いったい何であったのか……？

たぶん、釈尊の入滅後になって、山林隠棲者たちは、自分たちの行き方（仏道実践）を代表してくれる人物として、スブーティをかつぎだしてきたのではなかったか……。その点では、わが国修験道における役行者《えんのぎょうじゃ》に似ている。役行者は、半ば実在の人物であり、半ば伝説の人物である。スブーティも実在の人物であったが、のちには伝説の人物とされたはずである。山林隠棲者は、現実のスブーティの上に、自分たちの代表としての伝説的人物像を重ね合わせたのである。わたしはそのように推理している。

スブーティは、山林隠棲者たちの偶像的存在とされたのである。

▼十二頭陀行

では、なぜスブーティが選ばれたのであろうか……?

じつをいえば、阿蘭若の行であれば、スブーティよりももっと適当な人物がいる。それは、マハーカッサパ（摩訶迦葉《まかかしょう》）である。なぜなら彼は、「頭陀《ずだ》第一」と称せられている人物だからである。

ちょっと、「頭陀」について解説しておく。

「頭陀」とは、サンスクリット語の「ドゥータ」を音写したもので、衣・食・住に対する執着を払いのける修行実践をいう。日本で「頭陀袋」というのがあるが、あれは山林での修行者が持っている袋から名づけられたものである。

頭陀の実践項目には十二があり、古来「十二頭陀行」といわれている。

1　在阿《ざいあ》蘭若処《らんにゃしょ》……人里離れた山林に住む。わたしが先程から「阿蘭若の行」と言っているのがこれである。

2 常行乞食《じようぎようこつじき》……つねに托鉢《たくはつ》乞食によって生活する。

3 次第乞食《しだいこつじき》……乞食するのに、家の貧富を選ばない。

4 受一食法《じゆいちじきほう》……一日一食。

5 節量食《せつりようじき》……食べ過ぎぬこと。

6 中後不得飲漿《ちゆうごふとくおんしよう》……中食以後は飲み物（漿）をとらぬ。

7 著弊納衣《じやくへいのうえ》……廃物のぼろで作った衣を着る。

8 但三衣《たんさんね》……三衣以外を所有せぬ。

9 塚間住《ちようげんじゆう》……墓場に住む。

10 樹下止《じゆかし》……樹の下に住む。

11 路地坐《ろじざ》……空地に坐る。

12 但坐不臥《たんざふが》……常に坐して、横にならない。

これが頭陀行である。わたしが阿蘭若の行と呼んでいるものは、頭陀行の一つである。いや、頭陀行そのものだと言ってもよい。わたしは修行の場所を問題にしたかったので「阿蘭若の行」と言ったのであって、別段、狭義の「在阿蘭若処」にこだわる必要はない。広義の「頭陀行」と解してもらっていいのである。

それはともかく、「阿蘭若の行」あるいは「頭陀行」といえば、まずまっ先きに名が浮かんでくるのはマハーカッサパである。マハーカッサパこそ、頭陀行の第一人者であった。

しかし、にもかかわらず、わたしはマハーカッサパよりもスブーティを選ぶ。

なぜか……?

それはスブーティが、肉体を超越した釈尊を拝んでいたからである。

彼は、肉体（色身《しきしん》）の釈尊ではなく、永遠の釈尊に見《まみ》えていた。

そして、山林隠棲者たちも、スブーティに倣《なら》って永遠の釈尊に見《まみ》えんとしたのである。

それ故にこそ、山林隠棲者たちは、スブーティをかつぎだしてきたのである。わたしはそのように推理している。しかし、そこのところの詳しいことは、次節に書くことにしよう。

三　大乗仏教の二大源流

▼ガヴァンパティ比丘の場合

釈尊が伝道活動をはじめられた、その最初のころの弟子に、ガヴァンパティ（漢訳仏典では〝牛主〟）と呼ばれる人物がいる。

釈尊の最初の弟子は五比丘《びく》であった。釈尊が悟りを開いて仏陀となられる前に、釈尊とともに苦行をやっていた五人の仲間がいた。成道ののち、釈尊はこの五人の仲間たちのいるベナレス（カーシー国）に行かれて、五人を相手に教えを説かれた。五人はつぎつぎと悟りを開いて、阿羅漢《あらかん》となった。この五人（五比丘）が、釈尊の最初の弟子である。

ついで、釈尊はベナレスの地で、良家の子であるヤサを弟子にされた。したがってヤサは、釈尊の第六番目の弟子である。

そして、ヤサに四人の親友がいて、この四人が出家して釈尊の弟子となった。その四人のうちの一人が、ガヴァンパティである。だから、ガヴァンパティ比丘は、初期の釈尊の弟子の十指に入るわけだ。

山辺習学著『仏弟子伝』（法蔵館）には、このガヴァンパティに関する興味あるエピソードが伝えられている。すなわち、釈尊は彼について、

「天上に居ることを楽しんで、人中に処《お》らない」

と言われたそうだ。山辺習学は、「あるいは閑寂な処にあって、ひとり坐禅を楽しんでおったことかもしれない」と推理しているが、わたしもその推理に賛成である。ガヴァンパティ比丘は、わたしが述べている「阿蘭若《あらんにゃ》（森林）の行者」「山林隠棲者」であったにちがいないのだ。

ところで、釈尊が入滅されたときである。その報《しら》せを聞いたガヴァンパティは、次のように言ったそうだ。少し長いが、山辺習学の『仏弟子伝』から引用しておく。


釈尊入滅の後、マハーカッサパはラージャガハ（王舎城《おうしゃじょう》）において、第一結集《けつじゅう》の会を催した。この時、諸大弟子はみな集まったが、彼はひとり天上界のシリーシャ宮（あるいはシリーシャ樹の幽居）にあって、世尊の涅槃を知らず、この集会にも加わらなかった。尊者アヌルッダは天眼をもってこれを知り、マハーカッサパに語って使いを遣《や》らしめた。使いの比丘は、不那（プンナ、前にあげた満足比丘かもしれぬ）と呼ばれた。彼は、ただちにガヴァンパティの下にゆきて、「滅後の結集に列なるように」というマハーカッサパの使命を伝えた。ガヴァンパティはこれを聞いて

「ああ、大聖世尊はもう涅槃の雲に隠れたもうたか。一切世間は空虚《から》となって、天魔は時を得たりと喜び、人々は迷いの暗《やみ》に閉ざされることであろう。無上の明灯《ともしび》、世に在《ま》しませば、われはただちにゆきて、尊容を拝むであろうけれども、ああ、今はもうわが事も終わった。いまより、涅槃に入るであろう。なんじはわが衣鉢をおさめて、諸長老尊に捧げ、慈恕《ゆるし》を受けよ」

といい終わって虚空に躍り、種々の光を放ち、火を作って身を焼いた。

▼山林修行者たちの「仏教」

以上のような記述によって、釈尊の在世中から、ガヴァンパティ比丘のような「山林隠棲者」が少なからずいたことを、われわれは知ることができるのである。彼らは山林において世間と没交渉な生活を楽しみ、教団の主流派の人々とも附き合いがなかった。だから、釈尊が入滅されたことも、ガヴァンパティは知らないでいた。つまり、彼らはアウトサイダー（局外者）であったわけだ。

注意しておいてほしいのは、釈尊がガヴァンパティ比丘のような行き方（生き方）を許されていたことである。閑静な場所で坐禅をする。すると心は、いわゆる天に昇る気持ちになるらしい。その心境を譬喩的に「天上に居る」といったのである。ガヴァンパティ比丘は、そうした意味で天上にいたのだ。そして釈尊は、彼が天上にいる――あるいは「逃避」していた――のを許しておられる。出家者は必ずしも精舎にあって団体生活をやる必要はなかったのである。人それぞれにちがった行き方（生き方）があった。八万四千の法門があったのである。

それから、ガヴァンパティ比丘が第一結集に参加しなかったこと。これもちょっと面白い。たぶん、事情はこうであったと思う。山林で隠棲していたガヴァンパティのところに、釈尊の入滅の報せがあった。王舎城で結集をやるから、そなたも参加してほしい――といった要請があったのであろう。ガヴァンパティ比丘は、「もうわたしも年老いたので、そんな会議に出たくもないが……」と、参加を渋った。そして、そうこうしているうちに、ガヴァンパティ長老も入滅したわけだ。わたしはそんなふうに推理する。

ガヴァンパティ比丘には、弟子がいなかったわけではない。四、五人、あるいは十人くらいの弟子がいたかもしれない。しかし、それくらいの弟子であれば、微々たる勢力である。マハーカッサパ（摩訶迦葉《まかかしよう》）が結集によって統合した教団にとっては、無視できる数であったと思われる。けれども、話をちょっと蒸し返せば、同じ山林（阿蘭若）に籠もる仏教者であっても、デーヴァダッタ（提婆達多《だいばだつた》）のグループは大きな勢力であった。だから、正統教団はこのデーヴァダッタのグループを敵視したのである。それが、デーヴァダッタ＝悪人説の原因である。

ガヴァンパティのほうは、まあ無視されたわけだ。

無視されるような微々たる勢力ではあるが、釈尊の存命中から、すでに山林修行者のグループがあったことは、このガヴァンパティのエピソードから推測できる。そのような山林修行者たちは、釈尊の入滅後も山林に隠棲しつつ「仏教」を学んでいた。正統教団（部派教団）の仏教だけが「仏教」ではなかったのだ。いろんな「仏教」がありえるのである。

そして、彼ら山林修行者の「仏教」が、のちの大乗仏教の核になったらしい。わたしはそう考えている。

▼「空」の立場で釈尊に見えたスブーティ

さて、スブーティ（須菩提《しゅぼだい》）である。

釈尊の十大弟子の一人に数えられるこのスブーティについても、興味あるエピソードが伝えられている。

あるとき、釈尊が三ヵ月ほどのあいだ、行方不明になられたことがあった。行方不明とは変な表現だが、出家の弟子たちや在家信者たちに懈怠《けだい》の様子のあるのを見られた釈尊は、彼らに注意を喚起すべく、誰にも告げることなく三十三天に昇り、そこに三ヵ月間滞留された。そして、生母の摩《ま》耶夫人《やぶにん》（マーヤー）のために説法されたのである。そんな伝説がある。有名な「昇三十三天為母説法」である。

ちょっと文献的なことを言っておけば、この話は『増一阿含経《ぞういちあごんきよう》』に出てくる（「大正大蔵経」第二巻、七〇五～七〇八ページ）。漢訳の『増一阿含経』は、南伝の『増支部経典』に相当するわけだが、しかしこの話の部分は南伝には見当たらない。したがって、この話は、後世の創作だと考えてよい。

ところで、問題は、釈尊が三十三天から降下して来られたときである。

そのとき、スブーティは霊鷲山《りようじゆせん》にあって衣を縫っていた。ふと彼は思い出した。きょうは釈尊が降りて来られる日である。迎えに行こう……と、スブーティは右脚を一歩踏み出した。

だが、次の瞬間、スブーティは考えなおした。

形としての釈尊は、五蘊《ごうん》（肉体と精神）でしかない。そして、五蘊はすべて「空」である。釈尊はそう教えておられる。だとすれば、釈尊を拝む行為は、「空」を拝むことによって達成される。自分は、いま、ここで「空」を観じていればいいのだ。それが釈尊に見《まみ》えることになる……と。

そう考えたスブーティは、釈尊を出迎えに行かなかった。

一方、現実に釈尊を出迎えた最初の人間は、蓮華色比丘尼《れんげしきびくに》（ウッパラヴァンナー）であった。彼女は王の姿になって、釈尊を迎えたという。

けれども、釈尊は言われた、

「わたしを最初に出迎えてくれたのは、蓮華色比丘尼よ、そなたではないのだよ。スブーティこそ、最初の人である」

と。

もちろん、これは後世の作り話である。こんな事実があったわけではない。けれども、わたしが思うには、ここには事実を超えた大きな真実が語られている。わたしは、これを釈尊のことばとして信じてよいと思っている。

▼肉体を超越した釈尊に見《まみ》える

前にわたしは、釈尊を拝まんとした病身の比丘のことを語っておいた（上巻一五五ページ）。彼は、名をヴァッカリと言った。重態の彼は、死の前に一目、釈尊を拝したいと思い、使者をおくって釈尊に願い出た。釈尊はわざわざヴァッカリの病床までやって来てくださった。

ヴァッカリは、起きあがって釈尊を拝まんとした。

そのとき、釈尊は言われた、

「止みなん、ヴァッカリよ。この爛壊《らんえ》の身（腐りゆく肉体）を見て何になろうぞ……」

そして、そのあとに、こんなことばがつづいている。

「ヴァッカリよ、法を見る者はわれを見る者であり、われを見る者は法を見る者である」

「法」とは真理であり、そして「われ」とは釈尊のことだ。真理を見る者が釈尊を見る者であり、釈尊を見る者は真理を見ている――と、そう言っておられるのである。そこには、

○釈尊の教え

○釈尊の肉体

の二つの要素が対立的に捉えられており、そして、肉体の面での釈尊よりも、法（真理）としての釈尊のあり方が大事なのだ、と強調されているわけだ。

つまり釈尊は、ヴァッカリに対しても、そして蓮華色比丘尼に対しても、スブーティに対しても、肉体は「空」であり、そのような肉体を拝するよりも、釈尊が説かれた教え――すなわち仏教――

を護持せよ、と教えておられるのである。そして、比丘・比丘尼たちが「空」を了得できたならば、そのとき彼らは釈尊に見えることができるのである。スブーティは「空」を観じて、誰よりも早くに釈尊に見えたのであった。

だとすれば、……。

そうなんだ。肉体の釈尊が八十歳で入滅されたとしても、比丘・比丘尼たちは「空」を観ずることによって、いつでも釈尊にお会いすることができる。釈尊の入滅後は、肉体の釈尊は存在していない。けれども、肉体を超越した釈尊——それは永遠の釈尊である——は存在しているのであり、その肉体を超越した釈尊に見えることが可能なのである。

山林隠棲者たちは、そのような釈尊に会いつづけていた——。

彼らは、スブーティが「空」を観ずることによって釈尊に面会することなく見えたように、肉体の釈尊が入滅されたあとも、自由に釈尊に会いつづけていたのである。

わたしはそのように推定している。

▼「昇三十三天」伝説の意味

ところで、もう一度、「昇三十三天為母説法」の伝説を検討してみたい。

じつはこの伝説は、直接には「仏像の起源」を語ったものなのである。

釈尊は三十三天に昇られ、三ヵ月のあいだ地上から姿を消された。地上にあっては、人々は釈尊の不在を悲しみ、ことに優塡王《うでんのう》と波斯匿王《はしのくおう》は憂愁のあまり病臥するにいたった。優塡王はウデーナ王で、コーサンビー国の王。波斯匿王はパセーナディ王で、コーサラ国の国王である。歴史に実在した人物の名を出しているが、もちろんこれは作り話である。

病臥された二人の国王——。そこで、優塡王の群臣たちは、どうしたものかを協議する。その結果、釈尊（如来）の形像を作ることを王に建言した。それで優塡王は、早速に牛頭栴檀《ごずせんだん》でもって釈迦像を作らせた。その形像は、高さ五尺であったという。

一方、これを聞いた波斯匿王も、紫磨金《しまごん》でもって、同じく高さ五尺の釈迦像を作らせたのであった。

そのような伝説である。その後、釈尊が三十三天から地上に帰還されたとき、二人の王は仏像を造ることの可否を釈尊に尋ねている。釈尊は、仏像をつくると大いに功徳がある、と答えておられる。つまり、伝説の主要部分は仏像造像の問題で、スブーティや蓮華色比丘尼については、それに付随して語られているのである。わたしは最初に、その付随した部分を紹介したわけだ。

それはともかく。

この伝説は面白い。釈尊が三十三天に昇られて、地上から姿を消された。それは、やがてやって来る、釈尊の永遠の消滅の予行演習ではないか……。釈尊が涅槃に入られたとき、われわれはどうすればよいか、それを教えるべく、釈尊は人々に予行演習をやらせたわけだ。そんなふうに、この伝説を解釈することができる。

さて、予行演習の結果はどうか？

在家信者である優塡王と波斯匿王は仏像をつくった。形としての釈尊にこだわったのである。それはこだわりではあったが、釈尊はそれでよいと肯定されている。つまり、在家信者は、仏像を通して釈尊を拝せばよいのである。

この在家信者に対して、出家者はどうすべきか？　出家者には、二通りの反応があった。蓮華色比丘尼のように、釈尊の肉体（いや、肉体の釈尊というべきか……）を拝さんとした者と、「空」を観じて、肉体を超越した釈尊を拝さんとした者である。前者の蓮華色比丘尼と同じ行動をしたのが、ヴァッカリであった。あんがい多くの比丘・比丘尼が、このヴァッカリや蓮華色比丘尼と同じ行動をしたのではなかったか……。

そして、もちろん釈尊は、ヴァッカリや蓮華色比丘尼の行動を「不可」とされた。在家信者が肉体にこだわるのはやむをえないが、出家者は肉体にこだわってはならない、とされたのである。出家者は、スブーティのように、「空」を観じて、形を超えた釈尊を見よ！　釈尊はそう言われたのであった。

それが伝説の意味である。

▼伝説と現実との照合

では、実際の歴史はどうであったか……？

現実においては、出家教団は、釈尊が説かれた法（真理）を継承した。釈尊その人が、

「法を見る者はわれを見る」

と言われたのであるから、彼らは忠実にそれをまもったわけである。つまり、部派仏教（小乗仏教）教団は、釈尊その人を「過去の聖者」としたのであった。

この教団の行き方に対して、在家の信者たちはまったく別の途を選んだ。在家の信者たちは釈尊の遺骨（仏舎利《ぶっしゃり》）を祀った塔をつくり、この塔に詣でては釈尊を偲んだ。これが仏塔崇拝であり、こういうかたちでもって彼らは釈尊の肉体にこだわったわけだ。

そして、やがてこの仏塔崇拝をバックにして、新しい仏教――大乗仏教が興起してくる。この大乗仏教においては、釈尊の姿かたちを刻んだ仏像がつくられている。先程の伝説は、仏像が製作された現実を反映したものである。

大乗仏教において仏像が製作されるようになった理由は、前に少しく語っておいた（上巻二九六ページ）。小乗仏教では、釈尊を阿羅漢と見たが故に、釈尊をイメージ（像）化しなかったのである。と同時に、釈尊その人が「肉体」を忌避しておられた（「爛壊の身を拝してはならぬ！」）。したがって、小乗仏教ではどうしても仏像を造りにくいのである。

では、なぜ、大乗仏教になって、仏像が製作されるようになったか……？

わたしは、そこに、山林修行者たちの介在を想像するのである。

釈尊の入滅後、出家者たちの大部分は一つの教団にまとまった。つまり主流派であり、その指導

者はマハーカッサパであった。しかし、マハーカッサパを長とする教団に参加しなかった出家者たちもいたはずだ。そのような反主流派のうちには、デーヴァダッタをリーダーとする、わりと大きなグループもあった。だが、反主流派の大部分は、五、六人で山林に隠棲していた人々である。ガヴァンパティ比丘が、そうした典型である。

そして、山林隠棲者たちは、「空」を観ずることによって、釈尊亡きあとも釈尊その人に見《まみ》えることができたのである。彼らは観法――瞑想体験――によって、いつでも釈尊を拝することができた。「昇三十三天」伝説のスブーティの役割は、山林修行者のかかる瞑想体験を背景にして理解さるべきものである。「空」を観じたスブーティが、まず第一に釈尊を拝した人物なのである。

▼仏塔において釈尊に見える

山林修行者たちは、一種の異端者である。最初の山林修行者たちは、釈尊の在世中、釈尊のもとで出家した人たちである。しかし、彼らは、釈尊の在世中から山林に住しており、釈尊の入滅後も正統教団とは没交渉に、山林にあって勝手気儘にやっていた。

では、釈尊入滅後の山林修行者、すなわち二代目、三代目、あるいはそれ以降の修行者はどうか……？　彼らのうちには、部派教団の戒律を受けて正式に出家し、そのあとで山林修行者となった者もいる。つまり、正式の僧でありながら、教団から逃げ出して異端者になった人たちである。

と同時に、はじめから山林修行者になった者もいたであろう。在家の人間が、個人的に知り合った山林修行者に師事して、自分もまた山林修行者になった人たちである。この後者の人たちのほうが、パーセンテージは多かったと思う。もちろん、これは単なる推測でしかないが……。

そして、この山林修行者の仏教と在家信者の仏塔信仰が結びついたとき、大乗仏教が形成されたのである。

大乗仏教は、基本的には仏塔信仰を核にしながら、そこに山林修行者の瞑想体験が加わっているのである。「空」を観ずることによって、山林修行者たちは釈尊――仏陀に見《まみ》えることができた。そのような瞑想体験を、仏塔を維持管理している人々が教わり、やがて仏塔という場において、釈尊――仏陀に見えることが可能となったのである。

仏塔において、永遠の釈尊に出会う――。それはなんとすばらしい体験であろうか……。

そして、永遠の釈尊に出会った人々は、釈尊から直接に教え（法）を聴いた。永遠の釈尊は、時間と空間を超えて、仏塔の人々に語りかけられたのである。

それが、大乗経典である。

また、永遠の釈尊に見えた人々は、その永遠の釈尊の像をつくった。その像によって、さらに多くの人々が永遠の釈尊に見えることが可能になった。

それが仏像である。

もっとも、仏像に関しては、造像に反対する人々もいた。永遠の釈尊は姿・かたちを超越した存在だから、それを偶像に表現してはならない――と主張する人たちである。このような人々を、わたしは「般若グループ」と呼んでいる。彼らは、永遠の釈尊が「空」であることを強調した。だから、釈尊の肉体性にこだわっているかに思える仏像崇拝や仏塔崇拝を、不純なものとして批難したのであった。般若グループは、永遠の釈尊の教えである「空」の哲学が展開されている「般若経」が、唯一信仰の対象になるべきであると考えていた。

ともあれ、そのようにして大乗仏教が出てきたのである。

仏塔信仰と山林修行者の「空」観——。それが大乗仏教の二大源流であった。

四　「般若経」と「空」

▼なぜ最初に「般若経」か？

さて、「空」である——。

われわれは数節にわたって、大乗仏教の成立史を考察してきた。いかにして大乗仏教が発生したか、文献・資料がほとんどないもので、わたしはだいぶ自分の推理をまじえながら書き綴ってきた。少しは明らかになったのではないか、と、ちょっとうぬぼれている。

大乗仏教には、二つの源泉がある。

その一つは、仏塔（ストゥーパ）信仰——。

もう一つは、山林修行者のあいだで伝えられてきた「空」観——。

この二つが互いに影響しあって、大乗仏教が形成されてきた。……というのが、われわれのひとまずの結論である。

そこで、われわれは、次に「空」の思想を考察してみたい。

われわれの目的は、インド仏教思想史の研究である。仏教の思想の流れを明らかにするのが、第一目的である。大乗仏教がいかにして形成されたか、の考察も大事であるが、しかし、大乗仏教の思想がどのように展開していったか、その流れを明らかにするのがわたしたちの根本の目的である。だから、もうそろそろ、思想史のほうに筆を進めていこう……。

そこで、まず最初に「空」の思想である。

しかし、わたしが最初に「空」の思想をとりあげるのは、大乗仏教の最初に「空」の思想があって、次に仏塔信仰が出てきたからではない。仏塔信仰も、山林修行者による「空」観も、ともに釈尊の入滅直後のころからあった。しかし、それらのものがはっきりと大乗仏教といった新しい様相を呈しはじめるのは、ずっとあとになってのことである。そして、そのような潜在的な動きが顕在化したのは、山林にあって「空」観をやっていた人たちが、「般若経」といった一連の大乗経典をつくったときである。その意味で、その意味でだけ、「般若経」は最も古い大乗経典なのである。

▼煩悩を実体視した小乗仏教

そこで、大乗経典がどんなふうにして作成されたか……、その成立の秘密を述べておこう。最初の大乗経典は「般若経」グループ――『大品《だいぼん》般若経』のように、「般若経」の名がつけられた一連の経典――であったが、これらの経典が作成された経緯（もっとも、それは推理するほかないのだが……）を述べることによって、逆にわれわれの考察の対象である「空」の思想も、少しは明らかになるであろう。

山林修行者たちは、前節にも述べたように、すでに釈尊の在世のころから存在していたのである。彼らは、基本的には出家者であった。しかし、釈尊の入滅後、彼らは出家教団――部派教団、いわゆる小乗仏教の教団――と別行動をとった。というより、部派教団に加わらず、山林にあって独自に「釈尊の教え」を護りつづけた人々を、わたしは山林修行者と呼んでいるのである。

この山林修行者たちは、部派教団の行き方を苦々しく思っていた。苦々しく……というのは、ちょっと言い過ぎか……。しかし、部派教団の行き方に彼らが賛成でなかったことは、まちがいない。部派教団（いわゆる小乗仏教）は、戒律至上主義をとっていた。釈尊が「小々戒」は廃してもよいと言われたにもかかわらず、二百五十もの「小々戒」を制定して、後生大事と守りつづけている態度。どう考えても、それは釈尊の精神ではない。山林修行者はそう思っていたにちがいない。

それと同時に、小乗仏教の人たちは、人間の煩悩を実体視していた。

人間にはさまざまの煩悩がある。煩悩と呼ばれるものが確として存在している――。小乗仏教の人々とはそう考え、その厳然と存在する煩悩を断滅せねばならぬとしたのである。

つまり、煩悩を一つ一つ取り除いて行くのである。

でも、それは大変なことだ。

たとえば、「惛沈《こんじん》」という煩悩がある。これは心のめいることで、ふさぎこんでなにをするのもいやになる、あの状態である。これは煩悩であるから、このような煩悩を取り除かねばならない。

そして、かりに惛沈が取り除けたとしても、まだまだほかに煩悩が多い。「掉挙《じょうこ》」という煩悩だってある。これは、心が病的に昂奮《こうふん》した状態である。これも克服しなければならない。

そして、時代がすすむにつれて、小乗仏教の人たちはますます煩悩の分析に力を入れる。煩瑣《はんさ》な学問体系を構築しはじめた。そうなると、煩悩はますます実体視される。やっかいなものになる。

そんな馬鹿げたことをしてはいけない。山林修行者たちはそう思ったわけだ。

▼『維摩経』に展開される「空」の思想

なにも煩悩にこだわることはない。煩悩を実体視して、煩悩が厳然としてあると考えるから、それを断滅せねばならぬという理屈になり、話はやっかいになる。煩悩にこだわらなければよいのである。それが、「空」の思想である。

こんなふうに言えば、わかっていただけるであろうか……。

じつは、この話は、『維摩経《ゆいまぎょう》』に出てくるものである。『維摩経』は「般若経」グループの経典ではない。「般若経」より少しあとに成立した大乗経典である。しかし、『維摩経』にはよく「空」の思想が説かれているので、ここでちょっと援用することにする。

『維摩経』のなかでは、維摩居士《ゆいまこじ》と文殊菩薩《もんじゅぼさつ》の対論が展開されている。維摩居士も文殊菩薩も、いわば架空の人物である。そこに舎利弗《しゃりほつ》がからんでくるが、舎利弗は釈尊の高弟のサーリプッタで、歴史上の人物である。架空の人物に歴史上の人物をからませ、うまくフィクションをつくったのが

『維摩経』である。『維摩経』にかぎらず大乗経典のすべては、本質的にはフィクションである。しかし、だから嘘っぱちだ……とは思わないでほしい。事実を超えた真実があるのだから。大乗経典は、歴史的事実を超越した宗教的真実を表現している。

それはともかく、……。維摩居士の方丈で、維摩居士と文殊菩薩が討論をしている。舎利弗をはじめとする多くの出家者や在家の信者たちが、これを聴聞している。天女もやって来て、それを傍聴していた。

維摩居士と文殊菩薩の法話に、その天女がいたく感激した。感きわまって彼女は、天の花を部屋中にまいた。

そのとき、面白い現象が見られた。と、『維摩経』が書いている。

在家の信者たちに降り灌《そそ》いだ天の花は、その着物に触れながら下に落ちる。ところが、である。舎利弗をはじめとする出家者に降り灌いだ天の花は、どうしたわけか彼らの着物にべったりとくっついてしまったのだ。

舎利弗はあわてて、神通力によってその天の花を振り落さんとする。しかし、花はとれない。

「舎利弗さん、どうかされたのですか……?」

と、天女が問う。

「この花を払い落とそうとしているのですが……」

「どうして、花を振り落とそうとされるのですか?」

「出家した人間は、身を飾ってはならないのです。身を飾ることは煩悩であります」

舎利弗は答えた。そこで彼は、天女からとっちめられるのだ。

「あらまあ、舎利弗さん、そんな考えはよくありませんわ。ごらんなさい、在家の皆さんに降りかかった花は、さらりと下に落ちているではありませんか……。あなたが花を拒否する、そのこだわりによって花は着物にくっついているのですよ。こだわりがなくなると、花は自然に落ちますわよ……」

これはものすごい皮肉である。智慧第一といわれる舎利弗が、天女からとっちめられているのだ。釈尊の高弟である舎利弗も、ここではまさにカタなしである。

舎利弗は小乗仏教を代表する人物である。『維摩経』は、そんなかたちで舎利弗を扱っているのである。舎利弗はコチコチの小乗主義者とされている。

こだわるな!……というのが、「空」の教説であり、大乗仏教の基本哲学である。

▼釈迦牟尼仏から聴聞した大乗経典

煩悩は天の花である。花でもって身を荘厳《しょうごん》(かざる)してはならぬと考え、花を実体視すれば、花は衣にべったりと粘着する。花をただ花と見て、それにこだわっていない在家の人間には、花はくっつかない。さらりと落ちるのだ。

それが「空」の立場である。

山林の修行者たちは、煩悩にこだわっている小乗仏教の行き方に反対であった。釈尊は、そんな小乗仏教を教えられたのであろうか……。いや、釈尊の真意は、それではない！　釈尊が教えられたことは、「空」の精神であった！　彼らはそう考えた。

そのとき、釈尊のほうから、彼らに語りかけてくださった。

「そうなんだよ。そなたたちの言うとおりだよ。煩悩を固定的、実体的に捉《とら》えてはならない。すべては〝空〟である。存在は〝空〟であり、現象は〝空〟である。わたしの教えの基本は〝空〟である。〝空〟を理解した者が、よくわたしの教えを理解した者である」

山林修行者たちは、瞑想体験のなかで釈尊の声を聞いた。

釈尊――釈迦牟尼《しやかむに》仏は、永遠の存在である。

釈尊の肉体にこだわる者には、釈尊はすでに死んでしまった存在で、無である。

しかし、真の釈尊は、時間と空間を超越した存在である。肉体にこだわることなく、「空」の立場にたって見ることのできる者には、釈迦牟尼仏は永遠に存在して、そしていつでも法（教え）を説いてくださる。山林修行者たちは、直接に釈尊の声を聞き、釈尊の教えをうけたのであった。

そして、彼らはそれを暗誦《あんしよう》した。それぞれが瞑想体験のなかで釈迦牟尼仏から聴聞した教えを公開し、それがまぎれもなく釈迦牟尼仏の教えにほかならないことを確認しあった。ちょうど釈尊が入滅された直後に、五百人の阿羅漢《あらかん》がマガダ国の王舎城郊外の七葉窟に集まって（第一回結集《けつじゆう》）、釈尊の教えを確認しあったように、山林修行者たちも各自の聴聞を他に示して、釈迦牟尼仏の教えを確認しあったのである。そして、その確認したところを、皆で暗誦した。「如是我聞《にょぜがもん》。一時、仏在……。」（わたしはこのように聞いた。あるとき、仏は……にいました）確認された教えは、伝統的な形式（すなわち、小乗経典の形式）にしたがってまとめられた。それを皆で暗誦したのである。

そのあとで、それが文字化された。

文字化されたのは、前にも述べたが、だいたい紀元前後のことであった。すなわち、紀元前一世紀から紀元後一世紀にかけてのころに、暗誦によって伝えられてきた経典が文字に写された。それから、注意しておいてよいのは、小乗経典が文字化されたのも、紀元前二世紀のころなのである。大乗経典が文字化された時期と、それほど差があるわけではない。小乗経典も長いあいだ、暗誦によって伝えられてきたのである。

それはともかく、このようにして成立したのが「般若経」シリーズである。「般若経」にかぎらず、大乗経典はすべて、このように瞑想体験のなかで直接に釈迦牟尼仏に見《まみ》えた修行者が、釈迦牟尼仏から教えを聴聞したものである。したがってそれは、まぎれもなく「仏説」なのである。

▼グラスにはきれいも汚ないもない

さて、そこで「空」である――。

いったい「空」とは何か？　わたしは、それは「こだわるな！」ということであると思っている。煩悩を固定的・実体的に考えて、その煩悩を断滅せんとこだわっている。そんなふうにこだわればこだわるほど、煩悩はべったりと心の襞《ひだ》にまとわりついて離れない。かえって煩悩に悩まされることになる。

馬鹿げたやり方だ……というのが、「般若経」の主張である。煩悩があるにしても、その煩悩にこだわらなければよい。そうすると、ごく自然と煩悩は消えていくのではないか……。

つまり、「こだわるな！」と、「般若経」は主張した。それが「空」である。簡単にいえばそうなる。

しかし、これだけの解説では、やはり不親切であろう。たとえ「空」の思想の言わんとしている点が、結果的に「こだわるな！」といったアドヴァイス（忠告）になるにしても、もう少し「空」といった概念そのものの説明をしておくべきであろう。そうでないと、わかったようでわからなくなる。

そこで、わたしは、拙著『入門・般若心経の読み方』（日本実業出版社）のなかで考案した解説を、ここにもう一度繰り返しておく。「空」とは何か、をわかってもらうためには、これがいちばんうまい解説であるとわたしはうぬぼれている。これ以上うまい説明法を考案するのは——少なくともいまのわたしには——無理であるので、すでに使ったものを使う。

……ちょっと読者に思考実験（頭のなかでする実験）をやっていただく。デパートに行って、高価なグラスを二個買ってくる。買ってきたと考えるのだ。そして、そのうちの一個に、自分のオシッコを入れる。オシッコを入れたまま、二、三日置いておく。

そのあとで、オシッコを捨て、グラスをきれいに洗う。気がすむまで洗ってほしい。

さて、そこで。

いかがですか、そのグラスで、ビールが飲めますか？

まあ、たいていの人が、「飲めぬ」と言うはずである。「飲める」と答えた人は、よほどのへそ曲がりである。

いや、なにもそんなグラスで、あなたがビールを飲む必要はない。友人をよんできて、友人にその汚ないグラスを使わせ、あなたはもう一つのきれいなグラスを使えばよい。友人はなにも知らないから、そのグラスで平気である。それどころか、

「このグラス、すばらしいものだネ。高《たか》価かっただろう……。こういうグラスでビールを飲むと、格別にビールがおいしいネ」

と言ってのける。知らぬがほとけ——とは、このことであろうか……。

ところが、あなたが席を外しているとき、ひょっとしたらグラスが取り替えられたかもしれない。部屋に戻って来たら、グラスが二つとも友人のところにある。「どちらがきみのグラス？」と、あなたは問うが、「さあ……」と友人は首を傾《かし》げている。

困ったことだ。どちらがきれいなグラスか、わからなくなってしまった。

そうすると、どうだろう。グラスは二つとも、汚なく見えはじめるのだ。どちらのグラスもきれいではなくなってしまった！

これが「空」である。といえば、おわかりいただけるであろうか……。つまり、グラスそのものには、きれいも汚ないもない。グラスそのものは「空」なのだ。

▼煩悩にこだわるな！

ここに一メートルの棒がある。まあ、普通に考えれば、これは長い棒である。しかし、横に二メートルの棒があれば、とたんにこの一メートルの棒は短い棒になる。そして、五十センチの棒に対しては、一メートルの棒は長い。

ということは、棒そのものは「空」なんだ。長い・短いといったものは、棒そのものにはない。

グラスそのものには、きれいもなければ汚ないもない。もし、一度でもオシッコを入れたグラスが汚ないのであれば（実体的に汚ないのであれば）、友人にも汚なく見えねばならない。友人にはきれいで高価なグラスに見えているということは、まさにグラスが「空」であることを示している。

それから、一度でもオシッコのついたものは、やはり汚ない——と言われる人もいるようだ。だが、その人に問いたい。あなたは、ご自分の手をどう思われるか……？　ときどき、わたしたちの手にはオシッコがつく。それでも、手は洗えばきれいになる、と思っている。それなら、グラスだって洗えばきれいになるのではないか……。グラスはツルツルしているから、手よりももっときれいになるはずなんだが……。

『般若心経』(正しくは『摩訶般若波羅蜜多心経《まかはんにゃはらみったしんぎょう》』)は、

——色不異空《しきふいくう》。空不異色《くうふいしき》。色即是空《しきそくぜくう》。空即是色《くうそくぜしき》。受想行識《じゅそうぎょうしき》。亦復如是《やくぶにょぜ》——

と繰り返している。〝色〟というのは、「物質」のことだ。〝受想行識〟は、「精神」である。物質も精神も、おしなべて「空」である——というのが、『般若心経』の教えである。『般若心経』にかぎらず、「般若経典」類はすべて「空」を説いている。

そして、『般若心経』は、

——不生不滅《ふしょうふめつ》。不垢不浄《ふくふじょう》。不増不減《ふぞうふげん》——

と断言している。不垢不浄。きれい・汚ないなんてありはしない。グラスは「空」であり、それをきれい・汚ないと見るのは、こちらのほうの問題なのである。

小乗仏教は、煩悩にこだわり、煩悩を断滅せねばならぬとした。譬えてみれば、煩悩を雑草のごとくに考えたわけだ。雑草は抜かねばならぬ——ということになる。

しかし、ほんとうは、雑草だとか園芸花といった差別はないのである。それは「空」である。「空」なるものを、われわれは勝手に雑草だ、美しい花だ、と差別し、こだわっている。

そんなこだわりを捨てよ——と、「般若経」は教えているのである。

日本の江戸時代の禅僧＝大愚良寛(一七五八—一八三一)、というより、子どもたちと手鞠《まり》やかくれんぼうで遊んだ〝良寛さん〟であるが、その良寛にこんなことばがある。

「しかし、災難に逢《あう》時節には、災難に逢がよく候。死ぬ時節には、死ぬがよく候。是ハこれ災難をのがるる妙法にて候」

災難は災難として、煩悩は煩悩として、それにこだわらないこと。それが「空」の説教である。そのような「空」を、「般若経」は説いたのであった。

五　六波羅蜜――大乗仏教の実践論

▼煩悩にこだわると煩悩は退治しにくい

大乗仏教の基本哲学は「空《くう》」である。

「空」とは、これを簡潔に言ってしまえば、「こだわるな!」ということである。小乗仏教においては、人々は煩悩《ぼんのう》にこだわった。煩悩をなくさなければならない。煩悩を断滅せよ!　というのが釈尊の教えだと信じ込んで、やっきになって煩悩を退治しようとした。たしかに釈尊は、煩悩を滅却せよと教えられた。それはそうだが、煩悩にこだわりすぎると、逆に煩悩は退治できないのである。

たとえてみれば、不眠症のようなものか……。

医者（釈尊）は患者に、「眠れ!」と指示する。しかし、たいていの人間は、眠ろうとすればするほど、かえって眠れないものだ。むしろ、眠りを忘れたとき、眠ることに対するこだわりがなくなったとき、あんがい安眠ができる。

小乗仏教のやり方は、「眠ろう、眠ろう」と歯を喰いしばってがんばっている不眠症の患者のようである。大乗仏教の「空」の教えは、むしろ眠ることにこだわるな！……といった忠告である。われわれは煩悩を退治せねばならぬが、しかし煩悩にこだわってはならない。煩悩にこだわると、かえって煩悩がどうしようもないほど大きくわれわれの心にのりかかってくるからである。

あるいは、「空」とは、「事物を実体視するな！」「ものごとを固定的に捉えるな！」といったふうにパラフレーズ（解説）することもできそうである。われわれは敵を憎む。その憎しみも煩悩であるが、「敵」がいるとか、「憎しみ」があると思っていると、なかなかそれを克服できないものでである。ふとした機会に、過去のことを忘れてしまって他人と接したとき、われわれは意外な「人間」をそこに発見することがある。固定的・実体的なものを設定しないほうがよいのである。それが「空」の教えである。

小乗仏教は、煩悩にこだわり、煩悩を固定的・実体的に捉えた。大乗仏教は、それは馬鹿げたやり方だという。

こだわるな！

と、大乗仏教は教えている。その「こだわるな！」が「空」であり、それが大乗仏教の基本哲学なのである。

▼在家信者のための修行——六波羅蜜

では、大乗仏教は、いかなる「修行論」を展開しているのか？

「空」すなわち「こだわるな！」が大乗仏教の基本哲学であるが、それなら、われわれがこだわりを捨てるためにはどうすればよいのか……？　つまり「空」の哲学を身につけるために、わたしたち凡夫はどのような修行をすればよいのだろうか？

いや、じつをいえば、そこにもう一つの条件が加えられる必要がある。というのは、その修行は、出家でない人間――在家信者――にも実践できるものでなければならない。なぜなら、大乗仏教は、本質的に在家仏教だからである。大乗仏教において中心となる人間は、多くの在家信者である。したがって、在家の人間にも実践できることが、大乗仏教の修行論の必要条件なのである。

ところが、面白いことに、大乗仏教の修行実践――それは「六波羅蜜《ろくはらみつ》」と呼ばれている――は、むしろ在家信者のほうがやりやすいのである。というより、在家信者が実践しやすい修行を考案することによって、大乗仏教が成立したといったほうがよいであろうか……。

たとえば、ナーガールジュナ（龍樹）の作とされる『大智度論』に、次のような物語がある（「大正大蔵経」第二十五巻、一四五ページ）。

登場するのは舎利弗《しゃりほつ》である。前節に、大乗経典の『維摩経』に登場する舎利弗を紹介しておいたが、『大智度論』に登場する舎利弗も、やはり相当カリカチュアライズ（戯画化）されている。大乗仏教徒にとって、釈尊の弟子のナンバー・ワンともいうべき舎利弗（サーリプッタ）は、いわば小乗仏教を代表する人物と受け取られ、それだけからかいの対象とされたのであろう。もちろん、またしても同じことを繰り返しておくが、『大智度論』に登場する舎利弗は、架空の人物である。歴史上の舎利弗とはちがっている。

ともあれ舎利弗は、はるかな前世にあって、布施行《ふせぎょう》を実践していた。布施は六波羅蜜の一つである。その詳しいことはあとで述べるが、したがって舎利弗は大乗仏教の修行をしていたのである。

その舎利弗のところに人がやって来て、おまえのその眼を自分に布施してくれるようにと言う。最初、舎利弗は布施を断わるが、相手がなおも布施を求めるので、思いなおして自分の眼をえぐり出して相手に与える。ところが相手は、その一眼をくんくんと嗅ぎ、「臭いな」と言って、その上に唾を吐き、地面に叩き棄て、なおもそれを足で踏んづけた。

それを見て、舎利弗は思った。

——こんな奴らを（悟りの）彼岸に渡すことはむずかしい。自分は、他人のことを考えず、ただ自分のことだけを考えて修行しよう——

と。

つまり、舎利弗は、大乗仏教の修行——布施——ができず、ただ自分の悟りだけを追求する小乗仏教徒に転落した、というわけである。『大智度論』は、そのように舎利弗を見ている。ここでは、舎利弗のような出家者（小乗仏教徒）には六波羅蜜の修行はやりにくい——ということが言われているのである。裏返しにいえば、六波羅蜜の修行は、在家信者に適しているわけだ。

▼〝パーラミター〟の二つの意味

では、六波羅蜜とはなにか？

六波羅蜜は、次の六つの波羅蜜で構成される。

①布施《ふせ》波羅蜜　②持戒《じかい》波羅蜜　③忍辱《にんにく》波羅蜜
④精進《しょうじん》波羅蜜　⑤禅定《ぜんじょう》波羅蜜　⑥智慧《ちえ》波羅蜜

ところで、〝波羅蜜〟という語であるが、これは正しくいえば〝波羅蜜多《はらみった》〟であり、そしてこの〝波羅蜜多〟はサンスクリット語（梵語《ぼんご》）の〝パーラミター〟を音写したものである。では、〝パーラミター〟とはどういう意味であるか……？

じつは、この語には、二つの意味がある。サンスクリット語は面白いことばで、一つの語を読み方によってちがった意味に読むことができる場合がある。たとえば、〝タターガタ tathāgata〟といった語は、

＊タター・ガタ（tathā-gata）……真理（タター）に到達した者。
＊タター・アーガタ（tathā-āgata）……真理（タター）から来た者。

と、まるで反対の解釈ができる。普通は、この〝タターガタ〟は後者の意味にとって、〝如来〟と訳している。〝如〟とは真理の意である。しかし、前者の解釈もまちがいではない。もっとも、

そんなことをいえば、日本語だって、一つのことばをまるで反対の意味に解釈することもできる。たとえば、「ないものはない」がそれである。

＊ここにはそれは置いてないのだから、いくら捜しても見つからない……といったような意味。すなわち、「ない」ことを強調している。

＊ここにはなんだってある。おまえの欲しいものが見つからぬことはない……といったような意味。すなわち、「ある」の強調。

といった具合である。

だいぶ脱線してしまった。あわてて〝パーラミター〟に戻す。

〝パーラミター pāramitā〟には、二つの読み方がある。

＊パーラミ・ター（pārami-tā）……「完成」「完全」「絶対」といった意味。

＊パーラム・イ・ター（pāram-i-tā）……「到彼岸」の意。

サンスクリット語そのものからいえば、じつは前者の「完成」といった意味に訳したほうがいいのである。しかし、漢訳仏典では、この〝パーラミター〟をたいてい「到彼岸」の意味に解している。あるいは、このように二つの意味があるので、わざとこれを訳さずに〝波羅蜜多〟〝波羅蜜〟と音写語にしているのである。われわれも〝波羅蜜〟といった音写語を使うことにしよう。

▼永遠に到達しない到彼岸

六波羅蜜は、大乗仏教における六つの実践項目である。大乗の修行者は、この六波羅蜜を実践することによって、煩悩の此岸を脱して悟りの彼岸に到達できるのである（「到彼岸」）。あるいは、この六波羅蜜を実践することによって、わたしたちはみずからの宗教理想を完成させることができる（「完成」）。それが〝波羅蜜〟の意味である。

しかし、わたしは「波羅蜜」はたんなる「到彼岸」ではなく、たんなる「完成」ではないと思っている。

波羅蜜は、悟りの彼岸に到ることであるが、しかしながらわれわれは永遠に彼岸に到達できないのである。彼岸は無限の彼方にある。わたしたちにできることは、わたしたちがなすべきことは、ただ彼岸を目差してひたすらに歩みつづけることだけである。到達できるわけがない目標を目差して、ひたすらに歩む――。それが波羅蜜である。わたしはそう思っている。

つまり、波羅蜜とは、永遠に到達することのない到彼岸である。

だからこそ、この波羅蜜は大乗仏教の実践なのである。小乗仏教は「阿羅漢《あらかん》」といった。至近の距離にある目標を目差した仏教である。目標への到達が容易である、というわけではないが、努力次第では到達できないことはない。現に、釈尊の入滅されたとき、前にも述べたように、五百人の阿羅漢がいたのである。

しかし、大乗仏教はちがう。

大乗仏教は、目標を「仏《ぶっ》」に設定した。

阿羅漢とはちがって、仏は無限の彼方の目標である。

ある意味で、到達不可能な目標なのだ。

そのような高邁《こうまい》な理想を目差して歩もうと決意したのが、大乗仏教徒である。ときに、そんな到達不可能な目標なら、あってもなくても同じであって、意味がないという人がいる。とくに結果第一主義者がそう言う。結果第一主義者というのは、結果さえよければいい、といった考え方をしている人である。大学に入ればいい、儲《もう》かりさえすればいい、と、そんな考え方をしている日本人は結果第一主義者である。

でも、わたしは、結果第一主義が嫌いだ。教育の分野でいえば、喜びと悲しみの一日一日を積み重ねた高校生活三年ののちに、結果として大学進学があるわけだ。大学進学のための——つまり結果のための——高校教育というのは、まちがいだと思う。一日一日が大事なのだ。

だから、到達不可能な目標を目差して、一歩一歩近づいて行くところに、そのプロセス（過程）に意義があるわけだ。前にも言ったが、「仏」という目標を目差して歩みつづけるその歩みを、仏教では、

——方便（ウパーヤ）——

と呼ぶのである。そして、仏に向かって歩みつづけている人、すなわち方便を行じている人を、

——菩薩《ぼさつ》（ボーディサットヴァ）——

と呼ぶ。大乗仏教は、したがって「菩薩の仏教」「歩みつづける仏教」である。大乗仏教では、

彼岸（理想・目標）に到達することはない。それ故、「波羅蜜」は、永遠に到達しない到彼岸なのである。

▼修行と悟りは一つのもの

同様に、「波羅蜜」は、未完成の完成である。

六波羅蜜——布施・持戒・忍辱・精進・禅定・智慧——は大乗仏教の実践徳目であるが、わたしたちはそれらを完成させることはできない。つまり、もうここまでくれば安心……といった状態はないのである。これでいいのだ、と、満足してはいけない。常にわたしたちは、より高度な完成に向かって歩みつづけねばならない。それが波羅蜜である。

とすれば……。

こんなことは考えられないだろうか？　わたしたちは、「仏」というものを状態的に捉えている。仏は至高の存在で、その仏というゴール（終点）を目差してわれわれは修行をつづけるのだ。では、もしわれわれが仏になったら、それでどうなるのか……？　やれやれ安心、と、そこにのんびりとあぐらで坐り込んでしまうのか……？

わたしは、そうではないと思う。

仏になっても（仏になることは至難のことだが、かりに仏になれたとする）、その仏はなおも歩みつづけておられるのではなかろうか……。わたしはそう思うのだ。

先程わたしは、仏を目差して歩みつづけるのが菩薩だと言った。そこでいま、菩薩として歩みつづけるその歩みを、「菩薩行《ぼさつぎょう》」と呼ぶことにしよう。そうすれば、菩薩とは、仏に向かって菩薩行をしている人のことになる。

では、仏とは何か？　わたしは、仏もまた菩薩行をしておられると思っている。菩薩は菩薩行を行じて仏になる。しかし、仏になった菩薩は、そこで菩薩行をやめるわけではないのだ。ゴールインすれば、それで競争は終わり、というわけではない。仏になっても、さらにその仏は歩みつづけられる。すなわち菩薩行を行じつづけられるのである。わたしはそう考えている。ずっと後世のことであるが、わが国曹洞宗の開祖の道元禅師が、このような考えを述べておられる。

それ、修証はひとつにあらずとおもへる、すなはち外道の見なり。仏法には、修証これ一等なり。いまも証上の修なるゆゑに、初心の弁道すなはち本証の全体なり。かるがゆゑに、修行の用心をさづくるにも、修のほかに証をまつおもひなかれとおしふ、直指の本証なるがゆゑなるべし。すでに修の証なれば、証にきはなく、証の修なれば、修にはじめなし。

これは、道元禅師の『弁道話』の一節である。——修（修行）と証（悟り）が一つのものではない、別ものだと思っているのは外道《げどう》の見解である。仏教においては、修行と悟りは一つのもの——

修証一等――である。いま現在の修行にしても、それは悟りの上での修行であって、学道を志した最初の坐禅修行がそのまま本来の悟り（本証）の全体である。そうであるからこそ、修行の心構えを教える際には、修行のときはただ修行に専念し、悟りを期待する気持ちをもってはならないと言って聞かせる。本来の悟りは直指《じきし》（直接体験的にそこに悟入すること）であるからだ。かくて、修行に裏づけられた悟りであるから、その悟りに最終点はなく、悟りに裏づけられた修行であるから、修行にはじめがないのである。

道元禅師の言われる「修」と「証」は、わたしのいう「菩薩行」と「仏」である。わたしたちは、悟りのために修行をするのだと思ってしまう。なるほど、表面的にはその通りである。けれども、そんな考えでいれば、修行はたんなる手段にすぎなくなってしまう。悟りという目的さえ達成されればいいので、修行はどうでもいいことになる。別の手段によって同じ目的が達成されることがわかれば、われわれはさっさとその手段を放棄してしまうだろう。ちょうど、大学合格のための受験勉強のようなものだ。裏口入学で合格できるとなれば、馬鹿らしい受験勉強は誰もしやしない。いや、受験勉強は目的のための手段となっているから、つらいものなのだ。そして、馬鹿々々しいものである。仏教の修行が、そんな馬鹿々々しいものであってはならない。つまり、修行が手段であってはならないのだ。道元禅師はそう言っておられる。

修証一等――修行と悟りが一つものであること。わたしは、それが大乗仏教の考え方だと信じている。

▼六波羅蜜と「般若」

かくて、大乗仏教の修行・実践項目である六波羅蜜が、たんなる悟りのための手段でないことがおわかりいただけたかと思う。六波羅蜜は、わたしたちがそれを実践しつづけることに意義があるのである。

では、われわれはこれをどのように実践して行けばよいか……? 次に、六波羅蜜の六つの項目を一つ一つ検討したいと思う。

だが、その前に、全体としての六波羅蜜がどのような構造になっているかを明らかにしておきたい。

図を見ていただきたい。わたしは、六波羅蜜の六項目を、二つのグループに分けようと思う。第一のグループは、布施波羅蜜・持戒波羅蜜・忍辱波羅蜜・精進波羅蜜・禅定波羅蜜の五項目である。残った智慧波羅蜜が第二のグループ(一つだけでグループというのもおかしいが……)になる。この二つのグループがちょうど車の両輪のようになっている――、というのがわたしの考えである。

つまり、たとえばわたしたちが布施波羅蜜を実践するとする。詳しいことは次節に述べるが、布施とは他人に金銭・品物等を施すことである。しかし、無闇矢鱈《むやみやたら》に人に物をやればいいかというと、そうではない。子どもが泣くからといって、すぐにチョコレートを与える母親は、子どもを虫歯にしてしまうだろう。甘やかされた子どもは、かえってダメになる。だから、いまここでチョコレートを与えるべきか、あるいは厳しい叱責のことばを与えるべきか、いずれが真の意味での「布施」になるかを、母親はよく考えねばならない。つまり、母親が「布施」をするには、「智慧」が必要なのだ。「智慧」に支えられて、われわれははじめて「布施」ができる。

　では、その「智慧」はどうして得られるのか？

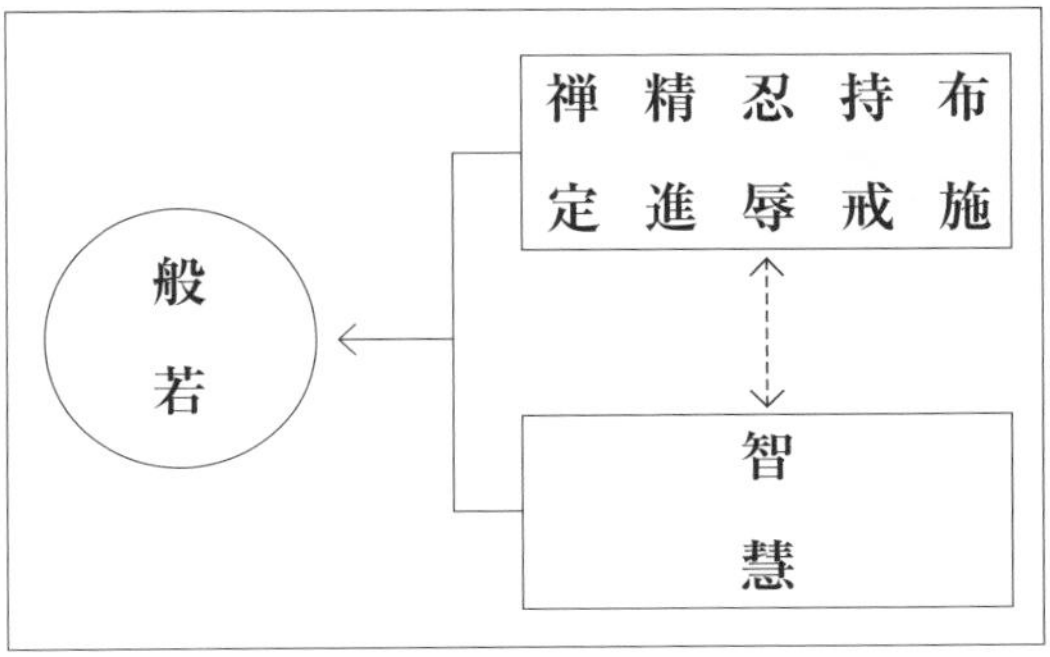

　それは、わたしたちが第一グループの波羅蜜を実践することによってである。「布施」をし、「持戒」「忍辱」……を行じることによって、われわれに「智慧」がそなわってくる。そして、その「智慧」に支えられて、われわれは「布施」「持戒」「忍辱」「精進」「禅定」を行ずることができるのである。

　要するに、この二つのグループは、車の両輪の関係にある。二つの輪が支えあって、六波羅蜜が行じられるのである。

　そして、そのようにして六波羅蜜を行ずることによって得られるのが、「般若《はんにゃ》」である。「般若」とは、前にも述べたが、「智慧」の意味である。だから、六波羅蜜の智慧波羅蜜は別名を般若波羅蜜という。「智慧」も「般若」も同じものであるが、わたしはここでは二つを別のものと考えて、「般若」というのはより高次の智慧だとしておく。わたしたちは六波羅蜜を実践することによって、より高次な智慧――「般若」を身につけることができる。そして、その「般若」によって、わたしたちは日常的な苦悩を克服できるのである。

このような構造になっているのが、大乗仏教の実践項目である六波羅蜜である。

▼小乗仏教の出家至上主義

インドでは、僧侶のことを〝福田《ふくでん》(puṇya-kṣetra)〟といった。田に苗を植えると、稲が育ち米が採《と》れる。それと同じように、わたしたちが僧侶という田に供養すれば、さまざまな福徳があるとされる。それで、僧侶を「福田」と呼ぶわけである。

じつをいえば、この「僧侶＝福田説」こそが、小乗仏教の基本の考え方にほかならないのである。小乗仏教において、僧侶すなわち出家者は、輪廻の世界からの解脱《げだつ》を目差した。われわれ人間はさまざまな業《ごう》をつくって、その業によって流転輪廻をつづけている。地獄界・餓鬼《がき》界・畜生界・修《しゅ》羅《ら》界・人界・天界の六つの世界（六道）を、ぐるぐるぐると生まれ変わり死に変わりして、輪廻転生をつづけている。インド人たちは、しっかりと輪廻転生を信じていたのである。

そして、インド人たちの願いは、輪廻転生の世界からの脱出であった。もう二度と生まれてこないことが、この世（現代インドのヒンディー語では、「世界」のことを〝サンサール〟と呼ぶが、これは「輪廻」を意味するサンスクリット語の〝サンサーラ〟と同じ語である）からの永遠の「おさらば」が、インド人の願望である。輪廻＝世界からの脱出を、彼らは〝解脱《げだつ》〟と呼び、解脱した状態を〝涅槃《ねはん》〟という。小乗仏教は、インド人のそうした願望をもとに、「解脱」と「涅槃」をもとめたわけである。

だが、解脱と涅槃は、すべての人に許容されていたのではない。解脱と涅槃が可能であるのは、出家者だけである。われわれは、輪廻＝世界に執着することによって輪廻転生を繰り返すのであるから、輪廻＝世界から解脱するためには、まず執着を断ち切らねばならぬ。つまり、世界を捨てなければならない。それが「出家」である。だから、出家をしなければ、解脱は不可能なのだ。もちろん、出家さえすれば解脱できるかといえば、そんなことはない。出家者となっても、能力のない者は解脱できぬ。それはそうだが、出家しない者には永久に解脱のチャンスはないわけで、出家は解脱のための最低必要条件である。小乗仏教の出家至上主義とはこういうもので、出家者にのみ解脱が許されていると考えられていたのである。

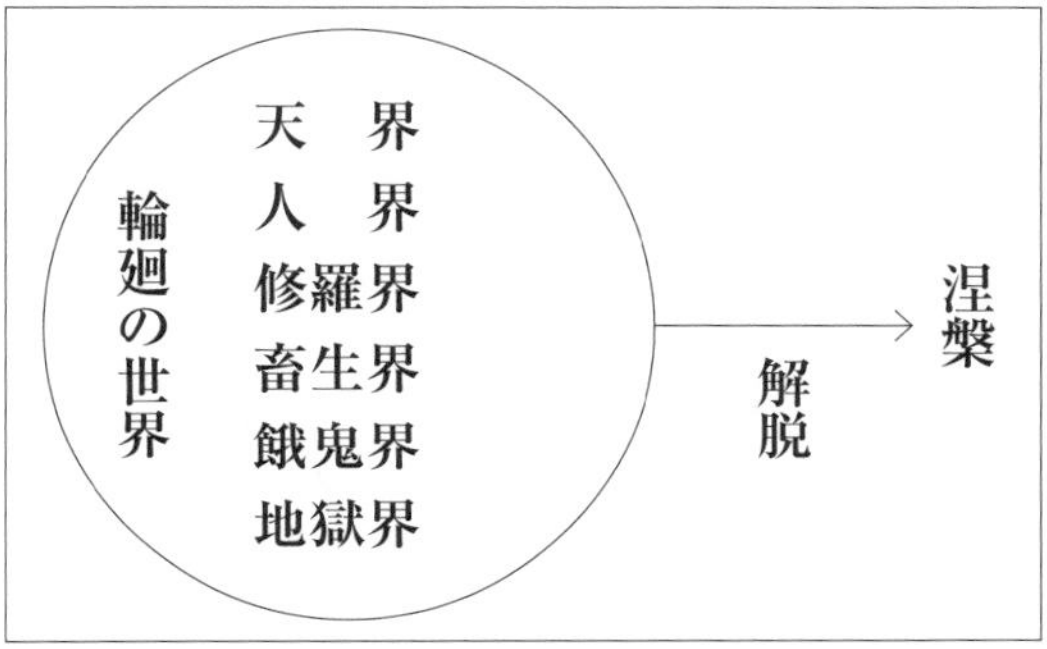

▼在家信者の願望は「生天」

では、在家信者はどうなるのか……？　輪廻の世界からの解脱が出家者のみに許され、在家信者は永久に解脱できないとなれば、在家信者はどうすればよいのか？

輪廻の世界に生きるよりほかない。それが答えである。すなわち、輪廻の世界にあって、その輪廻の世界での特等席を目差してがんばるよりほかないのである。

輪廻の世界の特等席——。それは天界である。

わたしたちはいま人間世界に生きている。この世で死ねば、解脱しないかぎり、次の来世の誕生がある。地獄・餓鬼・畜生・修羅・人・天の六道のいずれかに生まれなければならない。もちろん、地獄や餓鬼、畜生、修羅の世界は嫌である。まっぴらごめんだ。なろうことなら、人間世界か、いやそれよりももっと快楽の多い天界に生まれたい……。というのが、在家の人間の願望である。すなわち、

——生天思想——

である。在家信者はいまのこの人生が終わったのち、天界に生まれることを願っていたわけだ。

それでは、どうすれば天界に再生できるか?

なに、簡単なことだ。いいことをすればいいのである。悪いことをすれば、われわれは地獄に堕《お》ちたり、餓鬼や畜生になる。いいことをすれば、天に生まれることができる。

そして、そのいいことが僧侶への「布施《ふせ》」である。僧侶は福田であって、われわれはその田に布施の種を蒔《ま》く。そうすれば功徳が積まれ、その功徳でもってわれわれは天界に生まれることができるのだ。それが小乗仏教の考え方である。小乗仏教にかぎらず、インド人は一般にこのような考え方をしており、それで彼らはバラモンや出家修行者、聖者への布施、供養を欠かさないのである。

インドや東南アジアを旅すれば、在家の信者がお坊さんに布施している光景が見られる。信者はお坊さんをおがんで布施している。一方、お坊さんのほうは、傲然《ごうぜん》としている。尊大でさえある。われわれ日本人からすれば、いささか奇異に感じられる光景であるが、布施というものはそういうものなのである。信者はお坊さんという福田に功徳を積ませてもらっているのである。したがって、「ありがとう」と感謝すべきは、布施をさせていただいた信者の側であって、お坊さんではない。お坊さんは信者に恵んでもらっているのではない。その点を忘れては、われわれは布施というものをよく理解できないであろう。

▼三輪清浄の布施

大乗仏教の実践論である六波羅蜜《ろくはらみつ》の第一の「布施波羅蜜」は、このような「僧侶＝福田説」にもとづいて、在家信者の修行の一つとされたものである。その意味では、在家信者にとって、これは昔からあった伝統的な修行法なのである。

だが、それと同時に、六波羅蜜の一つとしての「布施」には、もっと積極的な意味づけがなされている。従来の布施は、ただ信者が僧侶に供養さえしていればよかった。ともかく、かたちさえととのっていれば、それでよいのである。しかし、大乗仏教の布施は、それが「空《くう》」の立場においてなされることを要請している。なんのこだわりもなく、すうっと水が流れるように、あっけらかんとしてなされる布施――。それが理想の布施であり、そのような布施でなければ、六波羅蜜の一つとしての布施波羅蜜にならないとするのである。

その意味では、これはなかなかむずかしい実践である。

布施については、「三輪清浄《さんりんしょうじょう》の布施」ということが言われている。

三輪、すなわち次の三つのものが清浄でないと、真の布施ではないというのだ。

まず第一に、布施する人（施者）のこころ。オレがオマエに恵んでやるんだゾ。したがって、オマエはオレに感謝せねばならぬ。そんな気持ちがあって施したのでは、真の布施にならないというのである。なんのこだわりもなく施すことができたとき、はじめてその施しが布施になる。施主のこころは清浄でなければならない。

第二に、受者のこころ。わたしたちはときに、他人から品物を貰って気が重くなることがある。お中元やお歳暮をいただけば、お返しの心配をしなければならない。そのようなギブ・アンド・テイク（やり取り）は布施でない。布施というのは、それを受けた人のこころになんのこだわりもないときでなければならない。

〝布施〟といえば、国語辞典などには、「僧に金品を与えること」（『学研・国語大辞典』）といったふうに解説されている。受者は「僧」に限定されているが、これはかならずしも僧でなくてよい。相手は誰であってもよいのだが、しかし、他人からこだわりなく施しを受けられる人は少ない。そして、布施を受ける人にこだわりがあっては真の布施にならないから、布施を受ける人が限定されてくる。「僧に……」と国語辞典に言われているのは、そういう意味である。しかし、六波羅蜜の布施は僧に限定されない。限定してしまうと、小乗仏教の布施になるからである。

第三に、施物が清浄でなければならぬという。汚職をした金で、あるいは盗んだ金でもって施しをしても、それは布施にならないのである。

以上が、三輪清浄の布施である。六波羅蜜の布施は、施者と受者と施物の三つが清浄でなければならない。非常にむずかしいものである。

▼誰にでもできる布施行

しかしながら、このような説明によっては、かえって布施が実践できなくなりそうである。布施のむずかしさが強調されすぎると、六波羅蜜はほんらい在家信者の誰でもが気軽にできる修行でなければならないのに、わたしたちは布施の実践に尻込みすることになる。それでは逆効果である。布施は、わたしたちが気軽に実践できる仏道修行である。

そのことをわかっていただくために、わたしはこのような話をする。この話はすでにわたしの他の著書のうちで紹介したものであるが、布施の本質をわかっていただくに最適だと思うので、再びここで使うことにする。

かつてわが家であったことだ。お姉ちゃんが友だちの家から、ケーキを一つ貰って帰って来た。家には弟がいる。母親は、一つのケーキを二人で分けてたべなさいと言った。子どもたちは、二人で仲良くたべていた。そこで、父親であるわたしが尋ねた。なぜ、一つのケーキを二人で分けねばならないのか、と。

「弟がかわいそうだから……」と、お姉ちゃんが答えた。

弟のほうは、「こんどぼくが貰ったときお返しをするから、いま、お姉ちゃんは半分くれたのだ」と答えた。

だが、それはちがうのだ。相手がかわいそうだから……という思い上がった気持ちからなされる施しは、布施ではない。施者の気持ちは清浄ではない。また、受者がお返しを考えねばならぬような施しも、やはり布施ではないのである。受者が気持ちよく受け取れたときに、それは真の意味での布施になる。

だから……。

わたしは子どもたちに教えた。——一つのケーキを、なぜ二人で分けてたべるかといえば、そのほうがおいしいからである。あなたがたは、一つのケーキを二人で分けてたべたほうがおいしいと思える子どもになってほしい、と。

わたしは、それが布施のこころだと思っている。

そのような布施を、わたしたち大乗仏教徒は実践すべきなのだ。

また、布施は、かならずしも金銭や品物を施すことだけではない。現代社会でいえば、電車の中で老人や身障者に座席を譲るのも、すばらしい布施である。けれども、座席を譲るのは、老人や身障者がかわいそうだから……ではない。相手をかわいそうだと思うのは、こちらの思い上がりである。そうではなくて、老人や身障者に坐っていただいたほうが気持ちがいいから、坐っていただくのである。「坐っていただいてありがとうございました」といった気持ちがあって、はじめて布施ができるのである。相手からの感謝のことばを期待しているようでは、真の布施にならないのだ。ある意味で、布施行はむずかしい。しかし、ある意味では、これほど簡単な仏道修行はないのである。誰にでもできる実践である。しかも、日常的にできる実践である。だからこそ、布施波羅蜜は、在家信者を中心とした大乗仏教の仏道修行になりうるのである。

▼仏教の五戒とモーセの十戒

布施波羅蜜はそれぐらいにして、われわれは次に持戒波羅蜜を考察しよう。

持戒波羅蜜とは、「戒を持《たも》つ」ことである。

仏教における基本的な「戒」は、左の五戒である。

1　不殺生戒……生きものを殺すことから遠ざかろう。
2　不妄語《もうご》戒……嘘をつくことから遠ざかろう。
3　不偸盗《ちゆうとう》戒……他人の物を盗むことから遠ざかろう。
4　不邪淫《じやいん》戒……淫《みだ》らな生活から遠ざかろう。
5　不飲酒《おんじゆ》戒……飲酒から遠ざかろう。

この五戒は、出家・在家を問わず与えられているもので、仏教において基本となるものである。

ところで、わたしはいま、この五戒を、ちょっと無理して「……から遠ざかろう」といったふうにパラフレーズ(解釈)しておいた。どうしてすんなりと、「……するなかれ!」としなかったのか。「殺すなかれ!」「嘘をつくな!」「盗むな!」「淫らであるな!」「酒を飲むな!」と、なぜ命令形にパラフレーズしなかったのか……。

じつは、「戒」というものは、決して命令ではないのである。

ここのところは重要であるので、少しく脱線を許してほしい。

『旧約聖書』「出エジプト記」第二十章には、有名な「モーセの十戒」が出てくる。


わたしはあなたの神、主であって、あなたをエジプトの地、奴隷の家から導き出した者である。

あなたはわたしのほかに、なにものをも神としてはならない。

あなたは自分のために、刻んだ像を造ってはならない。

あなたは、あなたの神、主の名を、みだりに唱えてはならない。

安息日《あんそくにち》を覚えて、これを聖とせよ。

あなたの父と母を敬え。

あなたは殺してはならない。

あなたは姦淫してはならない。

あなたは盗んではならない。

あなたは隣人について、偽証してはならない。
あなたは隣人の家をむさぼってはならない。

この「十戒」は、ユダヤ教、キリスト教における宗教倫理の基盤となるものである。そして、この十戒は、すべて命令形で書かれていることに注意してほしい。じつはこれは、神から人間に下された「命令」なのである。その点で、仏教の五戒と根本的にちがっているのだ。

「命令」というものは、少しく考えてみればわかるように、それを履行することが可能なのである。命令者が無能であったり、あるいは狂気におちいっていないかぎり、いくら努力しても履行できないような命令が発せられることはあり得ないのである。したがって、ユダヤ教・キリスト教における十戒は、われわれ人間がそれを守ることが可能な命令なのである。努力しさえすれば、わたしたちは十戒を忠実に守れるのである。それが、ユダヤ教・キリスト教における「戒」である。

しかし、仏教の「戒」はそうではない。仏教の「戒」は、わたしたちがいくら努力しても、絶対に守ることのできないものである。いわば、破戒を前提にした戒である。したがってそれは、「命令」ではないのである。

▼仏教の「戒」は命令ではなく習慣性

もう少し具体的に検討してみよう。

仏教の五戒とモーセの十戒には、よく似た項目がある。まず第一に、「不殺生戒」と「殺すなかれ！」が共通している。

だが、この両者はまるでちがったものである。

というのは、モーセの十戒の「殺すなかれ！」は、殺人の禁止である。英訳聖書（The New English Bible, 1970）だと、"You shall not commit murder" となっている。murder は「殺人」である。一方、仏教の「不殺生戒」は、あらゆる生きものの命を奪うことをいましめている。蚊や蠅、ゴキブリの命も、そのうちに含まれているのである。

人を殺してはならない——という命令は、わたしたちの努力いかんによって守ることができる。しかしながら、あらゆる生きものの命を奪ってはならない——と命令されたとしたら、わたしたちにそれが守れるだろうか……。まずは不可能である。わたしたちは動物を殺して、その肉を食用とせねばならない。蠅や蚊は殺さねばならない。いかなる生きものも殺さない——ということは、所詮不可能なことだ。したがって、「不殺生戒」は命令ではないのである。「殺すなかれ！」といった禁止ではないのだ。

「不妄語戒」についても、同じことが言える。「嘘をつくな！」と言われても、わたしたち人間は嘘をつかずにはいられない。癌で入院した親類の者を見舞って、本人は癌だと知らない場合、見舞いの者は嘘をつくよりほかないであろう。だから、「嘘をつくな！」といった命令は、発することができないのである。

モーセの十戒のほうを見てほしい。十戒のなかでは、「あなたは隣人について偽証してはならない」とある。裁判のときに偽証するな！　それも、仲間については偽証するな！（したがって、敵については、偽証したってかまわない）というのであるから、これなら命令されても、われわれはそれを守ることができるのである。

つまり、モーセの十戒は「命令」であるが、仏教の五戒は「命令」ではない。だからわたしは五戒を、「殺すなかれ！」「嘘をつくなかれ！」……といったふうにパラフレーズすることを避けたのである。

仏教の「戒」は、サンスクリット語の〝シーラ（sīla）〟の訳語である。そして、〝シーラ〟とは、「習慣づけ」といった意味なのである。食事のあとに歯を磨く習慣がつくと、歯を磨かないでいると気持ちがわるい。それと同じように、生きものを殺さぬ習慣を身につけようというのが、「不殺生戒」の意味である。「不妄語戒」は、わたしたちが嘘をつかぬ習慣を身につけようということだ。

したがって、「戒」には、善戒と悪戒がある。わるい習慣が身につくのが悪戒である。五戒はもちろん善戒である。生きものを殺さぬ、嘘をつかぬ、盗まぬ、淫らならぬ、酒を飲まぬ――そうしたいい習慣を身につけようというのが、仏教の五戒である。

それは決して命令ではない。われわれはそのことを忘れてはならないのである。

▼戒は破るためにある

仏教の「戒」は、決して命令ではない。「不殺生戒」は、生きものを殺すな！ではない。殺すな！と言われても、わたしたちは殺さざるを得ないのである。「不妄語戒」にしても、嘘をつくな！ではない。わたしたちは嘘をつかずには生きていけない。

だとすれば、いったいなんのために「戒」があるのだろうか……？

——戒は破るためにある——

というのが、いささか大胆にすぎるわたしの主張である。

なぜなら、われわれは戒を完全に守ろうとして、守り得ないからである。守れぬ戒であれば、破戒をするよりほかない。

けれども、破戒のための戒というのも、いささか奇異な考え方である。それならいっそ、戒を廃止してしまったほうがよくないか……。そんな疑問も当然である。

だが、それはちがうのだ。もともと戒は、懺悔《さんげ》の精神にもとづいて制定されている。〝懺悔〟は、仏教では〝さんげ〟と読んで〝ざんげ〟と読まない。そして懺悔は、自己反省である。わたしたちが力弱くして戒を破ったとき、そのような力弱い自己を素直に認め、懺悔するのである。それが戒の意味である。したがって、戒は、自己発見のためにある。われわれは普段、自己を恃《たの》んで生きているが、完全な理想——戒——に照らして自己を眺めて見れば、ちっぽけで力弱い人間＝凡夫でしかない。そのような自己を発見するために戒がある。わたしはそう考えている。

そして、自分が弱くて卑小な存在にすぎないことがわかったとき、わたしたちは他人を赦《ゆる》せるのである。

自分が弱い人間であるように、他人もまた弱い人間である。いや、他人だって弱い人間であってよい権利を持っている——。そんなふうに言えばよいか。

わたしたちは、ともすれば自分自身には弱い人間であることを認めておいて——（一所懸命に努力したのよ。でも、どうしようもなかったの……。人間だから、神様じゃないんだから、仕方がないじゃない）——、他人には完全さを要求する。自分がずぼらな人間であるのに、他人にはずぼらであってはいけないというのである。それでは不公平である。そんな態度を卒業するために、わたしたちは徹底的に自己の弱さを知る必要がある。いかに自分が卑小で弱い人間であるかを発見する必要がある。

それができたとき、わたしたちは他人を赦せるであろう。他人もまた自分と同じように弱い人間であることを想って、他人を赦すことができる。

そのための戒である。

だから、戒は完全であって、わたしたちは戒を破らざるを得ないのである。

つまり、戒は破るためにあるわけだ。

▼耐え忍ぶ仏道修行

さて、次は忍辱波羅蜜《にんにくはらみつ》である。

忍辱とは、他人から受ける迷惑をじっと忍受し、怒りのこころを持たないことである。より積極的にいえば、他人を赦すことだ。そして、その他人を赦す精神は、すでに述べたように持戒波羅蜜によって培われるものである。

仏教では、この世を〝娑婆《しゃば》〟と呼ぶ。〝娑婆〟はサンスクリット語の〝サハー(sahā)〟を音写したもので、意訳して「忍土」という。この世界にはさまざまな煩悩があり、また風雨寒暑などの苦悩がある。したがって、われわれはこの世界に生きるとき、それらの苦悩をじっと耐え忍びつつ生きねばならない。それが「忍土」の意味である。

たとえば、騒音である。

私事を語るのを許していただくなら、わたしはいまマンションに住んでいる。最初、このマンションは静かであった。閑静な環境にあって、わたしは安心していた。ところが、少しずつスピーカーを自動車につけた物売りが来るようになり、昼間、ときどき騒音がするようになった。「毎度おなじみのチリ紙交換車……」もやって来る。

加えて、しばらく前、階上の住人が入れ替わった。いままでは静かな人が住んでいて、いるかいないかわからぬくらいであった。それが、こんどは男の子、それも小学生の男子が三人という家族が引っ越してきた。したがって、ドタンバタンとやかましいことだ。

このような騒音は、欧米人のあいだでは絶対に許されないことである。日本人は騒音に無神経であるが、彼ら欧米人はほんの少しの騒音にもすぐに抗議をする。人間には「静寂に住む権利」があると考えられており、それを侵害してはならないとされているのである。権利の侵害に対しては、きびしいペナルティが課せられることになっている。

けれども、仏教ではこのような考え方をしないのである。互いに権利を主張し、あまりに肩肘張《かたひじ》って生きて行くのは、やはり疲れる。理想は理想で大事だが、基本的にはこの世は娑婆である。理想の世界ではない。だから、他人から受ける迷惑を、お互いが少しずつ耐え忍びつつ、がまんしながらやって行こうではないか……。仏教ではそんなふうに考えるのである。

わたし自身、じつは最初は、このような考え方――忍辱波羅蜜――を十分に理解していなかった。だから、あまりにもひどい階上からのドタンバタンに、抗議をすることを考えた。

しかし、そのすぐあとで、わたしは自分が仏教者であろうとしていることを思い出したのだ。そして、騒音をじっと耐え忍ぶことが、大乗仏教の仏道修行にほかならないことを再認識した。

わたしは、忍辱した。

そのうちに、わたしは気がついた。あまり騒音を気にしなくなっている自分に――。

以前は、「かわいい、かわいい魚屋さん……」と、調子の狂ったレコードをマイクで流しながらやって来る魚の移動販売車が来れば、「やかましい」と怒鳴りたくなり、しばらくは原稿も書けなかった。イライラしていたのである。だが、いまでは、わたしはあまり騒音が気にならなくなった。階上のドスンという音に、その瞬間はびくっとするが、それはほんの一瞬で、あとは原稿に集中できるようになった。

つまり、わたしは、騒音に強くなったのである。

わたしは、これが仏道修行——忍辱波羅蜜——の効果だと思う。

そして、自分が強くなれば、他人に対して寛大になれるわけだ。他人をおおらかに赦してあげることができる。そしてさらに、他人を赦せたときに、わたしたちは忍辱波羅蜜ができるのである。卵が先か、にわとりが先か……。そのようにして、わたしたちの仏道修行がすすめられて行く。大乗仏教の修行とは、そのようなものである。

▼忍辱は忍従ではない

とはいえ、ここで大急ぎで言っておかねばならぬことがある。

それは、忍辱は忍従ではない、ということである。

古来、日本の庶民たちは、大きな権力の下で泣き寝入りする態度を身につけてきた。「長い物には捲《ま》かれよ」と、そんな敗北者的処世術が通用していた。そんな風潮のもとで、仏教もまたそうした政治権力への忍従を説くかのように思われてきた。いや、実際、かつての僧侶のうちには、政治権力と結託して、庶民に向かってそのような「あきらめの道徳」を説く者が少なくなかったのである。

だからこそ、われわれはここで、忍辱は忍従でないことを強調しておかねばならぬ。したがって、忍辱波羅蜜は、いつもいつも一方的に自分のほうが相手の迷惑を耐え忍ぶのではない。ときには、思い切った闘い、争いが必要であろう。

たとえば、騒音公害というものは、わたしたちはこれを許してはならない。大企業が一方的に騒音をまきちらしておいて、弱者である民衆にこれに耐えろ——というのは、ちょっと虫がよすぎはしませんか……。そのような公害には、わたしたちは闘うべきである。

では、いかなる騒音を許し、いかなる騒音は許せないのか？

それは、ケース・バイ・ケースである。

したがって、それを適格に判断できるためには、われわれに智慧が必要である。その智慧に裏付けられたとき、わたしたちは真に忍辱波羅蜜を実践できるわけだ。智慧がなくして忍辱すれば、それは所詮は負け犬の忍従でしかない。そんなものは忍辱ではない。

それでは、いかにすればわれわれに智慧がつくだろうか？

その智慧は、わたしたちが忍辱の実践をしたとき、自然についてくるものである。なにも仏道修行をやらずに、智慧がついてくるわけではない。

要するに、……。

忍辱と智慧とは、ここでも車の両輪のようなものだ。忍辱によって智慧が獲得され、智慧に支えられて忍辱が実践できる。両者が助けあい、補いあいながら、われわれは前に向かって進んで行けるのだ。

それが大乗仏教の修行――六波羅蜜なのである。

▼智慧なき精進を仏教は否定する

つぎに、精進波羅蜜《しょうじんはらみつ》――。

〝精進〟とは、つまり「努力」の意である。

だが、精進波羅蜜は、われわれがただ闇雲に努力しさえすればよい――というものではない。わざと人を驚かす表現をすれば、

「努力しないことが努力になるような、そのような意味での努力」

となりそうだ。もう少しまともに言えば、

「ゆったりとした努力」

ということになるだろう。精進波羅蜜は六波羅蜜の一つだから、それを支えるものとして智慧（智慧波羅蜜）がなければならない。智慧を欠いた精進は、どうあっても精進波羅蜜にはならないのである。

たとえば、釈尊の修行を考えていただきたい。

釈尊は最初、苦行をされた。苦行の中心は断食であり、それも死とすれすれまでの断食を決行さ

れたようである。傍にいた五人の仲間たちが、異口同音に、

「この男は死んでしまった」

と言ったほどの、そんなすさまじい断食であった。

だが、釈尊は、その断食を途中で放棄されたのである。

そのような極端な苦行は、悟りにいたる大道ではない——と判断された上で、苦行を中止された。そして釈尊は、「中道」を歩まれた。苦行にあらず、怠惰《たいだ》放逸《ほういつ》にあらず。両極端を避けた中道こそが、真に悟りにいたる道だと確信して、釈尊は苦行を捨てて中道を歩まれたのだ。

そして、その結果、釈尊は「仏陀」となられた。

然《しか》りとすれば、「中道」こそ仏教の基本精神でなければならない。それはわかりきったことである。したがって、中道の精神を忘れた、あまりにも極端な精進・努力は、とうてい仏教のすすめるところとはなりえない。

血眼《ちまなこ》になった努力は、かえって仏教精神を阻礙《そがい》する。人間は血眼になればなるほど、智慧を忘れてしまう。

そして、智慧を欠いた努力は、仏教の嫌うところである。

ひるがえって日本の現状を考えてみるならば、まさに智慧なき努力主義が横行していないだろうか……。われわれは愕然《がくぜん》とせざるを得ない。経済の面では、商人たちは儲《もう》けの上になおかつ儲けをはからんとやっきになっている。たとえばアメリカの航空会社は、採算がとれるまでの切符を売っ

た場合、残りの座席は高くして売るという。もうこれだけ儲かっているから、あとはできるだけ乗客を増やさずにゆったりと飛びたい、というわけだ。しかし、日本の航空会社なら、きっとその逆を考えるであろう。これで採算がとれたから、残りの座席は売っただけ儲けになる。そこで、ダンピングしてでも売ろうと考えるのが日本人である。現代の日本人は、仏教が教えてきた、

――少欲知足の精神――

を完全に失ってしまったようだ。その「少欲知足」の精神・智慧に支えられていない精進は、まさしく間違った努力でしかない。そんなものは、精進波羅蜜とはいえないのである。

▼努力と成功にそれほど因果関係はない

それからもう一つ、わたしが努力主義者を嫌う理由がある。

じつは、努力と結果は、それほど単純に対応するわけではない。努力した者が報いられることももちろんあるが、いくら努力したっていっこうに報われぬ者も大勢いるのである。ところが、たいていの努力主義者は、困ったことにそうは考えないのである。

努力がそれ相応に報われたのは、過去の農耕社会においてである。農耕社会では、作物にせっせと肥料をやり、雑草を抜いた者の収穫が大きい。たまには偶然的な天災に遭うこともあるが、しかし平均的には、農耕社会だと努力家が成功することが多い。その点では、牧畜民族はちがっており、いくら家畜にブラシをかけて努力しても、家畜が仔を多く産むわけでもないし、ミルクが多量に搾《しぼ》

れるわけでもない。逆に天災や伝染病に遭遇すると、一瞬に財産である家畜をすべて失ってしまうことになる。偶然に支配されて牧畜民族は生きているわけだ。

それから、現代の日本は資本主義社会である。資本主義経済ほど、偶然によって左右されやすいものはない。資本主義社会では、成功も没落も、まずは「偶然」によって決まるものである。努力と成功の相関関係は、それほどあるとは思えない。

ところが、努力主義者には、それがわからないのだ。自分は努力して成功したものだから、努力が成功の原因だと信じ込んでいる。そして成功せぬ奴は、失敗した者は、努力が足りないからそうなったのだと判断するわけだ。

断じてそんなわけがない。現代日本はとっくの昔に農耕社会を卒業しており、資本主義社会である。そこでは成功も失敗も、基本的には僥倖《ぎょうこう》、偶然の結果なのだ。努力との因果関係は少ない。

もちろん、努力そのものは悪いものではない。だが、努力主義者が他人に対して狭量になるのが困るのだ。精進波羅蜜は、他人に対する狭量さをもっていては実践できぬものだし、少欲知足の精神に裏づけられていなければならぬ。わたしはそのことを、口を酸っぱくして強調しておきたい。

それから、最近の高校野球に代表的・典型的に見られる「根性《こんじょう》」というもの、あれはなんとかなりませんかね……。昔は、〝根性〟といったことばは、「根性が悪い」とか「貧乏人根性」といったふうに、悪い意味で使われていた。まさかヤクザじゃあるまいし、高校生に馬鹿々々しい「根性」を植えつけないほうがいいと思うがなあ……。たかが野球じゃないですか。プロではないんだから、勝敗を別にしておおらかに楽しめばいいんですよ。あんなに血眼になってはいけません。

六波羅蜜は大乗仏教の修行・実践論だから、基本的に結果にこだわらないでする、「方便」（プロセス）第一主義の実践なのである。精進波羅蜜も、結果にこだわらぬ、おおらかな努力である。目の前の結果に向かってがむしゃらな努力をするのが、「精進」の意味ではない。そのことを強調しておきたい。

▼こころの集中と解放

第五に、禅定《ぜんじょう》波羅蜜――。

禅定とは、いわゆる坐禅である。そして坐禅は、釈尊のはじめから仏教に採用されていた修行法である。

禅定は、インドにおいて一種の銷夏《しょうか》法であったとも考えられる。あの暑いインドの夏を過ごすには、それなりの工夫が必要である。木蔭において坐禅をするのが、暑さ凌《しの》ぎになったらしい。だから、インド人のあいだでは、禅定の習慣が早くからあったわけである。そして、その技術も釈尊以前にすでに開発されていた。釈尊は出家をされた直後、アーラーラ・カーラーマ仙人とウッダカ・ラーマプッタ仙人の二人の禅定家に師事して、禅定の技術を習得されている。禅定は釈尊の、したがって仏教の専売特許ではなかったのだ。

坐禅といえば、基本的に二の方向が区別される。

――散漫なるこころを集中させる技術――

――一つのことに執着してしまったこころを、ゆったりとさせる技術――

禅はしばしば「精神集中」と考えられているが、それは一つの方向だけを見たもので、逆に集中した精神をそこから引き離す「精神解放」もあるのである。そして、わたしは、現代の日本人に対しては、この後者の「精神解放」が強調されてよいと考えている。というのは、日本人はものごとに熱中し、集中する傾向があるからである。金儲けに熱中している日本人を見ると、ぞっとする。金の亡者であり、餓鬼《がき》さながらである。そんなエコノミック・アニマル（畜生）を餓鬼に育て上げるための研修に、なにも禅がお手伝いする必要はないと思うんだがなあ……。

いまの日本においては、禅の役割は、もっともっとこころをのびやかにさせてあげることだと思う。「こころの遊ばせ方」が禅ではないか、わたしはそんなことを言ったおぼえがある。フランス人はカフェでぼけーっとした時間を過ごす。インド人もぼけっとした時間をおくる。人に待たされて、日本人は十分か二十分もすればイライラをはじめるが、インド人などはじつに悠長である。一時間や二時間、ぼうっと瞑想にふけるぐらいのことは朝飯前である。

そんな瞑想の技術が禅である。六波羅蜜の禅定波羅蜜は、出家者がやる坐禅とはちがう。出家者のやる坐禅は、在家の人間にはとてもやれない。そうではなくて、ときに「精神集中」をし、ときに「精神解放」をするのが禅定波羅蜜である。そして、いつ精神集中するか、いつ精神解放をするかを教えてくれるのが、ほかならぬ智慧波羅蜜である。その智慧波羅蜜は、禅定によって培われるのだ。そんなふうな構造になっている。

禅定（坐禅）は、わりと簡単にできるものだ。そうでないと、大乗仏教の修行にならない。

＊

かくて、六波羅蜜の実践によって、われわれは「般若《はんにゃ》」を獲得できる。「般若」とは、文字通りには「智慧」の意であるが、ここでは「より高次の智慧」の意味に使っている。智慧波羅蜜を一方にし、他方に布施波羅蜜・持戒波羅蜜・忍辱波羅蜜・精進波羅蜜・禅定波羅蜜を置き、この六波羅蜜の実修によって得られるのが「般若」である。そしてこの「般若」こそ、大乗仏教の基本哲学にほかならない。したがって、わたしたちは六波羅蜜の実修によって、おのずから大乗仏教の基本哲学——般若と空——が身につくわけである。その意味で、大乗仏教もやはり「智慧の宗教」なのである。

仏教を特色づけるものは「智慧（般若）」である。われわれはそのことを確認しておこう。

六　『法華経』の仏陀観

▼『法華経』の仏陀観

さて、かくて大乗仏教は、小乗仏教から独立し、みずから、

――「空」の哲学――

――「六波羅蜜」の修行論――

を確立させた。

ところで、古来、「仏教」は、

〈仏〉（ブッダ）……仏陀。

〈法〉（ダルマ）……教え。

〈僧〉（サンガ）……教団。

の「三宝」より成るとされている。この三宝の分類でいえば、じつは、大乗仏教の「空」の哲学や「六波羅蜜」の修行論は、〈法〉（ダルマ）の領域に属するものである。

では、大乗仏教は、
――いかなる「仏陀論」をもっているか？――
――いかなる「教団論」をもっているか？――
が次のわれわれの問題である。最初に、大乗仏教の「仏陀論」を考察しよう。

＊

大乗仏教の「仏陀論」ないしは「仏陀観」が最も明瞭に示されている経典は、『法華経』である。『法華経』の第十六章「如来寿量品」においては、「良医《ろうい》の喩」と呼ばれる譬《たと》え話でもって、仏陀の生命の永遠であることが説明されている。われわれはこの話を紹介しながら、『法華経』は「仏陀」をどう見ているかを明らかにしたい（以下の『法華経』の引用文は、岩波文庫『法華経（下）』の坂本幸男の読み下し文による）。

まず、「良医《ろうい》」がいた。これは明らかに釈尊のことである。この医者は、《善く衆《もろもろ》の病を治する》ことができる。釈尊はわれわれの苦しみを救ってくださるのだ。そして、《その人、諸《もろもろ》の子息多くして、若しくは十、二十、乃至百数なり。》非常に多くの実子を持っているわけだ。われわれ一切衆生は、釈迦の実子である。

ところで、この医者、医者というより父親といったほうがよいか、ともかく医者である父親は、《事《こと》の縁《えにし》あるをもって、遠く余国に至れり》というのである。ちょっと事情があって、外国に行っていた——のだ。どんな事情か、それは書かれていない。あとで明らかになるのだが、あらかじめ注意しておくと、この父親＝医者は、外国と自国を行ったり来たりしているわけだ。ピストン往復である。そして、父親が外国に行って帰って来たのが、わたしたちの知っている釈尊の出現（誕生）である。いったん帰国した父親は、再び外国に行かれる。それが釈尊の入滅（涅槃）である。このように父親＝釈尊は往復しているのだから、どちらが自国で、いずれが外国か、ほんとうはわからぬはずだ。しかし、わたしたちのいるこの世界——娑婆《しゃば》——を自国にしておく。話は、父親＝医師＝釈尊の留守中の出来事なのである。

▼毒のまわった子どもたち

良医は外国に出かけた。その留守中、《諸《もろもろ》の子は、後において、他の毒薬を飲み、薬、発《あらわ》れて悶《もだ》え乱《なや》み、地に宛転《まろ》べり。》子どもたちは、良医＝父親でない他人のくれた毒薬を飲んでしまったわけだ。つまり、仏教以外の思想、はっきりといえばバラモン教に毒されて、そのために子どもたち（われら衆生）は苦しんでいたのである。

わたしはここのところで、『旧約聖書』の「創世記」の記述を思い出す。エデンの園にあって、最初の男と女であったアダムとエバは安楽に生きていた。しかし彼らは、蛇にそそのかされて、神から「食べるな！」と禁じられていた禁断の木の実をとって食べる。その結果、アダムとエバは楽園を追放される。これが、キリスト教でいう「原罪」である。

よく似ていると思われませんか……？　仏教では、というより『法華経』では、われわれ衆生は父親である仏陀の留守中、毒薬に等しいまちがった教えを信じて、それで苦しんでいたのである。その時、父親は帰って来る。《この時、その父は還《めぐ》り来りて家に帰れり。》すなわち、釈尊の出現である。

子どもたちは安心する。父親に救いを求める。

父親は薬をつくってやる。父親は医者だから、良薬を子どもたちに与えたのである。良薬、口に苦し――というが、この釈尊の薬はちっとも苦くないそうだ。《この大良薬《ろうやく》は、色《いろ》・香《か》・美味《よきあじ》を皆悉く具足せり。》

けれども、薬は薬だ。やっぱり薬を服《の》むのはいやなんだろう。父親のくれた良薬を服んだ子もいたが――そして、薬を服んだ子は病気が治ったが――、ほとんどの子は服用しようとしない。なぜか？《所以はいかん。毒気《どつけ》、深く入りて本心を失えるが故に、この好き色・香ある薬において、美《うま》からずと謂《おも》えばなり。》仏教以外の教え、つまりバラモン教の毒気にあてられた者は、仏教の教えの良薬を口に苦しと誤解してしまう。ほんとうは仏教のほうがおいしい良薬なのに、それがわからないでいるのだ。

いまの日本人は、ここのところをよく読むべきだ。

所得倍増だ、高度経済成長だ、金儲けだと必死になって経済的利益ばかりを追求している。モーレツ社員だ、根性教育だ、などといって、禅のお寺がエコノミック・アニマルの研修道場になっている。利潤追求のための仏教が説かれたりする。でもね、それは「毒薬」「毒気」なんですよ。『法華経』はそう言っているのです。そして、良医である釈尊の薬は、

——少欲知足——

なんです。物質的満足ではなしに、自己の欲望をコントロールすることなんです。ほんとうは、少欲知足、欲望を少なくし、足るを知るこころを持つことがおいしい良薬のはずなんですが、毒気にあてられてエコノミック・アニマルと化した日本人には、その仏教の教えが「苦《にが》い」と感じられるのだ。そして、釈尊の教え＝仏教によろうとせず、物質的な現世利益を売り物にした邪教に走っている。『法華経』は、一九八六年（執筆当時）の日本人を予言しているようである。

▼「あなたがたの父は死んだ」

ちょっと脱線した。あわてて本題に戻すが、せっかくの良薬《ろうやく》を服用しようとしない子どもたちに対して、父親＝医者は方便を講ずる。すなわち、子どもたちに言う。

《汝等よ、当に知るべし。われは今、衰え老いて死の時已《すで》に至れり。この好《よ》き良薬を今、留めてここに在《お》く。汝よ、取りて服すべし。差《い》えざらんことを憂《うれ》うること勿れ》

と。

お父さんも年をとったよ。おまえたちと別れの時が近づいて来た。でも、ここに薬があるからね。この薬を服《の》みなさい。病気はかならず治るからね……。これは父親の遺言である。

そして、この遺言のあと《この教を作し已りて》、彼は《また他国に至り、使を遣わして還りて告げしむ「汝の父は已に死せり」と。》再び、父親＝医師は外国に行く。外国に行って、使者を派遣して子どもたちに、

「あなたがたのお父さんは亡くなったよ」

と知らせる。

でも、考えてみれば、これは嘘をついたことになる。いくらなんでも、嘘をついてはいけませんよ……と、どこかからクレーム（文句）がきそうである。『法華経』もその点を心配して、この話が終わったあとで、釈尊が聴衆に次のように問われたと書いている。

《「諸の善男子よ、意においていかん。頗《そもそも》、人の能くこの良医の虚妄の罪を説くものあり不《や》」と。》

——あなたがたはどう思うかね。この良医が嘘をついた罪を糾弾《きゅうだん》する人がいるだろうか？

釈尊からそう問われると、わたしたちは、

《「否《いな》なり、世尊よ」》

と答えざるを得ない。まあ、これくらいの嘘は許されるわけだ。『法華経』はそんなふうに弁護している。へそ曲がりのわたしは、ちょっと文句をつけたくなるが、でも、『法華経』が一所懸命に弁護しているのだから、それに免じて許しておこう。

さて、もう一度、元に戻る。

「あなたたちの父は亡くなった」——そう聞かされたとき、子どもたちは嘆き悲しんだ。わたし

たちは孤児となった。もう父親はいない。（母親はどうなっているのだろうか……？　しかし、そんなよけいなことは考えてはいけない！）どうすればよいか？

その悲しみのなかで、子どもたちは目覚める。《常に悲感《かなしみ》を懐《いだ》き、心は遂に醒悟《めざめ》たり。》悲しみのなかで目覚めた——というのがいい。甘えていると、わたしたちはいつまでたっても目覚めない。誰も頼る者がいないという絶望のなかで、わたしたちは信仰に目覚めるわけだ。

子どもたちは、《乃ちこの薬の色・香・味の美《よ》きことを知りて、即ち取りてこれを服するに、毒の病は皆愈《い》えたり。》釈尊の教え、すなわち仏教こそが真にすばらしい教えであることを知り、仏教を実践する。そうしたら病気は治った。

《その父は、子の悉く已に差《いゆ》るを得たりと聞きて、尋《やが》て便《すなわ》ち来り帰りて咸《ことごと》くこれに見《まみ》えしむ。》かくて、父は帰って来る。

これが「良医《ろうい》の喩」である。

じつにみごとな譬喩である。わたしはそう思っている。

▼隠れている釈尊

要するに『法華経』が言っているのは、釈尊（父親・良医）は死んでいないということである。

釈尊は、柱の陰《かげ》に隠れて、「いない・いない・ばあ」をしておられるのである。赤ん坊は、親がなにかの陰に姿を隠すと、ほんとうにいなくなったのだと心配する。ちょっと大きくなると、そんなトリックにはひっかからないのだが、小さな赤ん坊はほんとうに信じ込んでいる。わたしも娘や息子で実験して、確かめたことがある。

わたしたち多くの衆生は、赤ん坊のようなものだ。

《われは常にここに住すれども　諸の神通力をもって
顚倒《てんどう》の衆生をして　近しと雖もしかも見ざらしむ。》

いや、『法華経』は、われわれを「顚倒の衆生」だと言っている。赤ん坊ではなく、理性の転倒した大人である。赤ん坊より性《たち》が悪いかもしれない。そして、その転倒の故に、釈尊が見えなくなっているのである。困ったことだ。

しかし、……。

わたしたちが釈尊に会いたくなったら、いつでもお会いすることができる。

どうすれば、お会いできるか？

《衆生、既に信伏し　質直《すなお》にして意柔軟《こころなよらか》となり
一心に仏を見たてまつらんと欲して　自ら身命《しんみよう》を惜まざれば
時にわれ及び衆僧《しゅそう》は　倶に霊鷲山《りようじゅせん》に出ずるなり。》

そう、わたしたちは素直《すなお》になればいいのである。命までも投げ出してこころの底から仏を信ずるなら、釈迦仏はかならず霊鷲山に出現される。霊鷲山とは、サンスクリット語名を〝グリドゥラクータ〟といい、〝耆闍崛山《ぎじゃくつせん》〟とも呼ばれる山だ。マガダ国の首都の王舎城の東北郊外にある山。そ

の山の姿が鷲に似ているから霊鷲山という——と説明されている。だが、わたしが見ても、ちっとも鷲に似ていなかった。別の伝承では、鷲の嘴《くちばし》に似ているのだという。となると、わたしには鷲の嘴と雀の嘴が区別できないから、似ているかどうか判断できない。さらに別に、古代ここには多くの鷲が棲んでいたからその名がつけられた、といった説明もある。それならよくわかる。ともかく霊鷲山は、日本では〝わしのみ山〟と呼ばれ親しまれている山だ。

いや、危うく書き落とすところであった。霊鷲山は、釈尊が『法華経』を説かれた山である。といっても、それは歴史的事実ではない。が、『法華経』は、あるとき釈尊がこの山の頂きにあって、ほかならぬ『法華経』をお説きになった——というフィクションを展開しているのである。だから、わたしたちが声をかぎりに釈尊を呼ぶなら、釈尊はここ——霊鷲山——に出現される。『法華経』はそう言っているのである。

▼仮象としての釈尊の入滅

もう少し『法華経』を読んでみよう。

『法華経』はこんなことを言っている。

《われ、仏を得てより来《このかた》　経《へ》たる所の諸の劫数は
無量百千万　億載《おくさい》阿僧祇なり。
常に法を説きて　無数億の衆生を教化して

仏道に入らしむ　爾《それ》より来《このかた》　無量劫なり。》

「われ」というのは、釈尊である。劫といえば、ほぼ無限ともいうべき時間の単位である。それの百千万億載《おくさい》阿《あ》僧祇《そうぎ》倍というから、いったいどれくらいの年数になるか……。念のため言っておくと、〝億〟は10^8であるが、〝載〟は10^{44}、〝阿僧祇〟は10^{64}である。インド人は〝無限〟といった語がよほど嫌いであったのだろう。われわれなら「無限」ですますところを、真剣になって大きな数を考えたりする。しかし、いま引用した最後のところに、〝無量劫〟といった語があった。これは無限のことだろう……と読者は思われるかもしれないが、どっこいこれも一つの数で、〝無量〟は〝無量大数〟の略、〝無量大数〟は10^{84}である。ともかく、どえらい数をインド人は考えるものだ。それで話が面倒になる。

まあ、われわれは、かまわず「無限」で行くことにしよう。

とすれば、釈尊は、自分は悟りを得て仏となって以来、無限の年数が経《た》っている、と言っておられることになる。そしてそれからずっと、衆生に法（教え）を説きつづけてきた。教化した衆生は数えられぬほど多い。そう言われているのだ。

とんでもない——。釈尊は、『法華経』の設定では、入滅の直前に釈尊は『法華経』を説いておられるのだから、どう計算してみても八十歳である。仏になられたのは、北方仏教の伝承だと三十歳、南方仏教だと三十五歳であるから、わずか四十五年か五十年前である。どうして「無限」と言われるのか……？

じつは、ここのところに、わたしが前に述べた「釈尊の往復ピストン運動」があるわけだ。釈尊はなんどもなんども、「いない・いない・ばあ」を繰り返しておられる。そうして、われわれ衆生を救ってくださっているのだ。だから、その無限の歳月のあいだに、数多くの衆生を救うことができたのである。『法華経』はそのように考えている。

「いない・いない・ばあ」は、わたしたち赤ん坊のごとき衆生、顚倒の衆生から見れば、釈尊が入滅されたかのように錯覚されるかもしれない。しかし、釈尊は決して入滅されたのではない。ただ「いない・いない・ばあ」をしておられるだけである。

『法華経』は口を酸っぱくして、釈尊の入滅を否定している。

釈尊の入滅は、仮象（ドイツ語でいう Schein）にすぎない。水の中に入れたまっすぐな棒が曲がって見えるようなものである。棒は決して曲がらない。そう見えるだけだ。

釈尊は決して入滅されたのではない。

釈尊は永遠に存在しつづけられている――。

『法華経』はそのように主張している。

▼「如来」と「如去」の仏陀

さて、『法華経』は、

――永遠にありつづける仏陀――

というものを、わたしたちに教えてくれた。

「仏陀」は絶対的存在である。とくに大乗仏教においての仏陀は、小乗仏教のそれとはちがって、至高にして完全、絶対的な存在でなければならぬ。

そして、「完全」であるためには、仏陀の「死」なるものはありえてならないものだ。仏陀は永遠に存在をつづけねばならぬ。そうでないと、「完全」とは言えない。

そこで問題がある。

ちょっとA図を見ていただきたい。A図は、これまで述べてきたところをまとめたものである。すなわち、『法華経』の釈尊観・仏陀観を示している。

釈尊＝仏陀は、「他国」とわたしたちの世界とを往復ピストン運動をしておられる。だから、わたしたちの世界では、ときどき「無仏」の期間になる。釈尊＝仏陀がおられない期間があるわけだ。「いない・いない・ばあ」をして、「他国」に往っておられる期間である。

しかし、その「他国」においては、釈尊がわたしたちの世界に来現しておられるあいだは、そこは同じく無仏になってしまうのだろうか……？　A図でいえば、点線の部分は無仏を意味しているのだろうか？

どうも、そうでもないような気がする。

むしろB図のように考えるべきではなかろうか……。

いや、そもそも「他国」とは何か？

わたしはそれを、B図に示したように、「真理の世界」と捉えたほうがよいと思っている。釈尊は「真理の世界」から、間歇《かんけつ》的にわれわれの世界に来現される。それが「如来《にょらい》」である。〝如〟とは「真如」すなわち「真理」である。真理の世界から来現されたのが「如来」である。

と同時に、如来の原語の〝タターガタ〟は、「如去《にょこ》」とも訳せる（このことについては、本書の六七ページに述べておいた）。真理の世界に還って往った者——といった意味にも解することができるのである。

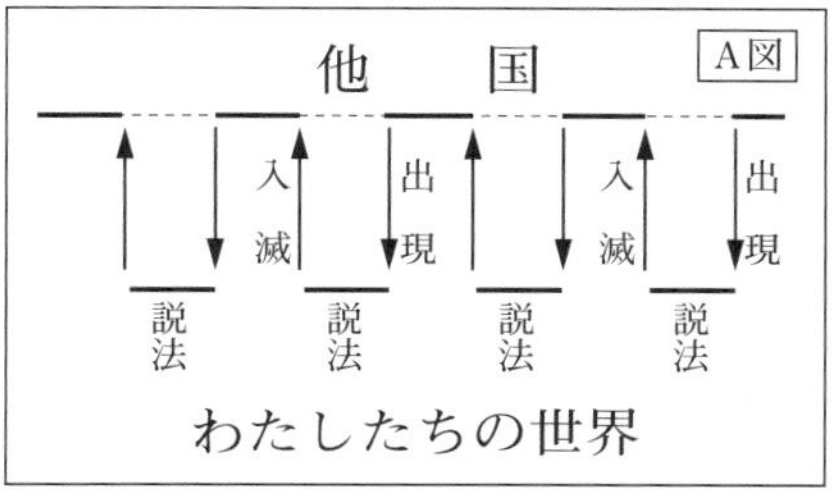

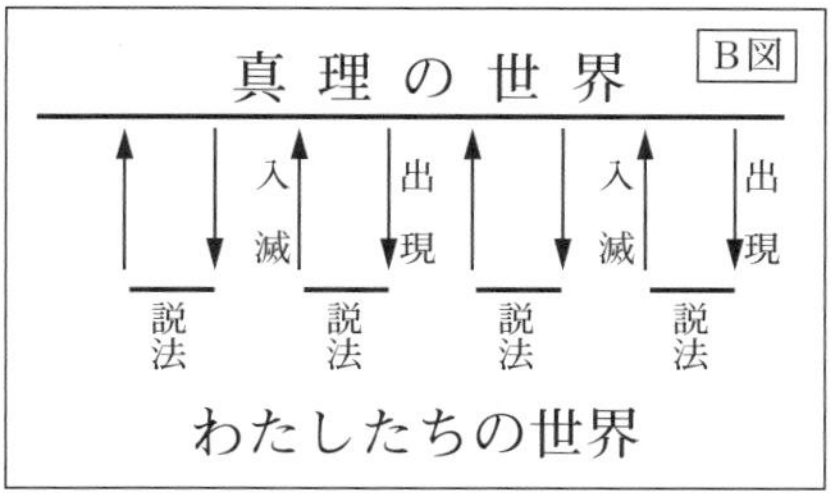

如来と如去——。それが、仏陀の出現であり、入滅である。真理の世界からわれわれの世界に顕現し、再び真理の世界に帰還して往く存在——。『法華経』は、仏陀＝釈尊をそのように見ているのである。わたしはそう考えている。

七　宇宙仏と分身仏

▼二つの〝法華経〟

『法華経』というお経は、ひじょうにおもしろい経典である。と同時に、これほど誤解されている経典も珍しい。

というのは、『法華経』を読んでいる人のほとんどが、〝法華経〟といったことばに二つの意味のあることを知らないのである。いや、〝法華経〟に二つの意味があるというより、まったくちがった〝法華経〟という語が二つあるのだ。そう言ったほうがよいであろう。

ところが、たいていの人は、二つの〝法華経〟といったことばがあることを知らず、両者を混同しているから、とんでもない誤解をしてしまうわけだ。

「『法華経』というお経は、変なお経ですよね。さあ、いまからお釈迦さんが『法華経』をお説きになるゾ……と言っておいて、いっこうに『法華経』がはじまらないんですからね。それで最後まできてしまう……」

そんなふうに言われる人がいる。よく『法華経』を読んでおられる人だ。まさしくその通りである。最後まで思わせぶりがつづいて、結局、『法華経』は説かれていないのである。でも、そう読むのは、ほんとうは誤解なんですがね……。

あるいは、

「『法華経』は讃ばかりしかない」

という学者もいる。「讃」すなわち自己宣伝である。『法華経』はいいお経だゾ、すばらしいお経だゾ、といった自己宣伝ばかりをやっている、というのである。多くの人がそう言う。たしかに、そう読めないことはない。でも、これも誤解なんですがねえ……。

〝法華経〟には、二つの意味があるのである。それがわからないと、『法華経』はわからない。結論から書いておく。〝法華経〟の二つの意味とは、まず、

――書名としての『法華経』

と、それから、

――永遠の真理としての「法華経」

である。これを、われわれは、

『法華経（経典）』

「法華経（真理）」

と書き分けることにしよう。あるいは、（経典）（真理）と表記するのが面倒なので、ときにはこ

の二つを、簡単に、

『法華経』

「法華経」

と書くことにする。これでも充分、区別できると思う。

▼「法華経」を説くには六十小劫かかる

さて、二つの〝法華経〟を区別すると、議論はだいぶ整理される。われわれは、このように言うことができるだろう。すなわち、

――『法華経』というのは、「法華経」について述べたものである――

と。

ちょっと別の例をさがしてみようか……。いまわたしの書棚から、一冊の本を持ってきた。古い本がよいと思って選んだのであるが、

永野芳夫著『論理学』(三省堂刊、昭和十七年二月二十日発行、二円)

である。三省堂の所在地が東京市神田区になっている。

ところで、この本の五一ページから五三ページにかけては、論理学という学問に対するさまざまな定義が列挙されている。たとえば、

――論理学は科学の科学である。

――論理学は究極的真理の究明である。

といったように書かれている。しかしながら、いくら気の早い読者でも、このような記述を、次のように誤解しないだろう。

――永野芳夫なる男はけしからん。彼は『論理学』という本を書いて、その自著の中で自分の本が究極的真理の究明であると断言している。うぬぼれもはなはだしい！

つまり、『論理学』は書名であり、その本の中に出てくる〝論理学〟は学問としての「論理学」なのである。われわれはこの場合、

――『論理学（書名）』

――「論理学（学問）」

をちゃんと区別している。だから、誤解しないのである。

それと同じことである。〝法華経〟においても、われわれは、『法華経（経典）』と「法華経（真理）」を区別せねばならない。

すなわち、「法華経」というのは、永遠の真理である。したがって、この「法華経」を説くには、厖大な時間がかかる。そのことについては、『妙法蓮華経』（つまり『法華経』である）の「序品第一」に、次のように述べられている。

《……この時、日月燈明仏《にちがつとうみょうぶつ》は、三昧《さんまい》より起《た》ちて、妙光菩薩に因《よ》せて大乗経《だいじょうきょう》の妙法蓮華《みょうほうれんげ》・菩薩《ぼさつ》を教える法・仏に護念せらるるものと名づくるを説きたまい、六十小劫《こう》、座を起《た》ちたまわず。時の会《え》

の聴者《ちょうじゃ》も亦、一処に坐して六十小劫、身心動《どう》ぜず。仏の所説を聴くこと、食頃《じききょう》の如しと謂《おも》えり。》

「大乗経の妙法蓮華・菩薩を教える法・仏に護念せらるるものと名づくるを」というのは、すなわち「法華経」である。日月燈明仏は「法華経」を説くのに六十小劫という時間がかかった――と『法華経』は言っている。六十小劫といえば、前回にも述べたように、無限といってよい時間である。「法華経」は宇宙の永遠の真理だから、それを説示するのに厖大な時間がかかるのである。

しかし、『法華経』は、それほど厖大ではない。『般若心経』のように短いお経ではないが、岩波文庫本で三冊でおさまっている。岩波文庫は羅什《らじゅう》三蔵訳による漢訳と、その読み下し文、それにサンスクリット語原典（梵本《ぼんぽん》）からの現代語訳がつけられているから三冊になっているので、漢文原典だけなら充分一冊におさまる。『法華経』を読むには一日もかからない。けれども、「法華経」は、六十小劫もかからぬと説けぬわけだ。

▼永遠の太陽と水に映じた太陽

このような関係は、たんに〝法華経〟だけではない。たとえば、〝華厳《けごん》経〟という大乗経典が、同じような構成になっている。

すなわち、〝華厳経〟には、

「一に恒本《ごうほん》、二に大本、三に上本、四に中本、五に下本、六に略本」

があると言われているのだ（『探玄記』巻一）。われわれがいう『華厳経』は、このうちの略本である。略本にしても、晋訳で六十巻ある。しかし、そんな六十巻といった数は、まことにとるに足らないもので、恒本、すなわち「華厳経」ともなれば、われわれのいる世界そのものを微塵に砕いて、その微塵の数でもってしても、恒本「華厳経」の一行にもならないのである。そんなふうに言われている。

やはり「華厳経」というのは、「法華経」と同じく、大宇宙の真理そのものである。大宇宙の真理そのものは、われわれ人間のことばにできない。われわれは宇宙の真理について語るよりほかない。それを語ったものが、『華厳経』であり、『法華経』である。

さて、このように考えると、『法華経』の仏陀観がもう少しはっきりするだろう。

前節に掲げたB図を見ていただきたい（一一三ページ）。あの図は、真理の世界から釈尊がわたしたちの世界に出現され、われわれに法（教え）を説き、そしてまた真理の世界に帰還されることを示している。わたしはそれを「往復ピストン運動」と呼んだ。

ところで、そこでいう「真理の世界」とは、いま考察したところによれば、じつは「法華経（真理）」ではないのか……⁉ 少なくとも『法華経（経典）』においては、「法華経」こそが大宇宙の永遠の真理そのものであると見なされているから、「真理の世界」とは「法華経」そのものなのである。そう受け取ってまちがいはない。

そうするとどうなるか？

そうすると、仏陀は「法華経（真理）」そのものだ、ということになる。

仏陀の本質は「法華経（真理）」であり、そしてわたしたちの世界に来現された釈尊は、わたしたちに『法華経（経典）』を説くために仮象としての姿を持たれたのである。

それは、太陽が水に映ったようなものである。

太陽〈「法華経（真理）」――そして、仏陀の本質〉は永遠の太古から永遠の未来にかけて、赫々《かっかく》と空に輝いている。そして、その太陽が地上の水に映るのだ。

けれども、雲があると太陽は地上からは見えない。わたしたちは、太陽が雲に遮《さえぎ》られたとき、「ああ、釈尊は亡くなられた」と錯覚するが、それはまちがいだ。太陽はいつだって、永遠に大空に輝いているのである。わたしたちに見えないだけだ。やがて雲が晴れると、わたしたちの目に太陽が見えるようになる。『法華経』はそのように言っているのである。

▼法身仏と色身仏

さて、このように考察をすすめてくれば、われわれは容易に、大乗仏教の仏陀論である、

――法身仏と色身仏――

の概念が理解できそうだ。大乗仏教では、「法身仏《ほっしんぶつ》」と「色身仏」を考える。「法身仏」というのは、「法」すなわち「真理」を身体とした仏であり、「色身仏」とは「色身」すなわち「肉体」を持った仏である。そして、この二つの仏は、左のように対比される。

＊法身仏……法（真理）を身体とした仏……「法華経（真理）」そのものである仏陀……永遠・不滅の存在……絶対的な存在。
＊色身仏……色身（肉体）をもった仏……『法華経（経典）』を説かれる釈尊……時間内における有限の存在……仮象的な存在。

ところで、読者はおぼえておられるであろうか……。じつは釈尊その人が、歴史的な存在であるあの釈尊が、生前すでにこのような「法身仏」と「色身仏」について語っておられたことを。本書の上巻の一五五ページで、そのことを語っておいた。

それは、ヴァッカリという名の比丘《びく》に対してであった。ヴァッカリが重態になって、死ぬ前に一目、釈尊を拝したいと思う。釈尊はわざわざヴァッカリの病床を訪ねて来てくださった。

ヴァッカリは起き上がって、釈尊を拝さんとする。

そのとき、釈尊が言われる。

「いやいや、ヴァッカリよ、この汚《けが》らわしいわたしの身体を見ても何になろうぞ。ヴァッカリよ、法を見る者はわれを見る者であり、われを見る者は法を見る者である。ヴァッカリよ、まことに、法を見る者はわれを見る者であり、われを見る者は法を見る者である」

そしてわたしは、この引用のあとに、釈尊の相反する二面を指摘しておいた。

＊爛壊《らんえ》の身（汚らわしい身体）……釈尊の肉体……やがて腐り、消滅するもの。

＊永遠の真理（法）……釈尊の教え……いつまでも不変であるもの。

お気づきのように、この「爛壊の身」と「永遠の真理」の対比は、「色身仏」と「法身仏」の対比に相当するし、『法華経（経典）』と「法華経（真理）」の対比に相当する。したがって、〝法華経〟の仏陀観、ひいては大乗仏教の仏陀観・仏身論は、決して突飛な思いつきではないのである。ちゃんと根本仏教――歴史的な釈尊の教え――にもとづき、その上に展開された理論なのだ。わたしたちは、大いに胸を張ろうではないか……。

▼天上にある「永遠の経典」

ちょっと思い出したことがあるので、書いておく。

イスラム教の聖典の『コーラン』であるが、中村廣治郎氏の著書『イスラム』（東京大学出版会）によれば、おもしろいことに『コーラン』の原本が天上にあるというのである。

〈……コーランは確かに「書かれた」聖典ではあるが、例えばキリスト教の福音書や使徒パウロの書簡のように、人間が神（の行為）についていて書き記したものではない。それは、神が預言者ムハンマド（マホメット）に、あるいは彼を通して他の人々に直接一人称で語りかけた言葉をそのまま人間が記憶し、それをのちに集録したものである。いい換えれば、コーランの原本として「天に護持されている書板」Lawḥ Maḥfūẓ を神がムハンマドに直接誦み聞かせたもの、それがコーランである。〉

この考え方は、まさに〝法華経〟や〝華厳経〟の場合と同じである。「天に護持されているコーランの原本」があって、われわれの知っている『コーラン』はそのコピーだというのである。〝法華経〟〝華厳経〟の場合もまさにそれで、天上に永遠の「法華経（真理）」「華厳経（真理）」があり、地上に『法華経』『華厳経』があるわけだ。

いや、わたしはいま、〝法華経〟と〝華厳経〟の場合について述べたが、これはなにも両経典に限ったことではない。いかなる経典も、このような構造になっているのである。大乗仏教では、経典をそのように考えている。完全にして永遠なる経典が天上にあり、地上の経典はその「永遠の経典」について述べたものである——というのが、大乗仏教の考え方である。

だとすれば、天上にある「永遠の経典」は、なにも複数である必要はないわけだ。

というより、天上の「永遠の経典」が複数であってはおかしいのだ。

なぜなら、「法華経（真理）」と「華厳経（真理）」が別の真理である場合にだけ、それは〝法華経〟とか〝華厳経〟とかの名がつけられる。しかし「永遠の真理」が一つであれば、なにも〝法華経〟と、〝華厳経〟を区別する必要はない。それは「真理そのもの」なのである。

そして、その考え方が、ほかならぬ法身仏の概念なのである。

つまり、わたしは先程、法身仏について次のように書いた。

＊法身仏……法（真理）を身体とした仏……「法華経（真理）」そのものである仏陀……永遠・不滅の存在……絶対的な存在。

しかし、じつは〈「法華経（真理）」そのものである仏陀〉というのは、なにも「法華経」である必要はない。真理は真理であるのだから、ここのところを〈真理そのものである仏陀〉としたほうがよい。そうすると、〈法（真理）を身体とした仏〉と同じことを言っていることになる。

要するに、法身仏とは「真理そのもの」なのである。簡単に言えばそうなるわけだ。

▼宇宙仏と分身仏

さて、そこで、わたしは持ちまえの癖を発揮して、法身仏のことを、

——宇宙仏——

と呼んでみたいのである。

というのは、〝法身仏〟は「真理（法）を身体とする仏」の意で、これはこれでわりと正確な術語であるが、いかにも伝統的な仏教学の用語であって、どこか古臭い印象を与えてしまう。それよりは、〝宇宙仏〟のほうが、はるかにスマートである。そうわたしは思う。それに、宇宙仏といえば、大宇宙の中心にどっかとまします仏といったイメージで捉えることもできるし、あるいは宇宙そのものである仏といったイメージをもつこともできる。

いや、じつをいえば、この宇宙仏（法身仏）には固有名詞があるのである。それは、

——毘盧舎那《びるしやな》仏——

である。毘盧舎那仏とは、サンスクリット語の〝ヴァイローチャナ・ブッダ〟の音写で、太陽を

意味している。宇宙の中心にある太陽を象徴した仏が毘盧舎那仏である。あるいは、ちょうど太陽が宇宙の隅々《すみずみ》にまで光を投げかけるように、真理でもって宇宙全体を照らしている仏が毘盧舎那仏である。まさに宇宙仏なのである。

〔毘盧舎那仏……なんて聞いたことがない、と言われる読者のために言っておけば、あの奈良の東大寺の大仏さんがこの毘盧舎那仏である。それから、宇宙仏に〝毘盧舎那仏〟といった固有名詞を与えているのは、『華厳経』と『梵網経《ぼんもう》』である。『法華経』は、宇宙仏（すなわち「宇宙真理」）のことを「法華経（真理）」と呼んでいるのだ。そのことを忘れないでほしい。〕

では、次に、宇宙仏である毘盧舎那仏と釈尊との関係をどう考えればよいであろうか……？

釈尊、というより釈迦牟尼仏《しやかむにぶつ》と呼んだほうがよさそうだが、釈迦牟尼仏のことを伝統的な仏教学の術語では、「色身仏」あるいは「応身仏《おうじんぶつ》」と名づけている。「色身仏」の意味は、前に言ったように「肉体（色身）をもった仏」であり、「応身仏」は、わたしたち人間に応じて身体をもった仏の意である。

われわれは、宇宙の真理そのものを直接に把握することは不可能であろう。いや、じつをいえば、これには反対意見がないわけではないのだが、その反対意見については、いずれ密教の思想を述べるときに検討する。いまは常識的に、われわれは宇宙の真理を直接把握できないとしておく。なぜなら、仮りに宇宙仏である毘盧舎那仏が説法されたとしても、それは宇宙語による説法であろうから、われわれに理解できないのである。だから、毘盧舎那仏は沈黙の仏とされている。そうなると、われわれはますます宇宙の真理を真接把握できない。あるいは、「法華経（真理）」をわれわれが聴聞しようとすれば、六十小劫といった時間がかかるわけだ。五十年、百年の寿命の人間に、そんなことは不可能である。

したがって、わたしたちには、宇宙仏とわれわれを仲介してくれる仏陀が必要である。

そして、その仏陀が、釈迦牟尼仏なのである。

釈迦牟尼仏は、わたしたちに説法するために、わたしたちに応じて身体をもたれた仏である。わたしたちのために、肉体を獲得された仏陀である。

ある意味では、宇宙仏の分身である。

わたしは、したがって、釈迦牟尼仏を「分身仏」と呼びたい。

真理の世界からわれわれのために、人間の姿をとって顕現された仏――。それが釈迦牟尼仏であり、分身仏である。

大乗仏教は、このようにして、宇宙仏と分身仏を考えだしたのである。

大乗仏教の仏陀論は、非常にユニークである。

八　阿弥陀仏信仰の起源

▼「仏教」の細胞分裂的展開

わたしは『インド仏教思想史』を書き綴っている。思想の歴史――というものは、なかなかおもしろいものである。筆を進めながら、いつもわたしはそう感じた。

思想史がおもしろいのは、体系的な思想が――いま、ここでは、それは「仏教」であるが――その内発的な力によって、自己展開をとげて行くことである。高校生のとき、生物学の時間に、たしかウニの卵の細胞分裂を教わったが、一つの細胞が分裂して、やがて眼や口ができあがってくるのがおもしろかった。思想史のおもしろさは、あのおもしろさに似ている。釈尊の教えが阿羅漢の仏教、いわゆる小乗仏教に展開し、そして大乗仏教がうまれてくる。それは、釈尊の教えのなかに萌芽的に含まれていた思想が、時代とともに展開してくる姿なのである。わたしはそのように考えている。

大乗仏教については、それが「非仏説」であることにしばしば非難が寄せられている。大乗仏教は仏説でないから劣った仏教だというのである。しかしわたしは、「非仏説」というのはたんに歴史的・肉体的な釈尊が説かれなかった——というだけの意味で、より高次な意味では、大乗仏教も「仏説」であることを力説してきた。すなわち大乗仏教は、肉体を超えた、時間・空間を超えた仏陀の教えなのである。

と同時に——。

われわれは思想の自己展開というものを考えるべきであろう。いかなる思想も、最初それが説かれた状態のままで凍結されることはない。時代の進展とともに、はじめにその思想体系のなかにあった小さな矛盾が——それは最初、ごく小さなものでほとんど気づかれずにいたのだが——大きくなり、その矛盾がバネになって思想は変わる。時代とともに思想が変わるのは当り前で、時代が変わっても思想は変わらないとがんばっているのが教条主義者である。

思想は展開するからおもしろいのだ。

その点で、わたしは、ドイツのインド学者のヘルマン・ベック（一八七五～一九三七年）の見方に賛成である。彼は、大乗仏教を根本仏教の堕落と見ていたリス・デヴィズやオルデンベルクといった当時の大家に反対して、次のように言っている。「マハーヤーナ」とは大乗仏教であり、「ヒーナヤーナ」とは小乗仏教である。

このマハーヤーナの教理は「原始的で根本的な」仏教をゆがめたものにすぎないと見る人は今でもよくいるが、それは誤りである。むしろマハーヤーナの教理は、すでに根本仏教のなかに完全に存在していた萌芽から発展したものであって、その萌芽はいわゆるヒーナヤーナの側ではただ退化していたというだけのことである。（ベック著『仏教（上）』渡辺照宏訳、岩波文庫）

最初の原細胞である根本仏教のうちに、のちの大乗仏教の思想が完全に存在していた。それが細胞分裂的に発展・展開して大乗仏教になったのである――と、ベックは言っているのである。わたしもまた、そのように思っている。

▼特異な阿弥陀仏

ところで、思想というものは細胞分裂的に展開して行くものであるが、一方、外からの刺戟といったものをどう考えればよいだろうか……？

というのは、じつは大乗仏教の思想体系のうちには、ご存知のように、――阿弥陀《あみだ》仏の浄土思想――があるからである。このような浄土思想がいかにして形成されたか、それをわれわれはこれから考察しようと思う。

じつをいえば、阿弥陀仏の成立に関しては、諸説紛々《ふんぷん》としているのである。

〝阿弥陀仏〟という名称には、サンスクリット語原名が二つある。

アミターユス（Amitāyus）……「アミタ・アーユス」……「無量寿」

アミターバ（Amitābha）……「アミタ・アーバ」……「無量光」

〝アミタ〟というのは「無量」「無限」の意味である。何が無量かといえば、一つは「寿」すなわち寿命が無量であって、永遠に存在しつづける仏である。もう一つは「光」が無量で、これはこの仏の慈悲の光が世の隅々までを照らすことを言ったものである。

したがって、〝阿弥陀仏〟は、〝無量寿仏〟あるいは〝無量光仏〟とも呼ばれる。

無量寿仏・無量光仏のうち、前者の無量寿仏のほうは、従来の仏教の思想のうちに見られる観念である。前節および前々節に述べたように、『法華経』は仏の生命が無量であることを力説している。

問題は「無量光仏」である。

無限の光をもった仏――などといった観念は、それまでの仏教思想のうちになかったのだ。小乗仏教（部派仏教）の文献には、このような〝阿弥陀仏〟の名称は一度も出てこないのである。では、いったい、どこからこのような「阿弥陀仏」の観念――すなわち「無量寿」プラス「無量光」の観念――が出てきたのであろうか？　それに関して、学者はさまざまな説を提起しているのである。

▼阿弥陀仏の外来説

まず、外来説がある。

外来説の代表はゾロアスター教である。

ゾロアスター教というのは、古代ペルシアにおいて、預言者＝ゾロアスター（前七世紀後半〜前六世紀）が創唱した国民的改革宗教である。聖火を護持するところから、「拝火教」とも呼ばれる。また最高創造神としての光明神＝アフラ・マズダを主神としているので、「マズダ教」ともいう。

このアフラ・マズダの神が、阿弥陀仏の起源ではないか……というのである。なるほど、アフラ・マズダは光の神だから、無量光仏と共通点がある。でも、それなら、無量寿のほうはどうなるのか……。アフラ・マズダに無量寿の観念があるわけではなかろう。

外来説のもう一つは、ミトラ教である。

ミトラ教というのは、前三世紀ごろイラン地方に興った古代宗教で、ミトラ神を創造神・救済神として崇拝する宗教である。このミトラ神は、古くからインド・イラン民族のあいだで、太陽・光明・豊饒の神として信仰されていた。それが密儀宗教として、紀元前後のころに盛んになったものである。このミトラ神を、阿弥陀仏の前身にする説がある。たしかに、ミトラ神も太陽神であるから、無量光仏に通じるところがある。それに、時代的にも合っている。

学者というのは、いろんなことを考えるものである。その想像力には敬意を表する。

しかし、なぜ阿弥陀仏の起源を、仏教の外部にもとめなければならないのか、そこのところがわたしにはもう一つ納得できない。仏教の体系のなかから、必然的に阿弥陀仏信仰が出てきてよいと思う。いや、出てきたはずだ、というのがわたしの考え方である。

つまり、わたしは、思想の発展の必然性といったものを考えている。思想史を書く仕事は、その「必然性」を見つけることである。

したがって、わたしに言わせれば、思想史を書く仕事は、その人の「哲学」である。その人がその思想体系（ここでいえば仏教）をどう理解しているかが、思想史を書くときのいちばん重要な点である。思想というものは細胞分裂的に展開する。外から刺激は受けるが、ウニの卵の中にイモリの卵が飛び込んでくるわけではない。ウニの卵にイモリの卵が飛び込むと見るのは、「歴史」の見方だと思う。そして、思想史を「歴史」に重点を置いて書くことも可能であろうが、わたしは「哲学」に重点を置いて書きたい。それがわたしの立場なのだ。

▼阿弥陀仏のインド神話起源説

ところで、わたしがいま「外来説」といったのは、地理的な意味でのインドの外に、阿弥陀仏の起源をもとめる学説である。この外来説のほかに、インドの内部に阿弥陀仏の起源をもとめる諸説がある。「国内説」といえばよいだろうか……。しかし、注意しておいてほしいのは、その「国内説」にしても、阿弥陀仏信仰がほんらいの仏教思想体系とは異質であると見ているわけである。ほんらいの仏教思想体系をウニの卵とすれば、ウニの卵はいくら細胞分裂してもカエルの卵（阿弥陀仏信仰）にならぬ――と見るわけである。そこで、カエルの卵を外国にもとめるか、インド国内で調達できるか……。それが外来説と国内説の差である。

国内説の一つ、二つを紹介しておこう。

国内説はたいてい、バラモン教のインド神話に起源をもとめている。その一つは、神々の飲料である「甘露《かんろ》」である。その味が蜜のように甘いので甘露と呼ばれるが、これを飲むと不老不死となれる天上の霊薬である。この甘露を、サンスクリット語では、

〝アムリタ（amrta）〟

という。この〝アムリタ〟が〝アミタ〟になったのではないか、という説があるわけだ。しかし、この説は、言語学的には無理なようだ（岩本裕『仏教事典』「仏教聖典選・別巻」読売新聞社の〈阿弥陀〉の項、参照）。あきらめたほうがよさそうである。

インド神話からは、さらにもう一つ、ヤマ天の天界に起源をもとめる説がある。

ヤマ天というのは、インド神話の人間第一号であり、それ故、死者第一号でもある人物である。ヤマは最初の死者として天界への道を発見し、天界に辿り着いた。そこで彼は天界の支配者となったのである。その天界は、光明・緑蔭・酒肴・歌舞・音楽に恵まれた理想郷である（中村元『インド思想史』岩波書店、による）。ヤマはのちに仏教にとり入れられて地獄の王＝閻魔《えんま》となるが、インド神話の段階ではヤマは天界の理想郷の支配者であった。たぶん、インド神話の段階では、死者はすべて善人であって、天界に再生できたのであろう。そのうちに天界も過剰人口となり、そのた

め善人と悪人を峻別して、悪人のほうは地獄行きとした。それが仏教の閻魔である。

それはともかく、このヤマ（Yama）が変化して、阿弥陀仏（Amitābha）ということばになったのだとする説がある。あるいは、Yama の別称が Amitābha だという。そのような説が提唱されているのである。

▼大善見王のクシャーヴァティー城

われわれは阿弥陀仏の起源に関して、だいぶ考察を重ねてきた。あと一つ、おもしろい説があるので、それを紹介しておこう。

この説の提唱者は、松本文三郎であった。

「南伝大蔵経」の「長部経典」のうちに、『大善見王経』という経典がある（「南伝大蔵経」第七巻、一六五―二〇一ページ）。この経典に出てくる「拘舎婆提城《クサーヴアテイ》（Kusāvatī）」が、極楽浄土の起源だというのである。

『大善見王経』は、釈尊がクシナガラにおいて入滅されるとき、侍者のアーナンダ（阿難）の質問に釈尊が答えられた形式をとった経典である。すなわち、アーナンダは、釈尊はなにも、クシナガラのようなこんな田舎で入滅されなくてもよいではないですか……、マガダ国の王舎城（ラージャグリハ）やコーサラ国の舎衛城（シュラーヴァスティー）のほうが、世尊の入滅の地にふさわしくありませんか……と、釈尊に尋ねた。たしかに、いまわれわれがインドの仏蹟を巡拝しても、釈尊入滅の地＝クシナガラは辺鄙なところであって、「どうして釈尊はこんなところで……？」といった疑問を感ずる。アーナンダの質問は、われわれのそんな気持ちを代弁しているかのようである。

その質問に対して、釈尊はこう答えられている。

「阿難よ、こは隘小《あいしよう》なる市、荒廃せる市、辺鄙なる市なりと言ふ勿れ。昔、阿難よ、大善見王と名くるありき。王族にして灌頂王たり、四辺の主にして常勝者たり、国の確保者たりき。阿難よ、此の拘尸那掲羅城（＝クシナガラ城）は此の大善見王の居城にして拘舎婆提《クサーヴァティ》城（＝クシャーヴァティー城）と名けられたり。阿難よ、この拘舎婆提城は東西長さ十二由旬、南北広さ七由旬ありき。阿難よ、この王城拘舎婆提は繁華殷盛にして住民多く、人口稠密にして、物質豊なりき。

……」

以下、延々と大善見王のクシャーヴァティー城の描写が続く。そして最後に、かつての大善見王こそ、ほかならぬ自分、すなわち釈尊その人であると明かされる。

「我こそは其の時に於ける王大善見なりしなり。」

つまり、クシナガラの地は、釈尊が前生において大善見王であったときの都城＝クシャーヴァティー城があったところである。したがって、ここは過去世における自分の記念すべき思い出の地であり、入滅の聖地にふさわしい。釈尊はそのように言っておられるのである。

もちろん、このようなことが実際にあったわけではない。クシナガラはただの辺鄙な田舎の村である。しかし、釈尊が言われているのは、われわれはいつ、いかなる場所にあろうと、いま・ここでしか生きられないということである。釈尊は八十歳の二月十五日、まさにクシナガラにあって入滅されるのだ。ここではないほうがよかった……といったアーナンダの考え方は、まさしく「愚痴」以外のなにものでもない。それが運命であるのなら――そして、いっさいは運命であるはずだ――、その運命に雄々しく耐えることが、われわれの生き方であろう。そしてそのとき、「ここ」という場所を（釈尊の場合はクシナガラであるが）、しっかりと肯定したほうがよいのである。運命の下で他の場所を選べぬ以上は、現実を回避して愚痴をこぼすより、現実をしっかりと肯定したほうがよい。そして、その「肯定」の営みが、クシャーヴァティー（拘舎婆提城）なのである。わたしはそのように考えている。

▼『大善見王経』が阿弥陀仏信仰の起源

話が少し横道に逸《そ》れたようだ。経典を引用すると、どうしても解説の必要な部分が出てくる。少少横道に逸れるのは、やむをえない。

さて、問題はクシャーヴァティー城である。

経典は、クシャーヴァティー城を美化して描いている。

――この王城は、金・銀・水精・珊瑚……等の七種の城壁によって囲繞《いにょう》されている。

――同じく七種の多羅の並樹で囲まれている。この多羅の並樹が風に揺られて、妙なる音楽を奏す。

――多羅樹のあいだには蓮池が造られ、その蓮池には金・銀・毘瑠璃・水精の四種の階段が設けられている。

――蓮池には、青蓮・紅蓮・黄蓮・白蓮等の種々の華が、四季常に咲いている。

と、このような描写がなされている。そして、この光景は、まさしく大乗経典に描かれている阿弥陀仏の極楽浄土の光景と同じなのだ。両者はあまりにもよく似ているのである。

そして、もう一つ似ている点がある。

阿弥陀仏の〝極楽世界〟は、サンスクリット語で、

――〝スカーヴァティー（sukhāvatī）〟――

という。それに対して、大善見王の都城の、

――〝クシャーヴァティー〟――

を対比してみてほしい。よく似ていると思われませんか……。ことばの上での類似もあるわけだ。

また、経典は、

「復次《また》に阿難よ、王大善見は長寿者なりき。常人より遙に長命なりき。」

と大善見王が「長寿」であることを言っている。この点は、阿弥陀仏が「無量寿仏」であることをわれわれに思い出させるところである。

かくて、大乗仏教の阿弥陀仏信仰は、いわゆる小乗仏教に属する『大善見王経』に、その起源があるとする説が提起されてくる。これはつまり、仏教の内部にその起源をもとめたものである。

ともあれ、阿弥陀仏信仰の起源に関しては、学者のあいだでさまざまな仮説が立てられているのである。

▼理想像が似ているのはあたりまえ

では、われわれはいかに考えるべきであろうか……？

結論を先に言えば、わたしは、仏教内部説をとりたい。

しかし、仏教内部説といっても、

「スカーヴァティー（極楽世界）＝クシャーヴァティー説」

ではない。たしかに、クシャーヴァティーと極楽世界は似ている。けれども、わたしに言わせると、それは似ていて当然なのだ。なぜなら、そのような理想世界の観念をつくったのは、同じインド人だからである。

小乗経典である『大善見王経』と大乗経典の「浄土教経典」がつくられた時期の差は、どれくらいであろうか？　三百年、四百年の差があるかもしれない。しかし、その三百年、四百年のあいだに、インド人のものの考え方はそれほど変わらなかったはずである。早い話が、インド人の理想世界像は、キンキラキンの世界である。金・銀・水精・珊瑚……の樹木だなんて、われわれ日本人からすれば辟易ものである。金・銀・宝石で出来た蓮の池は、どうも日本人にはしっくりこない。わたしは、インド人の描く極楽世界を、

――リッチマン・ランド（成金趣味の天国）――

とでも名づけたいと思っている。日本人とインド人では、理想がだいぶちがっている。そして、わたしが言いたいのは、小乗経典をつくったときのインド人と、大乗経典をつくったときのインド人は、考え方・理想像にそれほど差がなかろうということである。インド人が日本人的になることは、所詮ありえないのである。

だとすれば、『大善見王経』と「浄土教経典」が似ていて当然なのである（ただし、前にも言っておいたが、「浄土教経典」のうちの『観無量寿経』は、インドの外でつくられた経典かもしれない。したがって、ここでは、『大無量寿経』と『阿弥陀経』についての話だとしておきたい）。わたしの主張する阿弥陀仏信仰の仏教内部起源説は、『大善見王経』といった単独の経典に起源をもとめるものではなく、阿弥陀仏信仰を生みださざるを得なかった思想史的必然性に注目したものである。

では、その思想史的必然性は何であろうか……？

それが、次節の検討課題である。

九　理想のサンガとしての極楽世界

▼ベナレスの長者の子＝ヤサ

大乗仏教は、すでに何度も繰り返しているように、基本的に在家仏教である。そして、いま、われわれが考察している阿弥陀仏《あみだ》と極楽《ごくらく》浄土の信仰は、大乗仏教の一形態なのである。

そこでわれわれは、阿弥陀仏と極楽浄土の信仰を、在家仏教の立場から考察してみようと思う。いささか遠回りではあるが、仏教の開祖の釈尊が、在家信者にいかなる教えを説かれたかを、もう一度確認しておきたい。

その意味では、ヤサに対する釈尊の教化が参考になるであろう。

釈尊の最初の伝道は、周知のごとく、五比丘《びく》に対してなされた。ベナレスの郊外のサールナートの鹿野苑《ろくやおん》における初転法輪がそれである。ブッダガヤーにおいて悟りを開いて「仏陀」となられた釈尊は、すぐさまベナレス郊外のサールナートに来て、五人の比丘を相手に教えを説かれたのである。

しかし、じつをいえば、この五人は、かつて釈尊とともに苦行をしていた仲間なのである。彼らはすでに、釈尊と同じく「出家者」であった。仏教の出家者ではなかったけれども、彼らはまちがいなく「出家者」であった。

したがって、釈尊がはじめて在家の人間に法（教え）を説かれたのは、ヤサが最初であった。ヤサはベナレスの長者の子であった。彼には三時殿が与えられていた。三時殿とは、寒季・暑季・雨季のそれぞれを過ごすにふさわしい、三つの住居である。いつもその身辺に侍女たちがいる、栄耀栄華の生活が彼には保証されていた。

ある夜、ヤサはふと目を醒ました。そして、あたりを見る。それは、まことに見苦しい風景であった。『律蔵（大品）』は、そこのところを次のように描写している（『南伝大蔵経』第三巻、二七ページ以下）。

「時に族姓の子耶舎《ヤサ》は先に覚め己の侍女達の眠れるを見たり、或ものは琵琶を腋にし、或ものは小鼓を項におき、或ものは鼓を腋にし、或ものは髪を乱し、或ものは涎を流し、寐語して、恰も丘塚を現ぜるが如くなりき。」

「丘塚」とは、丘のように小高く築かれた墓。前夜の宴のときは、美しく着飾っていた美女たちが、まるで墓場にいるような様子。そのおぞましさにヤサは、思わず家を走り出る。そのとき、ヤサがつい履いて出た沓《くつ》が、黄金製であったと仏典は記している。ヤサの実家の財力のほどが、そのちょっとした記述のうちによく示されている。

▼ヤサに対する釈尊の説法

家を走り出たヤサは、ベナレス郊外のサールナートの鹿野苑に向かう。

「あゝ厄なる哉、あゝ禍なる哉」

と、彼は呟《つぶや》きつづけていた。

そのとき釈尊は、鹿野苑を経行《きんひん》しておられた。坐禅のあとの軽い運動である。そして、ヤサを見て、声をかけられる。

「耶舎よ、此処には厄無く此処には禍無し。耶舎よ、来って坐せよ、我、汝のために法を説かん」と。

わたしは、ヤサは幸福であったと思う。そして、現代日本の青少年たちがかわいそうでならない。日本の若者たちも、

「ああ、いやだ。ああ、おぞましい」

と呟いているのに、いや大声で叫んでいるのに、誰も彼らに声をかけてあげない。

「若者よ、ここに来るがよい。ここにはなんの禍《わざわ》いもないのだよ。わたしが真理（法）を説いてあげよう」

と、そう呼びかけてくれる宗教者は一人もいない。ほんとうに淋しいかぎりである。

しかし、それはさておき、釈尊はヤサを相手に説法された。では、いったい何をヤサに説かれた

のか……？　『律蔵（大品）』は、次のように記している。

「時に族姓の子耶舎は此処には厄無く此処には禍無しと〔聞きて〕、歓喜踊躍して黄金の履を脱ぎ世尊の在す処に詣れり、詣りて世尊を敬礼して一面に坐せり。」

ヤサは釈尊の前に坐った。

「族姓の子耶舎、一面に坐せる時、世尊は為に次第して説きたまへり。」

そこで釈尊は、ヤサのために順を追って（＝次第して）説法される。その内容は、

「謂く、施論、戒論、生天論、諸欲の過患・邪害・雑染、出離の功徳を説きたまへるなり。」

であった。つまり、

——施論。

——戒論。

——生天論。

——欲望の悪害。端的にいえば、「少欲知足」の教えである。

——出離の功徳。

を説かれたのである。そして、その結果、ヤサの心が清浄・柔軟になった。

「族姓の子耶舎に堪任心・柔軟心・離障心・歓喜心・明浄心の生じたるを知りたまひて世尊は諸仏の本真の説法を説きたまへり、〔謂く〕苦・集・滅・道なり。」

釈尊は、ヤサの心のトレーニングを終えたあとで、はじめて「諸仏の本真の説法」を説かれてい

る。その「本真の説法」とは、すなわち「苦・集・滅・道」の四諦であった。

これが、ヤサに対する説法の順序である。

▼ヤサの父親への教化

じつをいえば、ヤサはその直後に出家をして比丘《びく》となった。だから、ひょっとして釈尊は、ヤサに「出家」を前提として法（教え）を説かれたのではなかったか……といった疑問もないではない。けれども、その疑問が当たっていないことは、つづくヤサの父親に対する釈尊の説法を見るとわかるだろう。

ヤサが衝動的に家を飛び出たその朝、ヤサの母が息子の不在に気づき、夫に報告する。夫の長者、すなわちヤサの父は、大勢の下僕に命じて息子のヤサを捜させると同時に、みずからも探索に赴き、釈尊と息子のいる鹿野苑にやって来る。

釈尊は、神通力でもってヤサの姿を父親から隠し、その上でベナレスの長者に呼びかけられる。

「長者よ、ここに来て坐るがよい。そうすれば、あるいはヤサが見えるであろう……」

そして、釈尊は長者に教えを説かれた。その説法は、『律蔵（大品）』に次のように記されている。

「長者居士、一面に坐せる時、世尊は為に次第して説きたまへり、謂く、施論、戒論、生天論、諸欲の過患・邪害・雑染・出離の功徳を説きたまへるなり。長者居士に堪任心・柔軟心・離障心・歓喜心・明浄心の生じたるを知りたまひて世尊は諸仏の本真の説法を説きたまへり、〔謂く〕

苦・集・滅・道なり。」

おわかりであろう。釈尊は、ヤサに対しても、ヤサの父親に対しても、まったく同じ説法をしておられるのである。青年のヤサは、出家をして比丘となったが、ヤサの父親は釈尊に帰依したが、出家はしなかった。父親のほうは、在家信者となったのである。

繰り返しておくが、釈尊にとってヤサ親子の教化は、在家の人間を相手にしてのはじめての説法であった。釈尊がそれまでに教化された五人の比丘は、すでに自発的なかたちで宗教の世界に飛込んでいた人間なのだ。一種の専門家である。

それに対して、ヤサの親子は、まったくの素人だ。

その素人を教化するのに、釈尊は、まず、施論・戒論・生天論・欲望論・出離論を説かれている。わたしは、そこのところに注目したいと思っている。

▼生天論の延長が浄土思想か

問題は、生天論である。

生天論とは、来世において天界に生まれることを願う信仰である。

仏教が、出家というかたちで目指したものは、輪廻の世界からの脱却であった。

インド人が考えた輪廻の世界は、苦しみの多い順に挙げるなら、地獄《じごく》界・餓鬼《がき》界・畜生界・修羅《しゅら》界（怒れる魔類の世界）・人界・天界である。この六つの世界を、われわれ人間は生まれ変わり、死に変わりして輪廻しつづける。輪廻をつづけるということは、永遠に苦悩がなくならないのだ。

出家者は、この輪廻の世界からの決定的な脱出、最終的な解脱《げだつ》を目論んだ。彼らは、二度とこの輪廻の世界に出現しないことを目標に修行をつづけたのである。

しかし、在家信者には、そのような力がない。決定的に輪廻の世界から脱出することなど、在家の人間には土台無理なのである。

そこで、在家の人間が目指すものは、輪廻の世界における特等席に坐ることである。すなわち、輪廻の世界の最上位、最も苦悩の少ない世界、そして最も快楽の多い世界である天界に生まれることが、在家信者に許された理想なのだ。

それが、ほかならぬ「生天論」である。来世において、天界——輪廻の世界の特等席——に生まれることが在家信者の理想である。

そして。

この「生天論」を延長して行けば、そこに極楽浄土《ごくらくじょうど》の思想が出てこないか……。つまり、仏教の在家信者が来世において生まれることを希求していた天界を、もう一段理想化した世界が極楽浄土である。そんなふうに考えることができそうである。また実際、従来の仏教学者のうちには、阿弥陀仏の極楽浄土をそのように考える人が多かった。

たしかに、この考え方は説得的である。「生天論」と「浄土論」のあいだには、なんらかのつながりを認めてよいと思う。

しかし、わたしは、大乗仏教の浄土思想がたんに生天論の自動的延長であるとは、どうしても思えないのである。浄土思想と生天論は、まったくちがったものである。わたしはそんなふうに考えている。

▼生天論は宗教心のことだ

そもそも、生天論とは何であろうか？

まず第一に注意しておいていただきたいのは、釈尊は在家信者にかぎって生天論を説かれたのではないという点である。すでに見たように、出家をしたヤサに対しても、在家のままでとどまったヤサの父親に対しても、釈尊は同様に生天論を説いておられるのである。

ということは、生天論とは、在家・出家を問わず、およそ仏教者がもつべき宗教心のことだといってよいであろう。

じつはわたしは、しばしばインドの仏蹟参拝の旅をした。行くたびにわたしは、自分の仏教観が深まるのを感ずる。いつかは、わたしはこんな発見をした。

発見をした……と、そう大袈裟に言うほどではないのだが、わたしはインドの人たちのものの考え方の時間的尺度の長さといったものを強烈に印象づけられた。インド人に、「あなたたちは、この人生の幸・不幸をどのように考えているのか？」と問うたとき、

「この人生がたとえ不幸であってもいいのです。わたしたちは来世を考えています。きっと来世は

幸福になれると信じて、いまのこの人生の不幸を堪えているのです」
といった返答を得たことがあった。わたしの耳に、いまでも彼のことばがこだましている。そして、そうしたことばを思い浮かべながらインドに行ってインド人を見るとき、わたしは感動するのである。

周知のごとく、インドは貧富の差のはげしいところである。大金持ちがいるかと思えば、三日に一食も食べられない貧乏人がいる。その貧しい人たちが暴動を起こすことなく（日本であれば、とっくに暴動が起きていると思う）、つつましやかに生きているのは、来世への期待があってのことだと思う。

マルクスの階級理論に立てば、ここのところをどう評論すればよいのだろうか……。だから宗教は阿片なんだ——ということになるか。しかし、わたしは、来世を信ずるインド人に、いい意味での宗教性を感じる。なぜなら、来世を信じていない日本人は、いまこの瞬間さえよければいいんだ、といった考え方をし、ガツガツとしている。ちょっとした産業能率のために、平気で緑の山河をコンクリートの砂漠に変えてしまうのだ。わたしは、いつも同じことばかり言っているが、日本人はエコノミック・アニマル（畜生）だと思う。人間らしさを失っているのである。

釈尊の言われる「生天論」とは、いわば来世を信じる心ではないだろうか……。いまさえよければいい、といったエコノミック・アニマル的思考ではなく、来世、来々世といった長い時間的尺度でもってものを考える、そんな心のゆとりを言われたのではないだろうか……。わたしにはそう思えてならない。したがって、「生天論」というのは、いわば「宗教心」なのである。わたしはそう断言しておきたい。

それと、もう一つある。それは、生天論の「天界」と、浄土思想の「極楽世界」のあり方の差である。

▼女性のいない極楽世界

生天論が宗教心だとすれば、生天論はそのままでは浄土思想につながらない。

天界と極楽世界は、あまりにもちがっている。

どこがちがうかといえば、天界が時間的に有限の世界であるのに対して、極楽世界は永遠の世界であることだ。つまり、われわれが仮に天界に生まれたとしても、われわれはそこで永遠に暮らすことはできない。寿命がくれば、わたしたちは天界とおさらばせねばならない。もっとも、天界の天人の寿命は長寿が約束されていて、いちばん下の天人で九百万年、その上のクラスだと三千六百万年、さらにその上は一億四千四百万年……と保証されているが、しかし寿命がくれば天人も死ぬ。死ねばまたどこかに輪廻転生するわけである。

けれども、極楽世界はそうではない。わたしたちが阿弥陀仏の極楽世界に生まれることができれば、そこは永遠の世界であって、わたしたちが再びこの迷いの世界・輪廻転生の世界に戻って来ることはない。その意味で、天界と極楽世界は根本的にちがっている。

しかし、天界と極楽世界の差は、それだけではない。

もっと大きなちがいがある。

それは、極楽浄土には女性がいないことである。

天界の天人には、男女の性別がある。

しかし、極楽浄土には、女性がいない。男性ばかりである。

もっとも、極楽浄土に女性がいないことを明言しているのは、『無量寿経』や『阿弥陀経』ではない。それらの経典は、女性問題には沈黙している。『無量清浄平等覚経』（これは『無量寿経』の初期の翻訳である）が、極楽浄土に「婦女あることなし」と明記し、女人は往生するとき「化生して皆男子となる」と言っている。

また、『法華経』の梵本・第二十四章に、やはり極楽世界に女人のいないことが明言されている。

西方に、幸福の鉱脈である汚れのないスカーヴァティー（極楽《ごくらく》）世界がある。
そこに、いま、アミターバ仏は人間の御者として住む。
そして、そこには女性は生まれることなく、性交の慣習は全くない。
汚れのない仏の実子たちはそこに自然に生まれて、蓮華の胎内に坐る。
かのアミターバ仏は、汚れなく心地よい蓮華の胎内にて、
獅子座に腰をおろして、シャーラ王のように輝く。

（岩本裕訳――『法華経（下）』岩波文庫による）

じつをいえば、この点が、仏教の男尊女卑の思想を示すものとして、いつも攻撃されるところである。女性差別であってケシカランと、フェミニズムの人たちからお叱りを受ける。しかし、そんなことをいえば、古代の思想はたいていが男性優位になっている。古代人には古代人の思考があったのだから、それを現代の尺度でもって攻撃したって、なんにもならないと思いますがね……。

いいや、それより、極楽浄土に女性がいないということは、わたしは女性差別だとは思わない。差別というのは、男性と女性があってはじめて生ずるものだから、男性しかいないということは、差別にならないのである。男性しかないというのは、それはすでに〝男性〟と呼べないわけだ。それを〝女性〟と呼んでもいいし、〝中性〟と呼んでもよい。どう呼ぼうと同じである。一つの性しかないということは、そういう意味なのだ。男性、女性の対立の上に立っての男性ではなく、対立のない一つの性なのだ。

極楽浄土は、そういう世界なのだ。

▼極楽世界は理想のサンガ

さて、ここまで論じてきて、わたしたちははじめて極楽世界の本質を把捉することができる。端的にいえば、

——極楽世界とは、理想のサンガ（教団）である——

といえよう。

このことは、これまで誰も指摘してこなかったことであるが、わたしは自信をもって断言できる。阿弥陀仏の極楽世界は、大乗仏教徒が想定した天上の理想のサンガなのである。

サンガの構成員は、全員出家者である。地上にある現実のサンガは、小乗仏教のサンガであって、大乗仏教徒はそれを「小乗」の貶称でもって呼んだ。そして大乗仏教徒は、小乗仏教の出家中心主義を批判したが、同時に一方では負い目を感じていたはずだ。仏教においては、やはり「出家」をするのが本筋ではなかろうか……といった、うしろめたさのようなものを感じていなかったといえば嘘になる。出家至上主義の独善ぶりを非難すればするほど、かえって「出家」ということの意味合いが重く彼らにのしかかってきたはずだ。そのことはいま、わたしが自分の心の中を問うても言えることである。わたしは徹頭徹尾「在家」の立場からこの『インド仏教思想史』を書いているが、「出家」の持つ意味はわたしの心の中を重苦しく圧迫している。

そこのところに、極楽世界の意味があるのだ。

極楽世界には、男性しかいない。女性はいない。したがって、『法華経』の梵本がはっきりと書いているように、性交の風習がないのだ。性交できないのである。性交がないから、子どももできない。わたしたちが極楽世界に生まれるときは、いわば瞬間にこの世から極楽世界に転送されるのである。電送写真は写真だけを送るのであるが、肉体そのものを電送するのだと言えばよいだろう。

ともかく、極楽世界には、夫婦関係もなければ、親子関係もない。全員が独身者である。

ということは、全員が出家者なのだ。

だとすれば、極楽浄土は、一大仏教サンガである。

そこでは、阿弥陀仏が常に説法しておられる。

それが、極楽世界の意味である。つまり、大乗仏教徒は、極楽世界を想定することで、理想の教団（サンガ）を持ったのである。わたしはそのように考えている。

十　天上に設定された三宝

▼極楽浄土の意味

阿弥陀仏の極楽浄土は、大乗仏教徒がもった理想のサンガ（教団）である——。前節で、わたしはそのように結論した。

大乗仏教徒は、小乗仏教に対してちょっとしたコンプレックスをもっていたのではなかったか……。というのは、大乗仏教に「サンガ」が欠けているからである。

小乗仏教はサンガの仏教である。出家者がサンガを構成し、その出家者を中心とした仏教が小乗仏教である。大乗仏教は、当然、そうした小乗の出家中心主義を批判する。小乗仏教のサンガはおかしい、まちがっている——と、大乗仏教徒はそれを貶《けな》す。それはいいのだが、いかんせん、大乗仏教にはサンガがないのである。この点は致命傷だ。

だって、そうでしょうよ。サンガはかくあらねばならない、と、サンガの理想像を呈示してこそ、あなたがたのサンガはまちがっていると言えるわけだ。相手を非難しておいて、しかしわたしにはサンガはありません、と言うのでは、話にならない。

だが、大乗仏教徒のコンプレックスは、阿弥陀仏の極楽浄土においてみごとに解消された。

なぜなら、極楽浄土こそが、理想のサンガだからである。

極楽浄土には、男と女の対立はない。根本的に対立が解消されているのである。というのは、そこには一つの性（経典はそれを〝男性〟と呼んでいるが、別段〝女性〟と呼んでもよい。あるいは、〝中性〟〝無性〟〝超性〟と呼んでもよい）があるだけだからである。対立する性がないのだから、無対立の世界である。

性がなければ性交もない。そして、その結果、出産もない。となると、親子といった関係もない。要するに、そこでは、全員「出家」の状態である。ということは、そこに理想のサンガがあるわけだ。

かくて、大乗仏教徒は、自信をもって小乗仏教の出家者に反駁できた。彼らを批判できた。

「わたしたちは来世において、理想のサンガに加入できるのである。したがって、なにも現世において、親を泣かせ、妻子を泣かせて、おのれ一人の救いのために出家する必要はない。来世を待つだけでよいのだ。そして現世は、そのような来世への準備をすればよい。それが現世の生き様である。わたしたちはそう考える。あなたがたの、エゴセントリック（自己中心的）な〝出家至上主義〟はまちがっている！」

堂々と胸をはって、在家信者はそう主張したであろう。それが、極楽浄土の意味なのだ。

▼天上にあるダルマ（法）

換言すれば、極楽浄土は、大乗仏教徒が天上に持った理想のサンガである。

この、理想のサンガを天上に持ったというところが、非常に重要な点である。これから明らかにするつもりであるが、大乗仏教は、

——仏（ブッダ）——

——法（ダルマ）——

——僧（サンガ）——

の三宝のそれぞれの理想像を、天上に持っているのである。

では、大乗仏教は、どのような理想のダルマ（法）を天上に持ったか？

その点については、わたしはすでに論じておいた。

大乗経典というものは、『法華経』にしろ『華厳経』にしろ、その完全な原本は天上にあるのだ。天上にある原本のコピーが、あるいは略本（ダイジェスト版）が、地上にある、われわれの読むことのできる『法華経』であり『華厳経』である。

しかし、地上の『法華経』『華厳経』は、天上の「法華経」「華厳経」の何万分の一、何億分の一にすぎない。天上の経典は、それを読むのに劫という天文学的な時間がかかる。わたしたちは、一生をかけても、その天上の経典の一行すら読むことができぬであろう。

それが、大乗仏教徒が考えた経典（ダルマ）の理想像である。そして、その理想の経典は、天上にあるのだ。

と同時に、――――。

じつは、この点について混乱しないようにしていただきたいのだが、この天上にある理想の経典は真理そのものである。永遠の真理なのである。だから、そのような「真理」を、われわれは固有名詞で呼ぶ必要はない。つまり、天上にある経典を、いちいち「法華経」だ、「華厳経」だと名づける必要はないのである。それはまさに大乗経典そのものであり、真理＝法＝ダルマそのものである。

そして、その法（ダルマ）そのものであるものに別の名前をつけるなら、それが、

――宇宙仏――

になるのである。この宇宙仏は、伝統的な仏教学の呼称では「法身仏」と名づけられており、また固有名詞としては毘盧舎那《びるしゃな》仏といった名前のあることは、すでに述べた通りである。そこで、「仏」といった語があるところから、このような宇宙仏が仏・法・僧の三宝のうちの仏宝に属していると思われやすいのだが、それはちがうのだ。宇宙仏はダルマ（法）そのものであり、したがって法宝に属した観念である。その点を早合点しないでほしい。

▼大乗仏教の理想とする仏は阿弥陀仏

では、分身仏のほうはどうなるのか？

分身仏というのは、仏教の開祖である釈尊である。この分身仏もまた、ダルマ（法）の領域に属した存在である。

ちょっと復習しておこう。

宇宙仏である毘盧舎那仏は、沈黙の仏である。ご自分では説教をされない。なぜかといえば、毘盧舎那仏の言語は宇宙語であるからだ。

ということは、天上の経典は宇宙語で書かれていることになる。

法（ダルマ）は普遍的な真理であるから、普遍的な言語である宇宙語でもって記述されている。そうだとすれば、わたしたちは、宇宙語でなされる宇宙仏の説法は聴聞できないし、宇宙語で書かれた天上の経典は読解不能である。それを通訳してもらわねばならない。

それが分身仏である釈尊の使命である。釈尊は宇宙仏の分身であり、われわれ人間に応じて人間的な姿をとられた。そして、人間語を話される。そのような分身仏が説かれた地上の経典が、『法華経』や『華厳経』である。われわれはそのように理解している。

だとすれば、分身仏もまた、仏・法・僧の三宝のうちの法宝に属した存在である。宇宙仏も分身仏も、仏（ブッダ）のカテゴリーではなく法（ダルマ）のカテゴリーに属しているのだ。いささか意外な考え方であるが、わたしはそう考えたほうがよいと思っている。それで、その立場から話をすすめるが、読者はその点を混乱しないでほしい（大乗仏教の三宝観をまとめた図を、一六五ページに掲載しておいた。いまここで、その図を少し眺めていただくと、わたしの言っていることが整理されてわかってもらえるかもしれない）。

では、大乗仏教は、どのような理想のブッダ（仏）像を持っているであろうか……？　換言すれば、大乗仏教徒が天上に持っているブッダ（仏）は何であるか？

それが、阿弥陀《あみだ》仏であり、薬師仏である。あるいは、阿閦《あしゅく》仏である。

阿閦仏というのは、日本ではあまり知られていないが、インドでは人気の高かった仏である。東方・妙喜《みょうぎ》世界の教主である。

阿弥陀仏は、もちろん、西方・極楽《ごくらく》世界の教主である。

そして薬師仏は、東方・浄瑠璃《じょうるり》世界の教主である。

なにもこの三仏にかぎってはいないのだが、このような仏が大乗仏教の理想の仏である。

われわれは、これらの仏について、少しく検討してみたい。主として阿弥陀仏について考察する。

▼理想仏の誓願（本願）

さて、阿弥陀仏のような仏を、わたしは、

——理想仏——

と名づけている。阿弥陀仏にしろ薬師仏にしろ、これらの仏は大乗仏教徒が理想とした仏だからである。しかし、「理想仏」といった呼称はわたしの独創で、伝統的な仏教学の用語では、これを「報身仏《ほうじんぶつ》」と呼んでいる。「報身仏」の意味は、あとで明らかになるが、「修行の果報として身体を獲得した仏」ということである。

伝統的な仏教学では、「三身説」を立てているが、理想仏（報身仏）を加えることによって、三身がすべてそろったわけだ。すなわち、

宇宙仏……法身仏。

理想仏……報身仏。

分身仏……応身仏（色身仏）。

である。伝統的な仏教教学では、これを「法・報・応の三身《さんじん》」と呼んでいる。

ところで、理想仏のいちばん大きな特徴は、「誓願」があるということである。

誓願――たんに「願」ともいう――は、サンスクリット語（梵語《ぼんご》）で〝プラニダーナ（praṇidhāna）〟という。これは〝プラニダー（praṇidhā）〟という動詞（「前に置く」といった意味）からつくられた名詞である。みずから求めるものを立て、それをわが前に置いて修行する。それが誓願なのである。

もちろん、その求めるものは、自分一人の利益ではない。おのれ一人の利益を求めて――たとえば金儲け、病気治癒――、そして苦行をやるのは誓願ではない。それは低次元の民間信仰のやることだ。

仏教の誓願は、ひろく衆生の救いのための願である。「四弘誓願《しぐせいがん》」と呼ばれるものがある。

衆生無辺誓願度《しゅじょうむへんせいがんど》……衆生は無数無辺であるが、この衆生を悟りの彼岸に渡したいと誓願する。
煩悩無量誓願断《ぼんのうむりょうせいがんだん》……無限無量の煩悩を断滅することを誓願する。
法門無尽誓願学《ほうもんむじんせいがんがく》……尽きることなき法門を学び尽くさんと誓願する。
仏道無上誓願成《ぶつどうむじょうせいがんじょう》……無上の仏の悟り（道）を成じようと誓願する。

この四弘誓願が、仏教における「願」の基本である。この四弘誓願の基本の上に、それぞれが自己の誓願を立てるのである。したがって、四弘誓願を「総願」といい、それぞれの立てる願を「別願」という。

阿弥陀仏の別願（誓願）は、よく知られているように四十八願である。薬師如来の別願は十二願である。

阿弥陀仏の四十八願、薬師如来の十二願を、また「本願」という。その意味は、それぞれの仏が仏になる前に、すなわちまだ菩薩《ぼさつ》であるときに立てられた願――ということである。

阿弥陀仏も薬師仏も、それぞれの「願」を立てられ、そして修行をされた。阿弥陀仏が仏になられる前の名前を法蔵菩薩《ほうぞうぼさつ》（法蔵比丘《びく》）という。薬師仏については、その名前はわからない。その修行の期間は、やはり劫の単位でもって表示される。阿弥陀仏は五劫のあいだじっと思惟《しい》されたという。

かくて、誓願を前に置いての修行があり、その修行の結果、法蔵比丘が阿弥陀仏になられたのである。薬師仏も、修行の結果、薬師仏となられた。したがって、阿弥陀仏や薬師仏は、修行の果報としての仏である。これらの仏が「報身仏」と呼ばれているのは、そのような意味である。

▼理想仏は永遠の仏か？

ところで、つぎに理想仏の寿命である。

わたしは前に、宇宙仏（法身仏）は永遠の存在であると述べた。それはそれでまちがいはない。しかし、じつをいえば、その点についてはもう少し説明がいりそうである。

というのは、ほんとうは「永遠」なんて考えてはいけないのである。

仏教では「諸行無常」を説く。永遠に存続するものはない、と教えているのである。だから、宇宙だって、永遠不変のものではない。宇宙もまた、いつか滅びるであろう。そう考えることもできるし、そう考えたほうがよさそうだ。

だが、これにもまた反論がある。なるほど、わたしたちの世界は無常・不浄である。しかし、ほとけの世界では、「常」と「浄」が成立するのではないか……。そんなふうにも言えそうだ。だとすれば、宇宙仏は永遠の存在であってよい……。

しかし、この点についての正しい考え方は、わたしは、永遠か有限かを判断しないことだと思っている。

上巻においてわたしは、『摩羅迦小経《まらか》』を紹介しておいた。釈尊の弟子にマールンクヤ（摩羅迦）という名の哲学青年がいた。彼は、

——世界は常在なりや、無常なりや。

——如来は死後も存するや、死後存せざるや。

といった形而上学的な問題の答えを、釈尊より教わらんとした。しかし釈尊は、マールンクヤの質問に答えることを拒まれた。仏弟子は、そうした哲学的問題にかかずらわっていてはいけない。大事なことは修行なんだ、と。釈尊はマールンクヤを叱っておられる。

わたしたちも、宇宙仏が永遠か否か、そんな議論に熱中すれば、釈尊に叱られるであろう。そんな問題に深入りしないほうがよい。

したがって、わたしたちは、いちおう宇宙仏を永遠の存在だと考えておこう。宇宙そのものが永遠か否かはわからない。しかし、宇宙仏は、宇宙的な次元においては永遠の存在と見なしてよいのではないか……。わたしはそう思う。それが良識的な考え方だと思っている。

では、つぎに理想仏である。理想仏は永遠の存在か否か？

わたしは、どちらでもよいと思う。理想仏はわれわれの「理想」の仏であるのだから、永遠の存在だと考えることができるであろう。その意味では永遠である。かりに理想仏の寿命が決められているとしても、どうせそれは劫を単位としたものであるから、人間的な尺度からすれば「永遠」であってよい。わざわざ意地悪く永遠を否定しないでもよいと思う。

と同時に、逆の考えも成立する。理想仏は、修行という因によって果報を得た「報身仏」である。つまり、因果律にもとづいて成り立つ仏である。とすると、因果律の世界は有限の世界であるから、理想仏は永遠の存在ではなく、有限の存在だということになる。実際、その通りであって、仏教の教学的には理想仏（報身仏）の寿命が定められている。もちろんそれは、人間の基準でもってすれば、無限・永遠ともいうべき寿命である。だからこそ、阿弥陀仏は「無量寿仏」の別名をもっているのである。

▼理想仏と分身仏の差

理想仏というのは、以上のような仏である。

この理想仏と分身仏（釈尊）を比べてみると、顕著なちがいが二つある。

一つは、理想仏はそれぞれ自分の国土（浄土）を持っているが、分身仏には仏国土がないことである。阿弥陀仏の浄土は極楽世界であり、薬師仏の仏国土は浄瑠璃世界である。しかし、釈迦仏には仏国土（浄土）がない。

もっとも、釈迦仏に浄土がないのはおかしいから、われわれのこの娑婆《しゃば》世界が釈迦仏の浄土だという説もある。まあ、そんなふうに考えることもできそうだが、いささかそれはこじつけである。

釈迦仏は分身仏であって、理想仏とは性格がちがう。すなわち、分身仏は宇宙仏の分身であって、分身仏の本体は宇宙仏そのものである。譬喩的にいえば、宇宙仏が太陽で、分身仏は地上に投映された太陽光線である。したがって、分身仏には浄土は不要なのだ。そう考えたほうがよい。

もう一つは理想仏は誓願を立てて修行をしたのに、分身仏には誓願がない。その点がちがっている。

これも、分身仏が宇宙仏の分身であることを考えれば、おのずから明らかであろう。宇宙仏というのは、はじめから仏なのである。無始無終の仏である。だから、修行によって仏になった理想仏とちがっている。分身仏はそのような宇宙仏の分身であるから、やはり誓願は不必要なのだ（しかし、釈尊は修行の結果、ブッダガヤーの菩提樹《ぼだいじゅ》の下で仏になられたのではないか……といった疑問も提出されそうだ。だが、それは、人間＝釈尊に関しての話である。釈尊をわたしたちと同じ人間と見るのは、小乗仏教の見方である。大乗仏教の仏陀観は、『法華経』に説かれているように、釈尊は真理の世界とわたしたちのいるこの世界をピストン往復しておられるのである）。

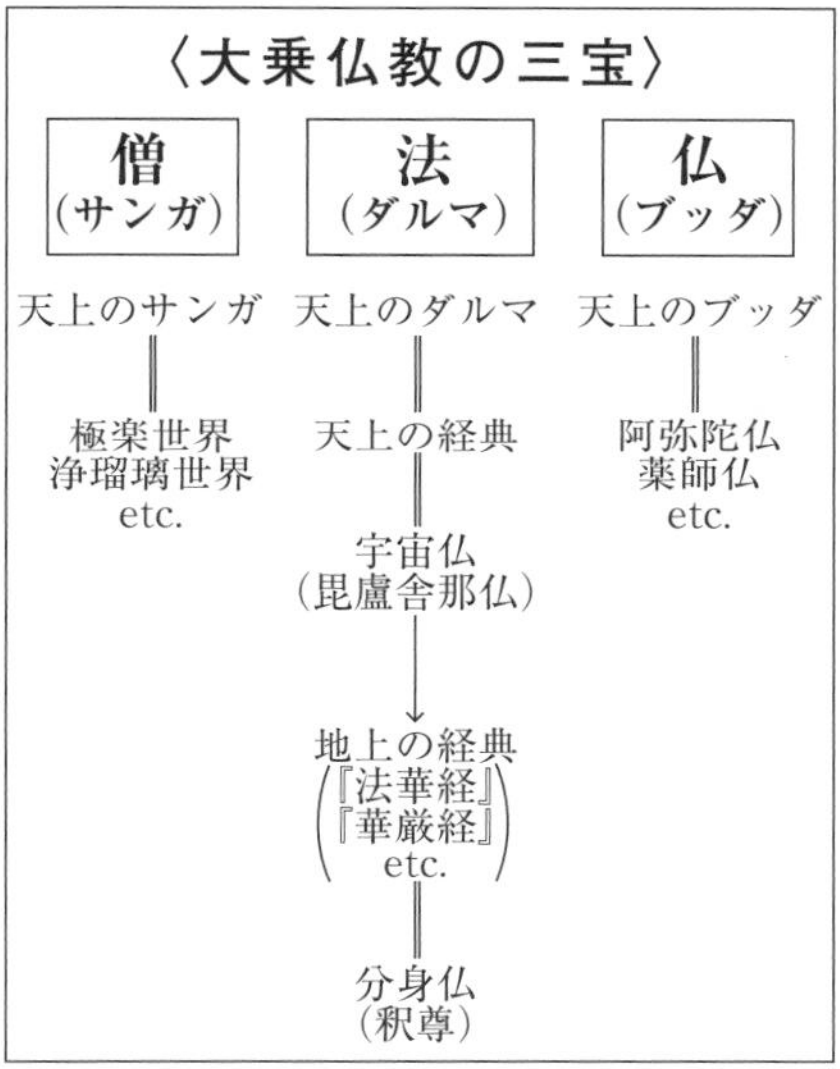

＊

ともあれ、以上のようにして、大乗仏教の三宝（仏・法・僧）が完成した。すなわち、仏（ブッダ）……理想仏（阿弥陀仏や薬師仏など）。

法（ダルマ）……永遠の真理＝天上の経典＝宇宙仏（毘盧舎那仏）。それを地上に投映すれば、大乗経典（『法華経』や『華厳経』など）となり、またその大乗経典は分身仏（釈尊）によって説かれる。

僧（サンガ）……仏国土、すなわち浄土（極楽世界や浄瑠璃世界など）。

の三宝である。これを要約すると、前ページの図のようになる。

図を見るとわかるように、大乗仏教の三宝は、すべて天上に設定されている。その意味で、大乗仏教——少なくとも初期の大乗仏教——は、天上を希求《けく》し、憧憬《しょうけい》する仏教であった。

このような大乗仏教は、非常におもしろい仏教である。わたしは大乗仏教が大好きだ。わたしは大乗仏教のファンである——。

第六章　龍樹から無着・世親へ

一　二つの真理——真諦と俗諦

▼ことばのパラドックス

人間のことばというものは、あんがい不便なものである。

哲学者はことばを分析して、さまざまなパラドックス（逆理）をつくりだしている。

たとえば、

——長いは短い。

といった文章ができる。〝長い〟という語は、〝ナ・ガ・イ〟と三音節である。これに対して〝短い〟は〝ミ・ジ・カ・イ〟であり、四音節だ。したがって、〝長い〟のほうが短く、〝短い〟のほうが長い。

よく知られた例では、「クレタ人の嘘つき」がある。

『新約聖書』「テイトスへの手紙」のうちに、

「……彼らのうちの一人、預言者自身が次のように言いました。

『クレタ人はいつもうそつき、悪い獣《けもの》、怠惰な大食漢だ』

この言葉は当たっています」

とある。「彼らのうちの一人、預言者自身」というのは、ほかならぬクレタ人である。したがって、ここでは、クレタ人自身が「クレタ人はいつもうそつき」と言っているのである。クレタ人が嘘つきであれば、「クレタ人は嘘つき」という立言そのものが嘘にならないか……。そして、「クレタ人の嘘つき」が嘘であれば、クレタ人は真実を語ることになり、そこで再びクレタ人は嘘つきになってしまう。かくて、なんともややこしいパラドックスが出来あがる次第である。

もう一つ出しておこうか……。わたしはこの手のパラドックスが大好きで、下手をするとこれにのめり込んでしまって、肝心のインド仏教思想史を忘れそうになるのだが、

——例外のない規則はない。

といった命題（文章）もおもしろい。これは、あらゆる規則に例外がある、といっているのである。そして、「例外のない規則はない」という立言そのものが規則であるのだから、この規則そのものに例外があることになる。

つまり、「例外のない規則はない」という規則にも例外がある——わけだ。

そうすると、「例外のない規則」が例外的にある——ことになる。

おわかりになりますか？　ちょっとややこしいが、少し考えれば、言われていることだけはおわかりになるはずである。

▼「すべてが疑わしい」が疑わしい

このようなパラドックスはだいぶ昔から気づかれていて、十六世紀フランスの思想家のモンテーニュは、揚げ足をとられぬようにちゃんと用心をしている。すなわち、モンテーニュは懐疑論者であったから、

――すべてが疑わしい。

と主張したかったのであるが、そのように主張すれば、その「すべてが疑わしい」という発言そのものが疑わしいとされてしまう。それでは困るから、彼は、

――わたしはなにを知るか？

といった疑問形でもって、自己の懐疑論の主張をしたのである。なかなかうまいやり方である。これなら、揚げ足をとられることはない。

なお、ついでに言っておけば、「わたしはなにを知るか？」は、フランス語でいえば「ク・セ・ジュ？ Que sais-je ?」である。クセジュ文庫は、ここからの命名である。

しかし、この「ク・セ・ジュ？」は、モンテーニュの特許ではない。彼より二千年も昔、インドに、すでにこの論法を用いた懐疑論者がいたのである。

その人の名はサンジャヤ。釈尊と同時代人である。

いや、じつはサンジャヤについては、わたしは上巻、第一章第一節に紹介しておいた。彼もま

た、「すべてが疑わしい」と主張したかったのだが、そのように発言すれば、その「すべてが疑わしい」という命題までが疑わしいとされる。それで彼は、「鰻《うなぎ》のようにぬるぬるしていて捕え難い議論」を考案した。すなわち、サンジャヤは、釈尊から「死後の世界は存在するか?」と問われたとき、こんなふうに答えている。

——もしわたしが、〈死後の世界は存在する〉と考えたなら、〈死後の世界は存在する〉とあなたに答えるであろう。しかしわたしは、そうだとは考えない。そうだろうとも考えない。それとちがうとも考えないし、そうではないとも考えない。そうでないのではないとも考えない。と。

これはまさに、モンテーニュ顔負けのうまい答弁である。もっとも、どこかの国では、政治家がもっとうまい答弁を考案されているようであるが……。

じつは、このようなパラドックスは、現在すでに解法が見つかっている。解法というよりも、なぜパラドックスが生じるのか、その理由がわかったのである。——簡単にいえば、自分自身を例外にすればよいのである。つまり、「すべてが疑わしい」なかに、その発言自体を入れてはならないのである。そうすると、パラドックスは生じない。

もっとも、これは、パラドックスを生じさせないための方便であって、では、なぜ自分自身を除外するのか? その論理的根拠はどこにあるのか? となれば、それには答えようがない。したがって、結局は、パラドックスはパラドックスのまま残るわけだ。

といった次第で、人間の言語といったものには、本来的に欠陥があるらしい。便利なようでいて、不便きわまるものが、われわれ人間のことばなのである。

▼ネーティ・ネーティ

しかも、にもかかわらず、われわれはそのようなことばを使わざるを得ない。ことばによらずしては、われわれは相互のコミュニケーションができないばかりか、思索さえできないのである。

では、どうすればよいか……？

どうすればよいか？……とは、あまりに曖昧《あいまい》な質問であるが、わたしがいま問いたいのは、言語でもって真理を表現できるか？　できるとすれば、どのようにすればよいか？　といったことである。つまり、われわれは、人間の言語が持っている限界を、どのようにすれば乗り超えられるだろうか……と問いたいのである。

しかし、所詮、人間のことばはことばでしかない。その限界を克服することは、まずは不可能である。

その点は、古代インドの哲学者が、すでに気づいていたことである。

『ウパニシャッド』に登場する哲人＝ヤージニャヴァルキヤ——紀元前六五〇年〜五五〇年ごろの人とされるから、釈尊より一世紀ほど前の哲学者である——は、人格的最高原理であるアートマンについて、次のように言っている。

ところでアートマンは一般の事物と同じ資格における認識の対象ではあり得ない。アートマンは純粋の叡智（prajñāghana）である。それは内もなく外もない。あたかも塩の塊が内もなく外もなく全く味の塊団にすぎないのと同様である。したがってアートマンは積極的な概念を以て述語することのできないものである。しかも単なる無ではない。それは認識の主体である。アートマンは、それによってこそ人がこの一切のものを認識し得るところのものである。したがってアートマンそれ自身はもはや何ものによっても認識され得ない。それは把捉し得ざるものであり、不可説である。もし強いて言語をかりて言い表わそうとするならば、ただ『しからず、しからず』（neti neti）と否定的に表現し得るのみである。……（中略）……。かくのごとく説いて、ヤージニャヴァルキヤはいずかたへか漂然と去って行ったという。

（中村元著『インド思想史（第2版）』岩波書店）

いささか長い引用になったが、ヤージニャヴァルキヤは、究極・最高の原理（アートマン）が、言語によって表現できないものであり、強いて表現すれば、

「ネーティ、ネーティ（そうではない・そうではない）」

としか言えないものだと断言している。つまり彼は、最高の真理（原理）を表現することを権利放棄してしまったのだ。究極の真理を言語でもって把捉することはできぬと、あきらめたわけであ

る。そしてその代わりに、究極の真理のうちに飛び込み、究極の真理に同化する道を選んだのである。

要するに、恋人をことばでもって口説くことをやめて、からだでもって恋人と一心同体になることをねらったわけだ。わたしの譬えはちょっと際どいが、哲学の話はこれくらい大胆に解説したほうがよい。そうしたほうが、ともかくもわかりやすいのである。

▼「空」の思想家＝ナーガールジュナ

さて、そこで、……。

じつは、インド仏教思想史において、『ウパニシャッド』の哲人＝ヤージニャヴァルキヤと同じように、究極の真理に対して権利放棄をした哲学者がいるのである。

その人の名は、ナーガールジュナである。

われわれは、この新しい章を、ナーガールジュナの思想の検討からはじめたい。いったい彼が、なぜ権利放棄をしたのか？　なぜ権利放棄をせねばならなかったのか？　権利放棄をした結果、どうなったか？　そういった問題を、これから考察しようと思っている。そのための前置きであった。でも、それにしても、いささか長すぎた前置きであったようだ……。

いちおう、ナーガールジュナの人物について紹介しておく。

ナーガールジュナ――。漢訳仏典では〝龍樹《りゅうじゅ》〟と表記されている。生没年は例によってわからない。西洋の学者たちは、一世紀あるいは二世紀の人、としている。しかし、日本の学者は、一五〇年から二五〇年ごろの人としている。つまり、二世紀から三世紀の人である。われわれは、日本人の学者の説に従っておこう。

ナーガールジュナは南インドの人で、バラモンの出自だという。青年時代に彼は隠身《おんしん》の術を学び、それを使って王宮に潜入し、快楽をほしいままにした。しかし、百余日ののち、女官たちで妊娠した者が多くなり、悪事が発覚する。ナーガールジュナとともに潜入した親友の三人は殺され、ナーガールジュナ一人がようやくにして助かった。それで彼は、欲情が禍の因であることを悟り、仏教に帰依したと伝えられている。

仏教にあっては、最初、彼は小乗仏教を学んだ。三ヵ月間で小乗の三蔵に精通したという。しかし、それに慊《あきた》らず、ナーガールジュナは雪山（ヒマラヤ）に行き、そこで大乗経典を授かったと伝えられている。さらにまた、彼は海の中の竜宮に赴き、そこで大乗仏教の奥義を学んだともいう。さまざまな伝説が伝えられている。

注意しておいてよいのは、ナーガールジュナの出自がバラモンであり、青年時代に彼はバラモンにふさわしい諸学を勉強したという点である。だから、彼は『ウパニシャッド』も学んでいたであろう。そして、ヤージニャヴァルキヤの「ネーティ・ネーティ（然らず、然らず）」を知っていたと思われる。そうしたバラモン教学の知識が、のちにナーガールジュナが仏教哲学を展開するときに、大いに役立ったと思われるのである。わたしはそのように推測している。

ナーガールジュナの著作は非常に数多い。よく知られたものでは、

1　「空《くう》」の思想を展開した『中論』(『中論頌《じゅ》』ともいう)。

2　仏教百科事典ともいうべき『大智度論』(百巻)。

3　『華厳経《けごん》』の「十地品《じゅうじぼん》」の注釈書である『十住毘婆沙論《じゅうじゅうびばしゃろん》』(十七巻)。

などである。ところが、今日の学界では、これらの著作をナーガールジュナが一人でつくったとは思えない、複数のナーガールジュナがいたのではないか……といった意見がわりと有力である。それほどに、彼が偉大であったということになる。

ともあれナーガールジュナは、「空」の思想でもって、初期大乗仏教の教理を哲学的に基礎づけた人物である。そして彼は、後世の仏教に大きな影響を及ぼし、「八宗の祖師」として崇められている。仏教の歴史において、偉大な思想家であったことはまちがいないのである。

▼ナーガールジュナの『中論』

ナーガールジュナがやった第一の仕事は、まず徹底して、人間の言語の限界を衝くことであった。『中論』において、彼は次のように言っている(中村元著『ナーガールジュナ』「人類の知的遺産13」講談社、による)。

まず、すでに去ったもの(已去)は、去らない。また未だ去らないもの(未来)も去らない。

さらに〈すでに去ったもの〉と〈未だ去らないもの〉とを離れた〈現在去りつつあるもの〉（去時）も去らない。（第二章）

これは、こういうことであろう。わたしたちは、「彼は死んだ」と言うが、彼がすでに死んでいたのであれば、彼は二度と死ねないわけだ。また、まだ彼は死んでいないのであれば、彼は死んでいないのである。馬鹿らしい議論であるが、ここまでは当り前である。問題は、「死につつあるとき」である。ナーガールジュナは、これを、「すでに死んだ」か「まだ死んでいない」かのいずれかだと見ている。そして、どちらにしても、それは死ねないと言うのである。

ここのところは、ちょっとわかりにくい。それで、たとえば、

「氷が融けて水になる」

といった命題を考えてみる。そうすると、氷がすでに融けて水になっていたのであれば、それはすでに氷ではないから融けることはない。また、まだ水になっていないのであれば、それは融けていないのである。で、次に、融けつつある氷であるが、これは氷か水かのいずれかである。そして、それが氷であるにせよ、水であるにせよ、いずれの場合も融けることはないのだ。

おわかりになりますか……？

いま言った「氷と水」の例は、わたしが勝手に考えたものだが、ナーガールジュナはその辺のと

ころを、「火と薪」の関係で説明している（同じく中村元訳による）。

もしも、「薪《たきぎ》がすなわち火である」というのであれば、行為主体と行為とは一体であるということになるであろう。またもしも「火が薪とは異なる」というのであれば、薪を離れても火が有るということになるであろう。

また〔火が薪とは異なったものであるとすると、火は〕永久に燃えるものであるということになり、燃える原因をもたないものであるということになるだろう。さらに火をつけるために努力することは無意味となってしまうであろう。そういうわけであるならば、火は作用をもたないものとなる。

他のものと無関係であるから、〔火は〕燃える原因をもたないものとなり、いつまでも燃えていて、火をつけるために努力することは、無意味となってしまうのである。（第十章）

哲学書というものは、どうしてこんなに晦渋《かいじゅう》なのであろうか……。とくにナーガールジュナの『中論』は、注釈書なしではなかなか理解が困難である。

しかし、まあ、ナーガールジュナの言いたいことは、世界の真実の姿をわれわれ人間の不完全な言語でもって正確に表現できそうにない——ということであった。人間の言語には、どうしようもない限界があるからだ。『中論』において彼が語っているのは、いわばその絶望である。微に入り細に入り、ナーガールジュナは人間言語の——したがって、人間の認識の——限界を告発しているのである。

▼「真諦」と「俗諦」

かくて、その結果、ナーガールジュナは、二種類の「真理」を用意することになった。すなわち、「真諦《しんたい》」と「俗諦《ぞくたい》」の二諦説である（〝諦〟というのは、「真理」の意味である）。この二つの真理は、いろんな呼び方でよばれる。

——真諦。勝義諦《しょうぎたい》。第一義諦。paramārtha-satya.

——俗諦。世俗諦。saṃvṛti-satya.

要するに、真諦といえば、高次元の真理である。あるいはこれを、「ほとけ（絶対者）の世界の真理」と見なすことができるであろう。それに対して、俗諦のほうは、日常的次元での真理である。「凡夫（相対者）の世界の真理」といってもよい。ナーガールジュナは、真理を二種に分けてしまったのだ。

なぜ、そんなことをするのか？

じつは、彼は、「ほとけ（絶対者）の世界の真理」＝真諦に対して、権利放棄したのである。どうあがいてみたところで、真諦をわれわれ人間の言語でもっては表現できない。だから、そちらのほうはあきらめるのである。

そして、われわれは、俗諦＝「凡夫（相対者）の世界の真理」のほうに力を入れる。こちらのほうであれば、われわれもなんとか把捉することができるからである。それが、ナーガールジュナの考え方である。

さて、このようなナーガールジュナの哲学が、インド仏教思想史にどのような意味をもっているか、その点についての考察は、以下の節に譲りたい。

二　般若の智慧と分別の智慧

▼思想史の流れの中の大思想家

ナーガールジュナ、漢訳仏典の表記であれば〝龍樹《りゅうじゅ》〟であるが、彼は偉大な哲学者であった。インド仏教思想史のなかで、燦然《さんぜん》と輝く大思想家である。

しかしながら、ナーガールジュナの思想は、どうにも難解である。いや、いいいいいい、しかしながらというよりも、大思想家だからその思想が晦渋《かいじゅう》を極めているのかもしれない。だとすれば、それ故にというべきであろう。

けれども、われわれは徒《いたず》らに、ナーガールジュナの思想の難解さを託《かこ》つ必要はない。というのは、われわれがいったんナーガールジュナをインド仏教思想史の文脈の中に位置づけてみるなら、あんがい簡単に彼の思想を理解できるからである。わたしはそのことを確信している。

思想の歴史——というものは、おもしろいものである。わたしはここまでインド仏教思想史を書き綴ってきて、つくづくとそう思った。

体系的な思想――われわれの場合でいえば「仏教」であるが――の歴史的展開は、それ自身の内発的な必然性に動かされて進展して行く。それはちょうど、わたしたちが舞台の上で演ぜられているすばらしい芝居を見ているようなものである。主人公の行動は、このつぎはこうなるだろうとわたしたちは予測する。芝居の脚本が愚作であれば、その予測は立たないのであるが、名作はちゃんと観客にストーリーの展開を予測させつつ進行する。そして、ときにはわたしたちの予測をみごとに裏切る。いわゆるドンデン返しを喰わせるのである。しかし、あとから考えると、そのドンデン返しがみごとなまでに必然性をもっているのだ。それが、名作の名作たるゆえんであろう。思想の歴史は、そんな舞台の名作に似ている。

したがって、わたしたちは、ナーガールジュナの思想を、インド仏教思想史という大きな舞台の上にのせるとよいのである。そうすると、彼の思想がよく理解できるであろう。

つまり、ナーガールジュナは大思想家である。大思想家の思想というものは、決して思想史の流れに逆らっていないのである。なぜなら、大思想家は、思想史の流れを推進したから大思想家でありうるわけだ。そして、それ故に、思想家の流れのうちに大思想家を位置づけたとき、われわれはあんがい簡単にその思想家の思想を理解できるのである。わたしは、そんなふうに考えている。

▼ナーガールジュナ出現の思想史的背景

では、ナーガールジュナは、インド仏教思想史の発展にどのような貢献をしたであろうか……？

じつをいえば、ナーガールジュナは、インドの初期大乗仏教がいちおうの思想史的発展を終了した段階で登場してくる思想家である。したがってナーガールジュナは、インド大乗仏教思想史の、初期から中期へのターニング・ポイント（転換点）に立っている思想家である。思想史における彼の功績は――もし、あるとすれば――、そこのところに求められるであろう。

さて、そうだとすれば、われわれは、ナーガールジュナが登場してきた段階での思想史的状況（あるいは思想史的背景といったほうがよいか）を明らかにせねばならない。けれども、じつは、その点に関しては、われわれはすでに前章の終わりにおいて、いちおうの整理をしておいたのである。

すなわち、こういうことである。

大乗仏教においては、ブッダ（仏）・ダルマ（法）・サンガ（僧）の三宝が、すべて天上に押し上げられてしまった（一六五ページの図参照）。根本仏教においては、三宝のすべてが地上にあった。ブッダは釈迦牟尼仏《しやかむにぶつ》、つまり釈尊であり、人々と同じ空気を呼吸し、起居を共にしておられた。そして、その釈尊の肉声でもってダルマが説かれたのである。釈尊の肉声は人々の鼓膜を振動させた。さらに、比丘《びく》・比丘尼《びくに》たちのサンガが地上にあった。そのサンガは釈尊その人が指導されており、理想のサンガであった。理想のサンガは、根本仏教の段階では、この地上にあったのだ。

ところが大乗仏教は、これらの三宝をすべて天上に設定したのである。煩をいとわず繰り返しておけば、釈迦牟尼仏が入滅されて地上は無仏の時代となったが、天上には理想仏である阿弥陀《あみだ》仏や薬師仏がおられるというわけである。

法（ダルマ）に関しても同じである。たとえば、『華厳経《けごん》』である。地上に伝わる『華厳経』は省略されたコピーにすぎない。それより精緻なものは竜宮に保持されており、さらに精緻なものは、もはや経本の形をとらない。最も精緻なものである恒本《ごうほん》は、経典の形態を超越したものであって、全宇宙に充ち満ちた無量無数の諸仏が刹那《せつな》々々に説法している、その説法がほかならぬ『華厳経』だというのである。まさに真の経典は、天上にあるわけだ。地上には、省略された写しがあるだけである。

そして、サンガについていえば、大乗仏教の理想のサンガは、わたしは極楽浄土であると思っている。なぜなら、極楽世界には血縁関係がなく、全員が独身者であるからだ。したがって、大乗仏教のサンガは、極楽浄土といった天上に設定されているのである。

▼縁起の相のもとで見た「涅槃」

ナーガールジュナが出現したのは、まさにこのような状況においてであった。

そしてナーガールジュナは、前節に述べたように、二種の真理を区別した。すなわち、「真諦」と「俗諦」である。

この真諦と俗諦は、「天上の真理」「地上の真理」と呼んでもよいものである。

＊真諦（第一義諦）……「ほとけ（絶対者）の世界の真理」……「天上の真理」

＊俗諦（世俗諦）……「凡夫（相対者）の世界の真理」……「地上の真理」

と、このように対比できるであろう。

もちろん、この二種の真理（二諦）をつらぬいているのは、「縁起《えんぎ》の理法」である。「縁起の理法」というのは、釈尊が発見され、わたしたちに教えられたものであって、仏教の基本哲学である。わたしは、「縁起」といったことばを、「相互依存関係」とパラフレーズ（翻訳）している。たとえば、二メートルの棒が長いのは、一メートルの棒に対してである。三メートルの棒に対しては、二メートルの棒は短い。つまり、長—短といった概念は相互依存関係であって、相対的である。絶対的（ということは、他者に依存せずして、という意味であるが）に長いもの、あるいは絶対的に短いものなど、この世に存在しないのだ。そのように教えたものが、「縁起」の教説である。

美—醜、善—悪にしても同じである。美によりて醜があり、醜に依存して美がある。善は悪を相対としてあり、悪は善に依存している。

これが縁起の教説であり、釈尊はこの縁起の理法が宇宙の根本法則だと教えられた。したがって、縁起の理法こそ仏教の中心をなす教えであり、極端にいえば「仏教」とは「縁起」であるといってよいのである。

——縁起を見る者は法（真理）を見る、法を見る者は縁起を見る。

——縁起を見る者は法を見る、法を見る者はわれ（＝釈尊）を見る。

原初経典において、釈尊は繰り返しそのように語っておられる。まこと「縁起」こそ、仏教が教えた根本真理である。

ところで、問題は、仏教は「涅槃《ねはん》」を理想としている、という点である。涅槃とは、「煩悩の火の消えた状態」であり、寂滅《じゃくめつ》の境地である。もっと簡単にいえば、ほとけの世界である。そのようなほとけの世界への憧憬を語ったものが仏教なのである。

ところが、そこで疑問が生じる。

縁起が宇宙の理法であるかぎり、涅槃もまた縁起的に理解されねばならないのだろうか……？すなわち、涅槃は煩悩の火の消えた境地である。とすれば、涅槃と煩悩は相対的になる。ちょうど長—短の関係になる。煩悩がなくなれば、それだけ涅槃的になるわけだ。より煩悩のなくなった涅槃の境地に対して、まだ多く煩悩の残っている涅槃は、非涅槃になる。一メートルの棒、二メートルの棒、三メートルの棒といった具合である。

要するに、絶対的な涅槃なんてない——ということになる。

果たして、それでいいのだろうか？

▼「真諦」に対しては権利を放棄する

じつは、小乗仏教においては、涅槃は段階的に受け取られていたのであった。われわれが煩悩を一つずつ滅却（退治、克服）して行く。そのたびに一つずつの涅槃が実現されると考えられていた。けれども、そのような考え方であれば、理想的な人間像はあらゆる煩悩をなくした、まるでミイラのような人間になってしまうのだ。

もっとも、出家者であれば、そうしたミイラのような人間でもいいだろう。小乗仏教は出家者のための仏教であったから、そうした涅槃を理想とすることができた。だが、大乗仏教では、それでは困る。大乗仏教では在家信者の救いが説かれねばならない。いっさいの煩悩をなくしたミイラ人間では、社会生活に適応できぬから、それでは社会生活をする在家信者を救えないのである。

そんなわけで、大乗仏教では、煩悩を断滅した（小乗的）涅槃ではなく、むしろ煩悩に執着しない涅槃を説くようになった。煩悩があってもかまわない。いや、煩悩はあっていいのだ。われわれがその煩悩に執着しなければいい――。大乗仏教ではそう考えている。それが、大乗仏教の涅槃観である。

それはそれでいいのだが、そのような大乗仏教の涅槃観にしても、涅槃というものと煩悩とが相対的に捉えられている。そこのところをどう考えればよいか……？

つまり、この宇宙を支配する法則が縁起の理法であり、縁起なるものは事物の相互依存関係であるとすれば、涅槃にしろ仏陀にしろ、法（真理）にしろ、それら一切のものが相対的にならないか……ということである。もっと極端にいえば、縁起の教理は「この宇宙の森羅万象が相対的存在である」ということであり、それは換言すれば「この宇宙に絶対的なものはない」となる。とすれば、絶対的な涅槃、絶対的な仏陀、絶対的な法（真理）がなくなってしまう。それでいいのだろうか……？

もちろん、それでいいはずがない。

では、なぜ、そのようなジレンマ（矛盾）が生じるのであろうか？

それは、われわれ人間の持っていることば（言語）に限界があるからである。

しかも、限界のあることを承知の上で、われわれはことばを使わざるを得ない。ことばによらずしては、わたしたちはコミュニケーションはもとより、世界の認識すらできないのである。

そこで、ナーガールジュナは、二種の真理を認めた。「真諦」と「俗諦」である。その上で、「真諦」（ほとけの世界の真理）について記述することをあきらめてしまうのである。われわれの言語は、「俗諦」すなわち日常生活の次元での真理、凡夫の世界での真理は記述できても、「真諦」を記述することはできないからである。したがって、あきらめざるを得ない。ナーガールジュナは、その点に関して、潔く権利放棄したわけである。

▼天上の原理を記述できない人間のことば

そこのところを理解していただくために、こんな例はどうだろうか……。

前にわたしは、阿弥陀仏の極楽浄土には女性はいない、と述べた。そしてそのとき、これを女性差別と受け取ってもらっては困ると書いておいた。

それは、こういうことである。わたしたち凡夫の次元においては、女性というのは、男性—女性の差別に立脚した女性である。したがって、女性は極楽世界に生まれないと断定すれば、それですなわち差別になってしまう。なぜなら、男性は（男性のまま）極楽世界に往生できる（特権を持っている）のに、女性はそのままでは極楽世界に往生できないからである。

けれども、じつをいえば極楽世界は、そのような差別に立脚した世界ではない。差別を超越した世界なのだ。したがって、そこで語られている男性は、女性を想定した上での男性ではない。変な表現であるが、絶対的な男性なのである。だからわたしは、前に、このような「男性」を、「女性」と表記しようが、「中性」あるいは「無性」と表記しようが、結局は同じことであると書いたのである。

これでおわかりのように、わたしたちの言語は、ほとけの世界（極楽世界）の真理を記述するのに適していない。「男性」と書けば「女性」が予想され、「中性」と書いても「男性―女性」が予想され、「無性」と表記すれば反射的に「有性」が意識される。わたしたちの言語は、相対世界をしか記述できないのだ。限界がある。その言語でもって、絶対世界（ほとけの世界）を表現することはあきらめざるを得ない。

これはなにも、仏教にかぎった話ではない。大事なところなので、キリスト教についても触れておきたい。『新約聖書』「マタイによる福音書」第二十章には、次のような譬喩が語られている。

ぶどう園の主人――この人は天国の主人なのだ――は、朝早くに市場に行き、一日一デナリの約束で労働者を雇ってくる。そして、そのあと、九時ごろ、十二時ごろ、午後の三時ごろ、主人は市場に出かけて労働者を雇ってきた。また、最後に五時ごろに市場に行って、労働者を雇って来た。

さて、賃金を支払うときがきた。主人は、最後に雇い入れた者から順に賃金を払った。全員に一デナリを支払ったのである。

そして、朝早くに来た者にも、やはり一デナリを支払った。

彼らは抗議する。

「この最後の者たちは一時間しか働かなかったのに、あなたは一日じゅう、労苦と暑さを辛抱したわたしたちと同じ扱いをなさいました」

もっともな文句である。しかし、それに対して、主人はこう答えている。

「友よ、わたしはあなたに対して不正をしてはいない。あなたはわたしと一デナリの約束をしたではないか。自分の賃金をもらって行きなさい。わたしは、この最後の者にもあなたと同様に払ってやりたいのだ。自分の物を自分がしたいようにするのは、当り前ではないか。……」

われわれは、このような発言を読むと、天国というものは「平等」の世界であると思ってしまうのだ。しかし、イエス・キリストは、この話によってそんなことを語っているのではない。彼が言いたかったのは、天国は地上的な差別を超越した世界だということである。しかし、わたしたちの使うことばだと、「差別」を廃すれば「平等」になってしまうのだ。ぶどう園の主人は、平等の原理にもとづいて、すべての労働者に一デナリずつを支払った――と受け取ってしまう。そんな「平等」は、「差別」の一形態だということに気づいていないのだ。

つまり、地上的なことばでもっては、キリスト教の天国は語れないのである。イエス・キリストがこの譬喩話をしたのは、そのことを言いたかったからである。わたしはそのように受け取っている。

▼般若の智慧と分別の智慧

話をナーガールジュナに戻す。

ナーガールジュナは、真諦と俗諦の二諦（二つの真理）を立てた。そして、真諦のあり方を「空《くう》」と呼び、俗諦のあり方を「仮《け》」と呼んだ。

つまり、ほとけの世界（「涅槃《ねはん》の世界」といってもよい）のあり方は「空」であり、われわれ凡夫の世界（現象世界）のあり方は「仮」なのである。そして、わたしたちのことばは、「仮」を記述できるが、「空」は記述できないのである。ナーガールジュナは、そのように断定したのであった。

わたしたち人間のことばは、差別の上につくられている。長—短、美—醜、善—悪を差別し、そのような差別にこだわっているのが、わたしたちの認識である。仏教の用語でいえば、それを、

——「分別智《ふんべつち》」——

という。世間一般のことばでは、「分別がある」というのはよいことであるが、仏教では分別はしてはならないのである。

わたしたちは、いずれもすばらしい女性なのに、ブスと美女とを差別し、ブスを嫌い美女を愛す

る。そんな分別の智慧しか持っていない。そんな分別の智慧にもとづいた差別のことばでもってしては、ほとけの世界である「空」を表現することはできない。

「空」を捉え、「空」を記述できるのは、相対・差別・分別を離れたより高次の智慧であり、より高次の言語である。その、より高次の智慧は、分別しない智慧（無分別智）であり、仏教の術語を使えば、

――「般若《はんにゃ》の智慧」――

である。いや、〝般若〟という語は、もともと「智慧」を意味するインドのことばの〝プラジュニャー〟〝パンニャー〟を訳したものである。したがって、「般若の智慧」というのは、「女の婦人」といったところであっておかしいが、しばらくがまんしていただく。そう呼んだほうが、親しみやすいからである。

要するに、ナーガールジュナのいう二つの真理（真諦・俗諦）には、二つの智慧・言語が対応しているわけである。

＊真諦（ほとけの世界の真理）――「空」――「般若の智慧」によって把捉され、高次言語によって記述される。

＊俗諦（凡夫の世界の真理）――「仮」――「分別の智慧」でもって認識でき、日常言語でもって記述可能。

といったふうになる。真諦が高次の言語によって記述されるということは、とりもなおさず日常

言語によって記述不可能ということであり、われわれはほとけの世界の真理を日常言語でもって表現することをあきらめねばならない。つまり、権利放棄せねばならないのである。それが、ナーガールジュナの主張であった。

三　仏性——仏になる可能性

▼「空」と「仮」

どうやらわたしは、話をすっかりややこしくしてしまったようだ。

ナーガールジュナといえば、仏教思想史上の屈指の大哲学者である。そしてその思想は、古来、難解とされている。それで、わたしも思わず力がはいってしまった。

でも、そんなに力む必要はないのである。普段の調子で書きつづけたほうがよい。そんな反省をしている次第である。

そこで、これまでのところを、ちょっと要約しておく。要約すれば、なに、簡単なことである。

ナーガールジュナは、二つの真理（二諦《にたい》）を立てた。真諦（ほとけの世界の真理）と俗諦（凡夫の世界の真理）である。

俗諦＝凡夫の世界の真理は、有と無を仮に承認した「仮《け》」の真理である。そして、この「仮」の世界は、差別にもとづいた凡夫の智慧（分別の智慧）で捉えることができ、日常的言語でもってそれを記述することができる。

一方、真諦＝ほとけの世界の真理は、有と無を超越した「空」の真理である。そして、「空」の世界は、われわれの分別の智慧では捉えることができないし、日常言語でもってそれを表現することはできない。それを捉えることができるのは分別を超越したほとけの智慧（般若の智慧）であり、またそれを表現できるのは、われわれが持っている言語を超えた、より高次の言語である。

そして、ナーガールジュナは、真諦＝ほとけの世界の真理＝「空」について語ることをあきらめた。それは、般若の智慧でもって捉えられるものであり、よしんば般若の智慧が身についたとして

第1図

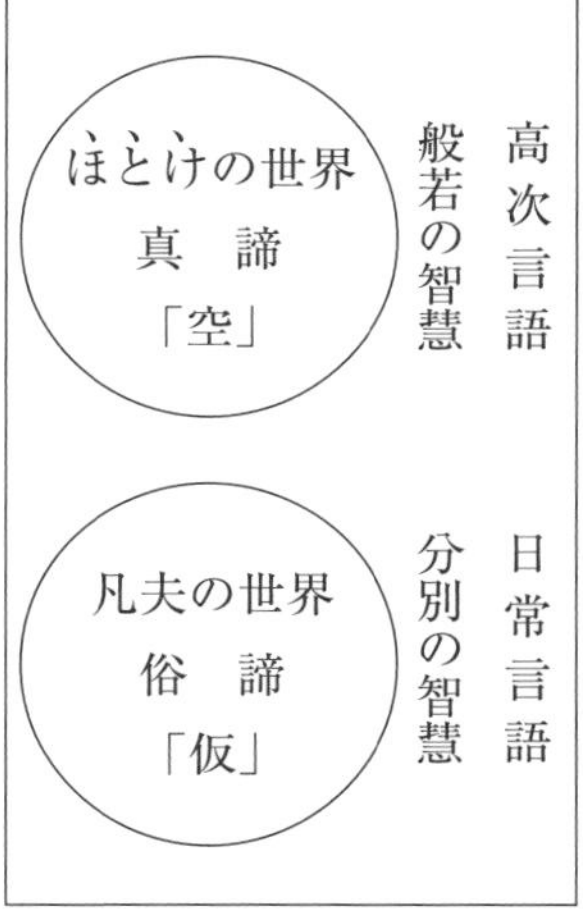

第2図

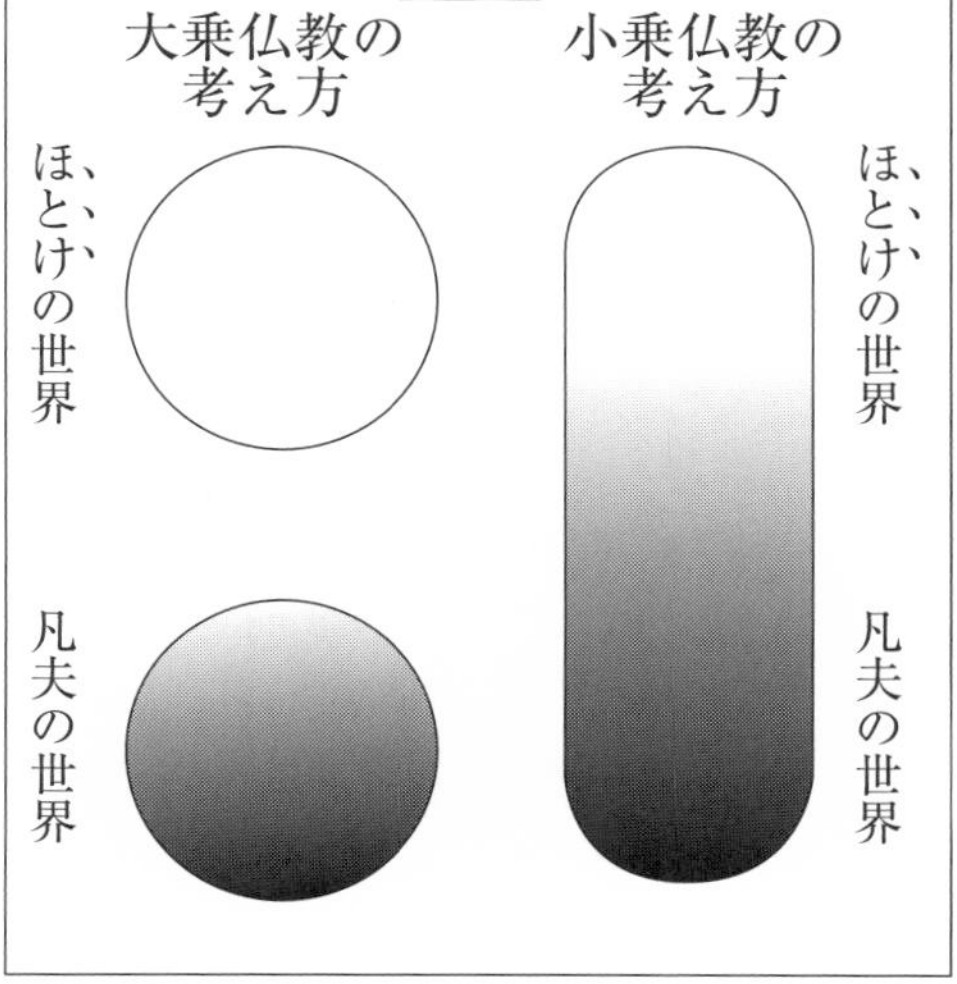

も、それを表現するには高次言語を必要とするからである。われわれが使っている日常言語（分別の智慧に立脚した言語）でもっては、それを表現することは不可能なのである。それ故、われわれは、真諦＝「空」を語る権利を放棄せねばならない。ナーガールジュナは、そのように主張したのであった。

……といったところが、前二節の要約である（前ページ第1図参照）。これだけのことを言うのに、だいぶ苦労をしたわけである（しかし、ほんとうは、苦労をしたからこそこれだけに要約できたのである。その点は、読者もわかってくださっていると信じている）。

▼中による結合

ところで、では、なぜナーガールジュナがこのように「空」（ほとけの世界）と「仮」（凡夫の世界）という二つの世界を考えたかといえば、じつはナーガールジュナが登場した段階での大乗仏教が、すでにそのような二つの世界を考えていたからである。大乗仏教が興る前の小乗仏教の考え方では、ほとけの世界と凡夫の世界は連続的につながっていた。大乗仏教はこの連続を断ち切って、二つの世界にしてしまったのだ（第2図参照）。

（なぜ、そうなのか？……といえば、小乗仏教においては、釈尊は基本的に「人間」として捉えられている。いくら崇高なる存在であっても、人間であるかぎり、凡夫と連続的につながっているのである。しかし、大乗仏教においては、釈尊は人間ではなく仏陀である。仏陀は人間とは次元のちがった存在である。したがって、ほとけの世界と凡夫の世界は、完全に二つに分離してしまうのである。）

さて、ナーガールジュナは、「空」の世界（ほとけの世界）と「仮」の世界（凡夫の世界）を完全に分離させた。それはそれでよいのだが、しかしこれを分離したままで放置することは許されない。なぜなら、「仏教」はそもそも凡夫が仏になることを目指した宗教だからである。仏と凡夫がいったんは分離しても、それを再び結びつけることが必要となる。その結びつきがなければ、「仏教」ではなくなるのだ。

そこでナーガールジュナは、その二つを「中《ちゅう》」によって結びつけたのである（次ページ第3図参照）。「中」とは、すなわち「中道」である。

中道は、仏教の実践道である。仏教の開祖である釈尊は、楽行と苦行の両極端に偏することを捨て、中道を歩むことによって仏陀となられた。したがって、中道こそが仏教者の道であって、この道を歩むことによって凡夫は仏につながるのである。ナーガールジュナが「空」と「仮」を「中」によって結びつけたのは、彼の独創でもなんでもなく、いわば当然のことなのである。

▼仏から与えられる保証

ところが、よく考えてみれば、ナーガールジュナは「空」（ほとけの世界）に対しては権利を放棄していた。それ故、第3図は、このままの形では通用しない。ナーガールジュナの考え方を反映

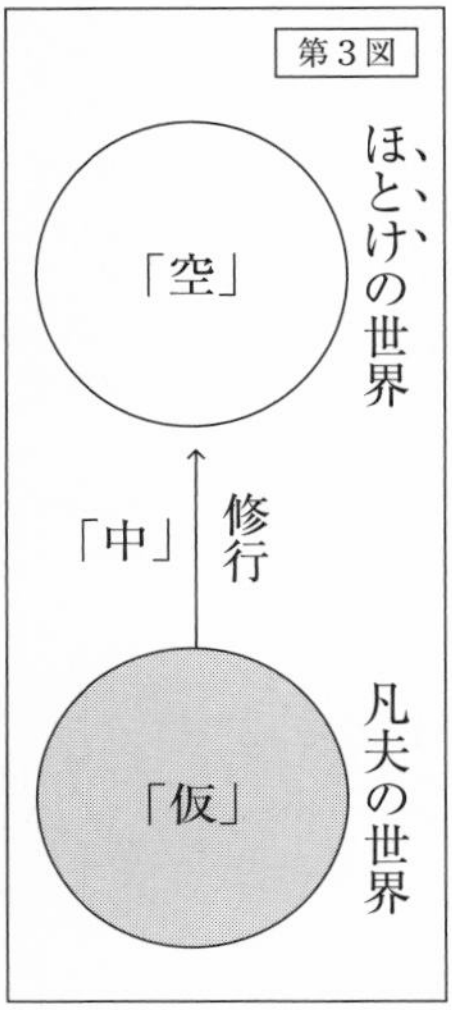

第3図

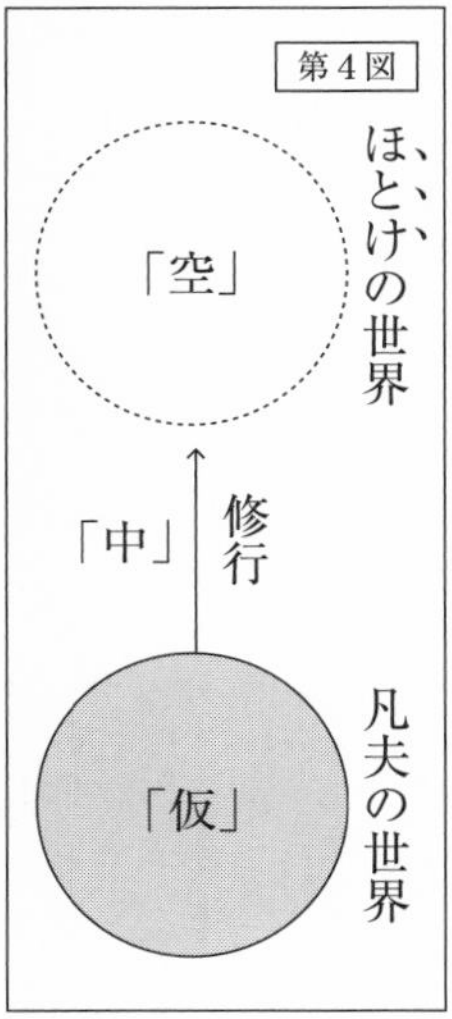

第4図

させるなら、第3図は第4図のようになる。

つまり、こういうことである。第3図は、初期大乗仏教の考え方である。『法華経』や「浄土経」が、このような考え方を述べている。ナーガールジュナは、この初期大乗仏教の考え方（第3図）に立脚して、「空」の世界については権利放棄をして、第4図のような考え方にしたのであった。

そして、――。

じつはこのあとのインド仏教思想史は、ナーガールジュナのこの考え方（第4図）にもとづいて展開して行くのである。

それは、どういうことか……？

初期大乗仏教の考え方（第3図）であれば、凡夫が修行をして仏になる場合、その仏になれる保証は仏の側から与えられたのである。われわれ凡夫は迷える存在である。したがって、迷っているわれわれには、自分が仏になれるか否かがわからない。そして、もし仏になれないのであれば、仏になれないことが確定しているなら、修行をしたってなんにもならない。「やーめた」となるであろう。しかし、そうはならずに、われわれがともかくも修行をしようと決意するのは、仏のほうで、われわれが修行をすれば仏になれるのだと保証してくださっているからである。その保証に励まされて、われわれは修行をつづけるのだ。

具体的には、こうである。たとえば、『法華経』においては、「授記《じゆき》」がなされている。「授記」はまた、「記別《きべつ》」「記莂《きべつ》」ともいう。「あなたは、未来において必ず仏になれる」と予言し、保証するのが授記である。釈尊その人が、はるかな過去世において、燃燈仏《ねんとうぶつ》から授記されたという伝承は、仏教に古くからあった。そして『法華経』においては、釈尊が、従来は仏になれないとされていた声聞《しょうもん》の弟子(小乗仏教の修行者)たちや、女人たちに授記しておられる。「あなたたち女人(声聞)も、将来において必ず仏になれるのだ」と保証されているのだ。だからこそ、わたしたちは修行に励むことができる。その保証(授記)がなければ、修行する気になれないだろう。

「浄土経」の場合は、仏の保証は授記のかたちではなく、阿弥陀《あみだ》仏の「誓願」のかたちをとっている。阿弥陀仏は、いまだ仏にならない前の菩薩の段階において、「いっさいの衆生を救いたい」といった誓願を立てられた。そしてその誓願にもとづいて彼は修行し、最終的に仏(阿弥陀仏)になることができた。したがって、阿弥陀仏が仏であるという事実性によって、その誓願には衆生を救済する力があるとされるわけである。わたしたちは、その仏の力によって、凡夫でありながら阿弥陀仏の極楽浄土（「空」の世界）に往生できるのだ。いわば、仏のほうから引っ張ってもらうのである。

▼「一切衆生悉有仏性」

しかしながら、ナーガールジュナは、「空」の世界（ほとけの世界）に対して権利放棄をしてしまい、「仮」の世界（凡夫の世界）だけにしてしまった（第4図）。そこで、わたしたちが仏に向かって歩む——ナーガールジュナによると、それは「中」であるが——必然性は、あくまでも凡夫の側になければならないことになる。初期大乗仏教（第3図）のように、仏の側からの保証や呼びかけは期待できないのである。

つまり、凡夫の側にエネルギーを蓄えておいて、そのエネルギーでもって凡夫が仏に向かって歩まねばならないのだ。

と、ここまで言えば、炯眼《けいがん》の読者は、「ああ、あれか……」と気づいておられるはずである。

そうなんだ、「仏性《ぶっしょう》」である。

「仏性」とは、「仏陀の本性」といった意味である。仏陀になる可能性とでも言えばよいか……。

そして、その仏陀になる可能性が、すべての衆生に天性的に具わっている、というのである。

それが、あの人口に膾炙《かいしゃ》した、

——「一切衆生悉有仏性《いっさいしゅじょうしつうぶっしょう》」——

の主張なのである。わたしたちすべての人間に（ほんとうは人間だけではなく、あらゆる生きものであるが）、仏になれる可能性が本来的に具わっている。だからこそ、われわれは、仏をめざして歩むことができるのである。

このような主張が出てこなければならない必然性は、読者は十分に納得しておられると思う。『法華経』にしろ「浄土経典」にしろ、そこにおいては仏のほうが凡夫にヒモをつけて、そのヒモを引っ張ってくださっていた。それが釈迦仏の授記であり、阿弥陀仏の誓願である。しかし、ナーガールジュナがその仏の世界（「空」の世界）について権利放棄してしまったあとでは、もはや仏にヒモを引いてはもらえないのである。凡夫は自分でネジを巻いて、凡夫のほうから歩き出さねばならない。

凡夫がネジを巻くには、凡夫のうちにゼンマイがなければならない理窟になる。その凡夫のうちにあるゼンマイが、つまりは「仏性」なのである。

ゼンマイ（仏性）が内部に具備されていれば、そのゼンマイのネジを巻いて、凡夫はとことこ歩みはじめることができる。

もっとも、せっかくゼンマイが仕掛けられているのに、それに気づかぬ者がいる。いや、ゼンマイがあることは知っていながら、そのネジを巻こうとしないひねくれ者もいるだろう。そういう人間をどうすればよいか？

ゼンマイの存在に気づかぬ者は、わりと簡単である。教えてやればいいのだから……。しかし、知っていながらネジを巻こうとしないへそ曲がりは、かなり厄介な存在である。仏教ほんらいの考え方からすれば、このような天邪鬼《あまのじゃく》も救ってやりたいのだが、ではどうすれば救えるか、なかなかむずかしい。というのは、彼を救うために仏のほうからヒモで引っ張ってもらうわけには行かないからである。あくまでもゼンマイを動力とせねばならぬ。

仏性（ゼンマイ）の思想には、このような問題が含まれている。これは、

――一闡提《いっせんだい》――

の問題である。われわれはのちに、この問題を考察せねばならない。

いや、「一闡提」（ゼンマイのネジを巻こうとしない者）の問題ばかりではない。ほかにもいろいろな問題がある。どこまでも譬喩的にいえば、たとえばゼンマイの力の弱い者だっているだろう。ゼンマイが故障した者もいるはずだ。ゼンマイが故障していることは、つまりはゼンマイがないのに等しい。そうだとすれば、「一切衆生悉有仏性」の主張が崩れることにならないか……。ややこしい問題がたくさんある。

ナーガールジュナ以後の後期大乗仏教は、このような諸問題と真剣に取り組んで行くのである。大乗仏教は、一般には初期と中期と後期に三分される。しかしわたしは、中期と後期を含めて「後期大乗仏教」としたい。それは、そこにおいて取り組まれたテーマに統一性があるからである。つまり、後期大乗仏教（中期と後期を含めた後期大乗仏教）は徹底して「仏性」（ゼンマイ）の問題と取り組んだのである。わたしは、そのような視点でもって、論述を進めるつもりでいる。

▼『如来蔵経』の九つの譬喩

さて、仏性＝ゼンマイに関しては、のちにさまざまな問題が出てくるわけである。しかし、それはのちになっての話であって、まず最初には、ともかく一切の衆生に仏性の具わっていることを主張しなければならない。いや、仏性が全員にあるとは言えない。仏性のない者だっているよ……といった反論はいずれ出てくるのであるが、それはあくまで反論であって、最初には、

――すべての衆生に仏性がある（「一切衆生悉有仏性」）――

の主張が提起されねばならない。そうでないと、話がはじまらぬのである。

「仏性」は、また「如来蔵《にょらいぞう》」ともいう。

じつをいえば、「仏性」という術語は、大乗経典である『涅槃経《ねはんぎょう》』に出てくる語である。先程から述べている「一切衆生悉有仏性」といったことばも、『涅槃経』に出てくるものだ。そして、日本仏教においては『涅槃経』がよく知られているので、「仏性」という語が一般化している。しかし、このような「仏性」の思想は『涅槃経』よりも古い経典に説かれており、そこでは「如来蔵」といったテクニカル・ターム（術語）で呼ばれていたのである。

「如来蔵」というのは、わたしたち衆生が如来（の本質）を蔵している――といった意味である。まったく「仏性」と同義であるが、専門学者は「如来蔵」のほうを好んで使っている。われわれとしては、適宜使い分けようと思う。使い分けるといっても、まあ大半はそのときの気分による使い

分けであるが……。

この「如来蔵」といった思想がはじめて説かれた経典は、『如来蔵経《にょらいぞうきょう》』といった小部の経典であるという。

『如来蔵経』は、九つの譬喩によって、われわれ衆生がすべて「仏性」をもっていることを説明している。その譬喩を紹介すれば、いったい「如来蔵」「仏性」とは何なのかが読者によくわかっていただけると思うので、以下に解説しておく。

1 蓮華の中の如来

まず仏が、神変《じんぺん》（超能力）でもって空中に無数の蓮華を現出させる。居合わせた菩薩《ぼさつ》たちは、いったい何事が起きるだろうと固唾《かたず》をのんで見ている。そうすると、その無数の蓮華がいちどに凋《しぼ》み、それが腐ったような、饐《す》えた臭いがあたりにただよう。蓮華の色も非常にきたない。

ところが、その蓮華の台《うてな》に、小さな如来が坐禅を組み、光明を放っているのだ。

これが如来蔵の教えだという。

つまり、凋んだ蓮華は、さまざまな煩悩をもったわれわれ凡夫の姿である。しかし、その凡夫の身の中に、如来の身体、如来の智慧、如来の光明が具わっているのである。そのようなことを教えるために、仏は菩薩たちに無数の蓮華の神変を見せられたのであった。

これが第一の譬喩である。

2　ミツバチにかこまれた蜜　蜂蜜のまわりには、いつもミツバチがいる。不用意に蜂蜜を捕ろうとすれば、ミツバチに刺される。けれども、悧巧《りこう》な養蜂家は、たくみにミツバチを追い払って蜜を採る。蜜は仏性であり、ミツバチは煩悩である。煩悩を追い払えば、内なる仏性がとれるのである。

3　籾殻に包まれた米　米は籾殻《もみがら》（外皮）に包まれている。われわれはこれを精白して食べるのである。この籾殻が煩悩で、中の米が如来である。煩悩をとり除くことを、ここでは精白に譬えているのである。

4　不浄処に落ちた金塊　第四番目には、不浄処（肥溜《こえだ》め）に落ちた金塊の譬喩が語られている。煩悩のなかにある如来――である。金の本性は永遠不変である。そのように、仏性、如来蔵も永遠不変である。

5　貧家の地下の宝蔵　貧乏人の家の床下に、宝が隠されている。貧乏人はそれを知らないで、貧しい生活をしている。ちょうどわれわれが、自分のうちにあるすばらしい宝＝仏性に気づかずに、迷っているのと同じである。宝に気がつきさえすればよいのである。

6　樹木の種子　樹木の種子は、それが大地に蒔《ま》かれて、水を与えられ、太陽に照らされると、大きく育つ。そのように、われわれのうちにある如来蔵も、修行によって仏に育って行くのである。

この第六の譬喩は、前の金の譬喩と少しちがっている。金の譬喩は、その不変性が言われていたのであるが、種子の譬喩はそれを育てることに重点が置かれている。じつは、「如来蔵」には、われわれが如来の胎児であるといった意味があるのである。その意味で、この第六の譬喩は注目に値する。

7　ボロ切れに包まれた仏像　砂漠を越えて他国に行く商人が、命よりも大事な仏像をボロ切れで包んで持って行った。ボロ切れで包んだのは、盗難を恐れてのことである。しかし商人は死んで、仏像は砂漠に埋もれてしまった。そして、百年、千年と時間が経過した。けれども、仏像は不変である。砂漠を掘って取り出せば、なおも燦然《さんぜん》と輝く仏像である。

この譬喩は、第四、第五の譬喩と同じである。

8　貧女の宿した王子　身寄りがなく、施設に収容された女がいる。彼女はなにも財産を持っていないが、しかし、お腹《なか》には偉大なる帝王の胤《たね》を宿している。ということは、どうやら彼女は帝王のなぐさみものにされたらしい。

だが、彼女のこの子どもが国王になったならば、彼女は国母になるわけだ。そういう可能性が語られている。

この譬喩は、第六の樹木の種子の系列に属したものである。

9　鋳型の中の仏像　最後の譬喩は、鋳型の中の仏像である。仏像を造るとき、最後には鋳型を打ち砕いて、仏像を取り出す。鋳型は煩悩である。われわれも、煩悩を打ち砕いて、光り輝く仏像（仏性）を取り出さねばならない。

『如来蔵経』は、以上のような九つの譬喩でもって、如来蔵(仏性)とは何かを説明しているのである。

四　「空」と「諸法実相」

▼日本画と西洋画のちがい

日本画家と話したことがある。

お酒の席であったもので、わたしは饒舌《じょうぜつ》になった。日本画家を相手に、そもそも日本画とは何か？……を、わたしが厚顔にも開陳した次第である。

もっとも、日本画家がヒントを与えてくれた。

「日本画というものはね、たとえば富士山を描く場合に、富士山そのものに内在する美を描こうとするのですよ。だから、富士山の美をその画家がどう捉えるかが問題です。結局、富士山を描いても、自分を描いているのですね……」

ことばはちがうが（残念ながら、画家の正確なことばは忘れてしまった。お酒は健忘症をつくるようだ）、おおむねそのように話されたと思う。そこで、そのことばに刺激されて、わたしが日本画と西洋画の比較論をまくしたてたわけだ。

「わたしは、日本画は漢字的だと思います。そして、西洋画はローマ字的です。いえ、漢字とローマ字というのは、表意文字と表音文字の差を言っているのです。日本画は〝山〟そのものの美を描きます。西洋画は、“mountain”という素材の組み合せによって、構成的な美を描こうとしていますよね」

素人のわたしの説明は、側で聞いていた第三者にはなかなか理解してもらえなかった。わたしもまた、この点をよく理解してもらえるうまい説明法があったはずだと思いながら、それが胸のあたりまで出かかっていながら、どうしても思い出せなかった。

しかし、さすが専門家である。わたしの語らんとするところを、うまく酌み取ってくださったようだ。

「おもしろい説明ですね。こんど授業に使わせていただきます」

お世辞であろうが、そう言われた。日本画家は、大学の講義を持っておられるのだ。

うれしくなって、わたしはさらに付け加えた。

「絵の具などの画材は日本画のものを使いながら、どう見ても西洋画を描いている人がいますね。一般には、そういう人も日本画家とされていますが、わたしはちがうと思うのです……」

「そうです。ちがいますね」

「そのちがいは、かな文字だから日本画だと思われていますが、かな文字は表音文字だから西洋画なんですよね。〝まうんてん〟と書けば、これは明らかに西洋画です。わたしはそう思うんですが……」

「賛成です」

と、日本画家に同意してもらって、その夜、わたしは得意絶頂であった。

▼マックス・ウェーバーの学説

それから数日後、突然、わたしは思い出した。

胸のところまで出かかっていたものは、じつは、ドイツの宗教社会学者のマックス・ウェーバー（一八六四―一九二〇）の学説であった。

ウェーバーは、世界の宗教を、

――道具型――

――容器型――

に分類した。道具型というのはキリスト教やイスラム教、ユダヤ教であって、これらの宗教においては、人間は神の道具とされているのである。神は人間をつくられたが、それは人間を手足・道具として使って、神の栄光を発現させようとするものである。一方、容器型の宗教は仏教やインドの宗教、日本の神道などであって、それらの宗教においては、人間は神的なもの（仏的なもの）が宿る「容器」と考えられている。日本には、「正直の頭《こうべ》に神宿る」といったことわざがあるが、日本人は人間に神が宿ると信じているわけだ。キリスト教では、そんな考え方は絶対に成り立たない。

神が人間に宿るなどと言えば、それこそ神を冒瀆したことになる。

このウェーバーの学説を紹介すれば、日本画と西洋画のちがいがもっとうまく説明できそうだ。すなわち、西洋画は「道具型」である。富士山の形状・色彩・大空や雲・樹木……といった「道具」を組み合わせて、それで「美」を表現しようとする。

それに対して日本画は「容器型」である。富士山という容器に、「美」が宿っているのである。日本画家は、その「美」を描こうとするのだ。

そう考えれば、日本画家が求道者になりやすいのがよくわかる。日本画家は、富士山（でなくてもよいのだが、最初に富士山を例にとったので、そのまま富士山にしておく）のうちにある「美」を発見せねばならない。いかなる「美」を発見するかは、その画家の器量による。（この〝器量〟といったことばも、なかなか象徴的だ！）器量はその人の年輪に応じて大きくなる。また、求道に応じて大きくなるわけだ。

西洋画家には、あまり年輪は関係しない。西洋画においては、画家が「美」を発明し、創造するものである。そこでむしろ天才が評価される。

こう比較してみると、日本画と西洋画はずいぶんちがうものだと気づく。そして、そのちがいが、「宗教」に由来しているところがおもしろい。人間を「神の道具」と見るか、「神の容器」と見るか、それがキリスト教と仏教の差である。そこのところから西洋画と日本画の差が出てくるのである。

だが、わたしがマックス・ウェーバーの「道具型・容器型」を思い出したのは、ずっとあとになってからであった。こういうのを、「後知恵《あとぢえ》」というのであろう。
でも、思い出さないよりはいいことである。

▼アニミズムは幼稚でない

読者はすでにお気づきであろう。この「容器型」というのは、仏教でいう「仏性」「如来蔵」の考え方である。

仏教では、

――「一切衆生悉有仏性」(『涅槃経』)――

と説く。ありとあらゆるものに、仏性が宿っていると言うのである。まさにこれは、「容器型」の思想である。

いや、逆か……。そういう言い方では誤解を招く。そういう言い方だと、東洋に「容器型」の思想があって、仏教はその「容器型」の思想の影響をうけて、「一切衆生悉有仏性」の考え方を発達させたのだと見られそうである。が、じつは、それは逆なのだ。そうではなくて、仏教の「仏性」理論に影響されて、東洋の人たちは「容器型」の考え方をするようになったのである。

そして、ついでに言っておけば、アニミズムの考え方を劣ったもの、幼稚なものとするのは、わたしは反対である。

アニミズムの語は、事典類では、

「アニミズム……あらゆる事物や現象に霊魂、精霊が宿ると信ずることに基づく原始的宗教観念。animism はラテン語の anima（気息、霊魂）に由来。……」（『小百科事典』平凡社）

と解説されている。「原始的宗教観念」ときめつけているが、それは「道具型」の立場に立つからそうなるのである。神の「道具」である事物に霊魂が宿るはずがない——と、キリスト教の学者は考える。だから、もしも「道具」に霊魂が宿るとすれば、その霊魂は安っぽいものにちがいない……というわけである。それで彼らは、それをアニミズムと呼んで軽蔑するのである。

だが、キリスト教の立場ではそうなるにせよ、キリスト教徒でないわれわれがそんな考え方につきあう必要はない。われわれの立場からすれば、アニミズムを仏教の「仏性」理論に通ずるものとして、積極的に高く評価していいのである。

とすると、先程、「逆か……」と言ったことばは取り消したほうがよい。先程は、「容器型」説が「仏性」理論をうみだしたのではなく、逆に「仏性」理論が「容器型」説をうみだしたのであると言った。しかし、そうではなくて、人類が原初的に持っていたアニミズムの思想を西洋人は捨てて、これと対極的な「道具型」説を彼らはつくったのである。それに反して東洋人は、人類に普遍的に見られるアニミズムを延長して「容器型」説とした。そして、その「容器型」説をすばらしい「仏性」理論にまで高めたわけである。そのように見たほうがよい。西洋人にとっては、アニミズムは捨てられるべき幼稚な思惟ということになるが、わたしたちにとっては、アニミズムは人類に普遍の思想である。したがって、幼稚と見る必要はない。あまり西洋かぶれをしてもらっては困る。日本人は日本人らしい思想を大事に育てあげたいと思う。

▼諸法のレーゾン・デートル

大乗仏教の根本思想を表明したことばに、

――「諸法実相《しょほうじつそう》」

がある。わたしの好きなことばである。経典でいえば、『大品般若経《だいぼんはんにゃ》』(巻十七)や『法華経』(巻二)に出てくるものだ。

じつはこのことばは、ほんらいのサンスクリット語においては、

――「諸法の実相」――

と読まれるべき語である。この場合の〝法〟は「もの」の意味であるから、「諸法の実相」とは、「すべてのものの真実のすがた」といったことになる。

ところが、中国や日本では、サンスクリット語にない解釈がされるようになる。漢字というものは便利(?)なもので、わりと自由な解釈ができるのである。すなわち、サンスクリット語では「諸法の実相」としか読めないものを、漢字では、

――「諸法は実相なり」――

と読んだのである。中国の天台宗でそう読まれはじめて、それ以後その読み方が定着してしまった。したがって、いまでは「諸法は実相なり」が、このことばの意味になっている。そういうふう

に読むことで、これが大乗仏教の根本思想を表明したことばになるのである。サンスクリット語に戻って「諸法の実相」と読んだのでは、あまり深い意味があるとは思えない。思想の歴史は、あんがい誤解の上に構築されるものかもしれない。誤解がひろく世の中に通用すれば、誤解が正解になる。「諸法実相」は、「諸法は実相なり」と読むのが正しいのである。

さて、それでは、「諸法は実相なり」の意味は……？

文字通りには、これは、「すべての存在は真実の相である」ということだ。でも、そんなふうに言っても、あまりよくわからない。そこでわたしは、これを、

——宇宙の森羅万象《しんらばんしょう》にレーゾン・デートル（存在理由）がある。

とパラフレーズ（翻訳）したい。〝レーゾン・デートル〟だなんて変な外国語（フランス語）を使ったが、抹香臭い仏語はどうも読者に敬遠される。同じむずかしい仏語（フランス語）なのに、横文字だとスマートな印象があるらしく、わりと抵抗なく受け容れてもらえるのである。それで古臭い仏語をスマートな仏語に置き換えてみた。

しかし、〝レーゾン・デートル〟は、いちおう一般の辞書に出てくることばである。

「レーゾン　デートル（フランス語＝raison d'être）ある事物が存在することの正当性の根拠。存在理由。レゾンデートル。……」（『新潮・現代国語辞典』）

だから、わたしがこの語を使っても、そんなに読者に迷惑をかけたことにはならないと思う。辞書を引いていただければわかるのであるから……。

でも、そうは言っても、どうしてもカタカナ語を使わねばならないわけではない。もっとわかりやすく訳すことができる。すなわち、「諸法実相」とは、

――この宇宙に存在するもので、なくていいものは一つもない。

とパラフレーズすればよい。それが、大乗仏教の根本思想なのである。

▼「空」と「諸法実相」

さて、これで「諸法実相」の意味がだいぶ明らかになった。

――諸法の実相。

――諸法は実相なり。

――すべての存在は真実の相である。

――宇宙の森羅万象にレーゾン・デートル（存在理由）がある。

――この宇宙に存在するもので、なくていいものは一つもない。

せっかくここまで訳し直してきたのだから、われわれはあと一つ追加することにしよう。こんどは逆に、ちょっと抹香臭くしてみるのだ。

――宇宙に存在するありとあらゆるものには、ほとけのいのちが宿っている。

これが、「諸法実相」である。

とすれば、「諸法実相」とは、「一切衆生悉有仏性」のことなのだ。

しかし、なにもこれは驚くべきことではない。「諸法実相」も「一切衆生悉有仏性」も、ともに大乗仏教の根本思想を表明したことばなのだから、二つは同じものなのだ。仏教の根本思想は一つなのだから、それをどのように表現するか、表現のちがいだけである。言っていることは同じなのである。

それから、さらに。

じつをいえば、大乗仏教の基本概念である「空《くう》」もまた、「諸法実相」と同じことを言ったものである。

「空」というより、「諸法実相」に対比させるのであれば、「諸法空相」といったほうがよいかもしれない。われわれは宇宙の森羅万象を、自分勝手に差別して見ている。善―悪、美―醜、大―小、長―短、……と、分別《ふんべつ》しているわけだ。

〝分別〟といった語には、「物事の道理をわきまえる」といういい意味もあるが、この場合はそうではない。ゴミの分別収集という、あの〝分別〟である。もっとも、ゴミの場合は分別せねばならぬのだが――その意味ではこれを〝区別〟と呼べばよいと思っている――、仏教では分別するなと教えている。したがって、仏教の場合は〝差別〟の語を使ったほうがよい。

そして、物事について無用な差別をするな！……というのが「空」の教えである。物事を差別しないでありのままに見るのが、「諸法空相」である。いっぽう、差別してしまったものを、いずれもほとけのいのちを宿したものと見るのが「諸法実相」である。両者は同じことを言っている。

「諸法空相」は否定的に表現し、「諸法実相」は肯定的に表現している。ただそれだけのちがいである。

▼森羅万象に仏性を見る

クモの巣にチョウがかかっている。それを見たとき、わたしたちは無意識にチョウを逃がしてやりたくなる。なぜか、クモはわるもの、チョウはいいものと分別（差別）してしまうのである。クモもチョウも同じ生きものなのに、わたしたちは自分勝手に差別してしまう。

いや、毛虫とチョウを見ても、自分勝手な差別をするのがわれわれである。チョウを目を細めて眺めるご婦人が、毛虫に眉をひそめられる。毛虫が大きくなってチョウになるのに……。あまりにも身勝手な差別ではないか。

美人とブスを差別するのが、たいていの男性である。美女にあこがれ、ブスを嫌うのである。この場合、救いは、「十人十色」といって、美人の判断があまり一致しないことである。そこで、「蓼《たで》食う虫も好き好き」になり、平和が保たれる。美女の判断が一致しすぎると、争奪戦争が起きるだろう。

いや、美女とブスだなんて、〝ブス〟という語は差別用語だから使ってはいけない——と、以前、女性の編集者に叱られたことがあった。たしかに、これは「差別語」である。しかし、ことばというものは、すべてが「差別語」なのだ。たとえ「美人—ブス」の差別（分別）をやめたとしても、われわれが異性に対したときには（あるいは同性に対したときでも）、目の前の人を「いい人―悪い人」と差別（分別）するのである。いや、百歩を譲って、その「いい人―悪い人」といった差別もやめたとしよう。それでもわれわれは、「わたしの好きな人―わたしが嫌う人」といった差別をするであろう。その差別（分別）すらやめてしまえば、われわれは結婚できない。生きて行けないであろう。

　したがって、われわれが生きて行く上に、どうしても必要な分別がある。それを〝区別〟と呼んでおこう。そして、不必要な分別を、しないでもいい分別を、〝差別〟としておく。仏教が教えているのは、

「差別――無用な分別――をするな！」

である。この「差別をするな！」の教えが、つまりは「空」である。

　したがって、「空」の見方ができるには、何が必要な分別（区別）であり、何が不必要な分別（差別）であるかを、適格に判断できるだけの智慧がいる。クモとチョウは差別する必要はないが、トンボとハエであれば区別する必要があるかもしれない。その、区別と差別を適格に判断できる智慧が、じつは「般若《はんにゃ》」である。〝般若〟とは、「智慧」を意味するサンスクリット語の〝プラジュニャー〟（パーリ語の〝パンニャー〟）の音写語である。「空」を説いた大乗経典が「般若経」の名で呼ばれているゆえんは、まさにここのところにある。

　このように「空」は、「差別するな！」といったふうに、否定的な教えである。

しかし、われわれは、どうしても差別してしまう。差別と区別を適格に分別できるだけの智慧(般若)を持たぬものだから、つい無用の差別をしてしまうのである。

そうであれば、われわれは、差別はしておいて、差別したすべてのもののレーゾン・デートルを認めればよい。美女とブスを差別してしまったのであれば仕方がない。ほんとうはそんな差別はいけないので、せめて好きな人・嫌いな人くらいの差別にとどめるべきだ。それはそうだが、ともあれ差別をしてしまったら、そのときは差別したものすべてのレーゾン・デートルを認めてほしいのである。美女にもブスにも、ほとけのいのちが宿っていることをしっかりと心にとめてほしい。わたしの好きな人・嫌いな人のいずれも、ほとけのいのちを持った人だと知ってほしいのである。

世の中には、なくていいものなど一つもないのである。それが「諸法実相」の教えだ。

わたしたちは、病気を悪と見る。病気がないほうがよい、と考える。でも、もしも病気になることがなかったならば、わたしたちは自分の身体の危険に気づかないであろう。病気は危険信号なのだ。危険信号なしでくるまを飛ばせば、大事故が起きよう。病気は嫌なものだと思う。まあ、その差別はやむをえないが、しかし病気にもレーゾン・デートルがあることを知っておきたい。その考え方が、「諸法実相」なのである。

いや、死も同じである。わたしたちは死を嫌い、死なんてないほうがよいと考える。でも、死がなければ、地球上の人口は無限に増えて、結局は人類が全滅するはめになる。わたしにとって死は不幸だが、全宇宙的には死はなければならぬものである。小賢しいわれわれ凡夫の知恵では、宇宙というほとけの世界の真意（実相）はわからない。わたしたちは、凡夫の小賢しい分別（差別）をやめて、ほとけの世界の森羅万象のレーゾン・デートルを知ることである。森羅万象に仏性が宿っている。仏教はそう教えているのである。それが大乗仏教の根本思想である。

五　凡夫の世界の現実

▼自由のパラドックス

自由のパラドックス——というのがある。またまたパラドックスか……と言われそうだが、これはこういうことである。

自由の反対は不自由である。不自由は自由が制限された状態である。その状態の最たるものは奴隷であるが、さて、自由のうちには自分自身を奴隷にする自由が含まれているのだろうか……？といった問題である。

自分自身を奴隷にする自由は認められない——と言えば、やはり自由を制限したことになる。かといって、自己を奴隷にする自由まで認めてしまって、その人が奴隷になれば、その人は自由ではなくなったわけだ。自由が制限されている。では、どう考えればよいか？　どうにも厄介なパラドックスである。

それとよく似た問題に、「憲法の敵」といった問題がある。憲法を否定し、憲法を廃棄しようとする憲法の敵がいるとする。そのような憲法の敵に、憲法は自由を保証せねばならぬだろうか……といった問題である。これはなかなかむずかしい問題である。

憲法の敵には自由は与えぬ――とすれば、自由が制限されたことになる。部分的にせよ制限された自由は、真の自由ではない。そんな自由は、あまり守るに値いしない。しかし、憲法の敵に自由を保証すれば、敵はその自由を使って憲法を破壊しようとするだろう。みすみす自分が壊わされることを知っていながら、そのような敵を保護するのはどういうものか……。憲法が破壊されてしまえば、その憲法のもとで保証されてきた自由がなくなるのである。とすれば、憲法の敵を保護することは、憲法みずからの自殺行為である。敵にそうした自由を与えてはいけないのだ。といった考え方も成り立つ。

実際問題としては、かつての西ドイツの憲法は、同国憲法に忠誠を誓う者に自由を与えている。憲法の敵には、自由を保証しないのである。

これは、ドイツにおいては、憲法の敵に憲法上の自由を保障したワイマール憲法のもとで、ナチズムが「合法的に」権力を手に入れ、そして憲法そのものを破壊してしまった、という不幸な歴史があったからである。デモクラシーを用いてデモクラシーを破壊しようとする勢力の出現を許さない、ということで、西ドイツでは憲法の自由を制限したのである。

社会主義国の憲法も、だいたい同じ考え方である。旧ソ連において、ソルジェニーツィンの国外追放があったとき、この点が問題になったが、もともとソ連の憲法は、「勤労者の利益に適合し、かつ社会主義を強固にする目的」でだけ、言論・出版の自由を保障しているのである。反社会主義的言論の自由は、ソ連の憲法にない。そのような憲法の敵には、自由は保障されていないのである。

▼憲法の敵にも与えた自由

仏教の話が、憲法の問題になってしまった。しかしこれは、脱線ではない。仏教の話をよくわかってもらうために、この問題が役立ちそうである。

ここのところは、わたしは、樋口陽一氏の『比較のなかの日本国憲法』(岩波書店)を参考に書いているのだが、同書によると、西ドイツやソ連と正反対の方向をとったのがフランスだそうだ。つまり、フランスでは、

「すべての市民に対しすべての政治的教理に関し完全な思想と宣伝の自由を認めることを、それにいいいいいいいいい、ともなう危険にもかかわらず、むしろ好ましいと考える」(一九四四年、ド・ゴール臨時政府に提出された委員会報告)

といった結論が出されたという。憲法の敵に自由を保障することの危険を承知の上で、なおかつ憲法の敵に自由を与えようとするものである。ここにあるのは、「市民」への信頼である。憲法の敵が、たとい自由を悪用して憲法を破壊しようとしても、「市民」たちが一致団結して敵と闘い、憲法の自由を守り抜くであろう……。憲法は「市民」を信頼しているのである。その信頼なくしては、このような憲法は成立しない。わたしは、西ドイツやソ連の行き方より、このフランスの行き

方のほうが好きだ。そして、ついでに言っておけば、われわれの「日本国憲法」は、フランス的な考えにもとづいている。樋口陽一氏はそう言っておられる。わたしたちは憲法の敵と闘いながら、われわれの「日本国憲法」を守って行かねばならない。それでないと、「日本国憲法」が保障した「自由」がなくなってしまうのだ。「自由」とは、われわれが不断の努力で守るべきものである。わたしはそのことを、声を大にして言っておきたい——。

▼一闡提とは何か？

さて、わたしが論じようと思っているのは、仏教の問題である。

大乗仏教においては、

——「一切衆生悉有仏性《しつうぶつしょう》」（『涅槃経』）——

といって、すべての衆生に「仏性」——仏になれる可能性があると言っている。と同時に、その「仏性」に関連して、

——「一闡提《いっせんだい》」——

というものがあるとされている。この一闡提が、わたしは、いわば「仏教の敵」だと思うのだ。それで、「憲法の敵」と対比してみようと考えた。

いったい、一闡提とは何であろうか……？

一闡提とは、サンスクリット語の〝イッチャンティカ〟の音写語である。そして、このサンスク

リット語のほんらいの意味は、「欲求しつつある人」だという。しかし、どうやらこれは通俗語源解釈であるらしい。通俗語源解釈というのは、たとえば日本語でいえば、〝ネズミ〟の語源は夜も寝ないでいるから「不寝身《ねずみ》」だという類である。学問的にはどうかと思われるが、しかしあんがい実態を言い当てている。おもしろい解釈である。

一闡提が「欲求しつつある人」だというのは、つまりは仏教を信ぜず、現世的快楽を欲求し、それに溺れる人々をいったのであろう。仏教の基本理念は、わたしは、

「出世間」

だと思っている。世間を出る、俗世を超越したところに、仏教がある。世俗に埋没してしまっては、仏教にならない。

その点においては、小乗仏教ははっきりと「出家主義」をとった。在家（世俗に埋没している者）に真の救いはない。出家者のみが救われる――と主張したのが小乗仏教である。したがって、小乗仏教には、一闡提の問題はない。

一闡提が問題になるのは、大乗仏教である。大乗仏教は出家主義を否定した。そして、世俗の生活を肯定した。出家でなくともよい、世俗に生きる在家の人間にも救済のチャンスがある、と主張したのが大乗仏教である。

それはまことに高邁《こうまい》な理想である。

が、同時にそこのところに、矛盾が生じる可能性がある。

すなわち、世俗を肯定した大乗仏教は、世俗に迎合し、世俗ベッタリになる危険があるわけだ。仏教の基本が「出世間」であることを忘れて、仏教者が世間に執着するはめになる。じつは、それが「(現世的快楽を) 貪欲に追究する人」――〝イッチャンティカ(一闡提)〟なのだ。

漢訳仏典においては、一闡提を、

――「断善根」――

――「信不具足」――

と意訳している。現世の快楽に溺れる快楽主義者・現世主義者の一闡提は、善根が断たれ、信がそなわっておらず、それ故、成仏の可能性がないとするのである。それが一闡提のもともとの意味であるようだ。

▼仏教の大前提を疑ってかかる異分子

これは前に述べたことであるが(一四五ページ)、釈尊は在家の信者に対して、つねに「生天論」を説いておられた。生天論とは、来世において天界に生まれることを願う信仰である。

インド人は輪廻転生を信ずる民族である。現世における善・悪の行為の結果として、来世の生存が決まってくる。善業を積んだ者は、来世は天界に生まれるであろうし、悪業をなした者は地獄に堕ちる。善因善果・悪因悪果の法則性を、仏教の開祖の釈尊はわれわれに教えられたのである。そして、現世において悪業をつくらず、善業を積み重ねて、来世は天界に生まれることを願え！　釈尊はそう言われた。その意味で、「仏教」は、まことに平凡な教えである。

「悪《あ》しきことをなす者は、此世にても憂え、死後にも憂え、何れにても憂う。己れの行為の汚れたるを見て、憂え悩む」

「善きことをなせる者は、此世にても喜び、死後にも喜び、何れにても喜ぶ。己れの行為の浄《きよ》らかなるを見て、喜び楽しむ」

「悪しきことをなす者は、此世にても苦しみ、死後にも苦しみ、何れにても苦しむ。『われ悪しきことをなせり』とて苦しみ、地獄に堕《お》ちてさらに苦しむ」

「善きことをなせる者は、此世にても歓喜し、死後にても歓喜し、何れにても歓喜す。『われ善きことをなせり』とて歓喜し、天国に達してさらに歓喜す」

『法句経（ダンマパダ）』（第一章）に出てくる釈尊のことばである（渡辺照宏訳による）。現世は来世につながっているのだから、来世のことを考えながら現世をつつましやかに生きよう……というのが、仏教徒のあり方である。

だが、なかには、来世なんてどうでもいい——と言いだす者がいる。来世なんて、あるかどうかわからぬではないか!?　そんな不確定な来世を気にする必要はない。来世のことは忘れて、現世をうまく生きればよいではないか……!?　そういった意見である。古代インドの民族は輪廻転生を信じていたから、「来世はあるかないかわからぬ」といった説を思いつきもしなかったであろう。しかし、インテリというものは、突飛な考え方をするものである。現代では、むしろこちらのほうが常識であろうが、古代のインドでは、来世があるかないかわからぬといった考え方は、やはり突飛である。その突飛な妄説でもって民衆を誑《たぶら》かす者がいた。そのような人々が一闡提である。つまり、一闡提は、来世の存在を疑い、したがって生天論を否定し、現世の快楽だけを絶対視する人々である。生天論を大前提にしている仏教にとっては、その大前提を疑ってかかる異分子はまことに厄介な存在である。だもので、一闡提は、仏教の敵とされたわけである。

▼一闡提は菩薩の敵

これもすでに述べたところであるが、わたしは菩薩を、「仏に向かって歩みつづける人」と定義した(上巻二八三ページ)。仏はわたしたちの目標である。わたしたちは仏になろうと努力をするのだが、仏はあまりにも高遠な理想であって、そう簡単に仏になれるものでない。なんどもなんども輪廻転生を繰り返し、そのあいだに修行を積み重ねて、いつか遠い将来にわたしたちは仏になれるのである。

したがって、わたしたちは、現世において仏になれる可能性はない。それじゃあ、つまらない。仏になるための教えである仏教において、仏になれないというのは、一種の矛盾ではないか……。そんな意見もありそうだ。

けれども、大乗仏教は、それでよいと考えている。われわれは仏になることはできない。しかし、仏をめざして歩むことはできる。仏になれるかどうかといった結果よりも、その歩みそのものが尊いのである。大乗仏教ではそのように考えている。そして、仏をめざして歩む人のことを「菩薩」と呼ぶ。大乗仏教は、本質的に「菩薩の仏教」なのである。

もちろん、菩薩にもいろいろある。わたしたちのように、わずか一歩をあゆみはじめたばかりの菩薩もいれば、地蔵菩薩や観音菩薩のように、仏と同格といってよい菩薩もおられる。つまり、菩薩には段階がある。だが、菩薩に段階はあっても、すべての菩薩は平等である。日本人でいえば、赤ん坊と年寄りの差はあっても、憲法が保障している基本的人権に差はないのと同じであろう。菩薩の基本的人権（?）に差はない。

ところで、一闡提は、言うならば菩薩になろうとしない者である。仏に向かって歩きはじめれば、それだけでもう菩薩であるのだが、いっこうに歩きはじめようとしない者がいる。それが一闡提である。

仏教は、すべての菩薩の基本的人権を保障している。すべての菩薩を平等と見なしている。だが、困ったことに、絶対に菩薩になろうとしない者がいる。頑強に菩薩になることを拒む者がいる。いや、菩薩になろうとしないばかりか、菩薩を非難するのである。菩薩として歩みつつある者の足を引っぱることをする。

このような菩薩の敵が、一闡提である。

かかる一闡提を、われわれはどう扱うべきであろうか……?

▼五性各別——凡夫の五つのタイプ

まず一つの考え方は、仏教の敵である一闡提には、仏陀の慈悲がおよばぬとするのである。憲法の敵には憲法上の自由を与えない、といった西ドイツの憲法の考え方と同じものである。

一闡提——ということばそのものは、この考え方によってつくられている。一闡提は「断善根」「信不具足」であって、永遠に仏になれない者である。すなわち、「仏性」のない者である。

この点に関しては、『解深密経《げじんみつきよう》』や『楞伽経《りようがきよう》』といった後期の大乗経典が、

——「五性各別《ごしようかくべつ》」——

といった理論を展開している。

「五性各別」とは、「一切衆生悉有仏性」が理想論であるのに対して、いわば現実論である。「一切衆生悉有仏性」がゾーレン（かくあるべし）であるのに対して、「五性各別」はザイン（こうである）を論じている。夢を語るのではなく、あくまでも現実を問題にした議論である。

凡夫の現実を問題にすれば、人間に善人・悪人の差別があり、各自の能力にちがいがある。この能力の差は、仏陀という高遠な理想のほうから眺めるなら、無視してしまっていいのであるが（月から地球は約四十万キロメートルある。この四十万キロに対して、地上での百メートルの差は問題にならない）、前に述べたように、龍樹（ナーガールジュナ）以後の大乗仏教は、仏の世界（「空」）を藉《か》りることなく凡夫の世界だけで理論構成をしようとするものである。そうなると、凡夫の能力

の差が大きくクローズ・アップされてくる。そして、展開された理論が「五性各別」である。

五性とは、

①菩薩定性《ぼさつじょうしょう》　②独覚《どっかく》定性（縁覚《えんがく》定性ともいう）　③声聞《しょうもん》　定性　④不定性　⑤無性

の五つである。人間を先天的に五つのタイプに分類したものだ。すなわち、

菩薩定性と独覚定性、声聞定性の三つは、決定性《けつじょうしょう》である。

菩薩定性は……仏果を得る。

独覚定性は……辟支仏果《びゃくしぶつか》を得る。

声聞定性は……阿羅漢果《あらかんか》を得る。

と定まっている。簡単にいえば、先天的に菩薩タイプの人はいずれ仏になり、先天的に独覚タイプの者はのちに辟支仏になり、先天的に声聞タイプの人間は修行して阿羅漢になることができる、というわけだ。辟支仏とは、これは独覚あるいは縁覚と同じ意味の語であって、仏の指導によらず独力で悟りを開いた者である。そして、悟りを開いて辟支仏となっても、人々に真理（法）を説こうとしない。そんな淋しい仏である。また、声聞とは、これは仏の教えを聞いて悟りを開いた者であり、しかしみずからは悟りは開いても人々に教えを説こうとしない。まさに利己的な聖者である。この利己的な聖者を阿羅漢という。したがって、菩薩定性・独覚定性・声聞定性というのは、言うなればカエルの子のオタマジャクシはカエルにしかなれない——といったものである。先天的にタイプが決定されていることを言っている。

第四の不定性は、このタイプがはっきり確定していない者である。

じつは、後期大乗仏教においては、現代の生物学でいう「遺伝子」のようなものを考えている。それを、

——「種子《しゅうじ》」——

と呼んでいるのだが、このことについてはのちに詳しく解説する。ただ、ここでは、便利なものだから遺伝子（種子）といった語を使うことにするが、要するに五性各別とは、菩薩種子・独覚種子・声聞種子の三つの型の遺伝子があると言っているわけだ。菩薩種子だけを持った菩薩定性は、将来、仏になる。独覚種子だけを持つ独覚定性は辟支仏、声聞種子だけを保持する声聞定性はのちに阿羅漢となる、というのが決定性である。

不定性というのは、この遺伝子（種子）を複数持っている者である。すなわち、

菩薩種子・独覚種子・声聞種子のすべてを持つ者……この人の場合は、仏・辟支仏・阿羅漢のいずれになるか不定。

菩薩種子と独覚種子——

菩薩種子と声聞種子——

独覚種子と声聞種子——

の二種類の遺伝子を持った者……この場合も、やはり果は不定になる。

このように、四つのケースが不定性である。

ちょっと脱線するが、血液型においても、この「不定性」に相当するものがあるらしい。

血液型の「不定性」を、〝キメラ型血液〟という。キメラはギリシア神話に登場する怪獣で、頭はライオン、胴体はヤギ、尾はヘビというものであるが、遺伝子的に異なった二つの血液型を持っている人を呼ぶに適切な語である。このキメラ型血液が見つかったのは一九五三年、英国においてであり、マック夫人という女性の血液型を調べてみると、彼女の血管中にはA型とO型の二種類の血液が流れていたという（鈴木和男『法歯学の出番です』中央公論社、による）。菩薩・独覚・声聞の三つの遺伝子のほかに、不定性（キメラ）をつくった古代インド人の炯眼《けいがん》に、わたしは敬意を表したいと思っている。

まあ、それはさておき、五性各別の最後は「無性」である。これは、いかなる種子（遺伝子）も持っていない者だ。したがって彼らは、仏・辟支仏・阿羅漢のいずれにもなれないのである。絶対に悟りを開くことのできない者である。

そう、この「無性」の者こそ、まさに「一闡提」である。

つまり、後期の大乗仏教は、絶対に仏になれない存在——一闡提——を認めたのである。理想論ではなしに、現実の凡夫を冷静に分析すれば、どうしてもそのような一闡提を認めざるを得なかったのである。やむをえない、と言えばそれまでであるが、でもやはり淋しい気がする。それは、わたしだけの感傷であろうか……。

▼セックスは悪である

「性問題研究会」というグループがあって、その研究例会によばれて、

――「宗教と性」――

というテーマの講義をさせられた。わたしの話は、徹底して、

「仏教においても、キリスト教においても、セックスは〝悪〟とされています」

というものであった。主催者にすれば、わたしがそのようなことを喋るとは、ちょっと意外であったらしい。怪訝《けげん》な顔をしておられた。

しかし、仏教やキリスト教で、セックスが悪とされていることはまちがいない。

キリスト教のカトリックにおいては、避妊が禁じられている。ローマ法王庁は、現在にいたるも、表向きはコンドームの使用を許可していない。カトリックが認める避妊は、「オギノ式」だけである。オギノ式は、安全日にかぎって性交するものである。危険日には性交を自制するわけであるが、それは禁欲的であるから許されるとするのである。

つまり、キリスト教の考え方は、セックスはそもそも子どもをつくるためのものである。出産につながらないセックス――それは快楽のためのセックスである――は、したがって悪である。ただ、出産のためのセックスのみが是認される、というものである。

仏教においても、基本的な考え方は同じである。

仏教では、戒は、出家と在家でちがっている。

出家の場合は、「婬戒」である。出家者に対しては、いっさいのセックス――異性間のセックス、同性間のセックス、自慰行為、獣姦のすべて――が禁じられている。

しかし、在家に対しては、「不邪婬戒」である。みだらなセックスが戒められているのであって、夫婦間のセックスは肯定されている。

なぜ、夫婦のあいだでのセックスが容認されるかといえば、それが出産のためのセックスだからであろう。つまり、仏教においても、キリスト教と同じく、出産を前提としたセックスは肯定され、快楽のためのセックスは悪と断罪されているわけである。仏教もキリスト教も、この点に関する考え方は共通している。

……といったようなことを、わたしは話した。いや、わたしにしても、これはいささか「不本意」な結論なのだ。けれども、まじめに「宗教と性」といったテーマに応えるとすれば、不本意でもこのように結論せざるを得ない。「仏教、キリスト教においては、セックスは悪であります」と、わたしはきっぱりと断言したのであった。

▼なぜ、セックスは悪か？

わたしを招いてくださった性問題研究会のグループのうちには、カウンセラーの女性がおられる。日本の女性には、セックスに嫌悪感をもっている人が多い。強姦された女性、夫とのセックスすら好きになれず、いやいやながら義務のセックスをしている女性、自慰行為をして罪悪感に悩んでいる女性、……。主として、そんな女性たちから相談をうけ、その相談相手になってあげているカウンセラーである。

彼女が、わたしに喰ってかかってきた。

「どうしてセックスが悪いのです……!? ただでさえ、セックスを罪悪視して悩んでいる女性に、〝セックスは悪だ〟と言えば、かわいそうです。それでは困るんです……」

わたしは、彼女の気持ちがよくわかる。しかし、いくら「困る」と言われても、これぱかりは変えようがない。残念ながら、わたしはわたしの結論を繰り返すよりほかなかった。

別の女性が質問してきた。

「仏教やキリスト教では、どうしてセックスを〝悪〟と見ているのですか?」

だが、その質問はナンセンスなのだ。

仏教やキリスト教では、なぜ、セックスを「悪」と見るか? キリスト教においては、神がそれを悪とされているから、それが悪なのだ。どうして? ……といった理由があるわけではない。人間が考えてわかる理由があるのであれば、神はいらない——。神が存在しておられる以上、すべての権威は神にあるわけだ。

仏教においても、基本的にはキリスト教と同じであろう。仏教は、キリスト教とちがって、「命令型」の宗教ではない。仏教は、むしろ合理的な宗教である。だから、仏陀(釈尊)がセックスを悪とされたのには、それ相当の理由があるはずであるが、しかしその理由は、われわれ凡夫にはわからない。煩悩を克服された仏のほうから見て、はじめて理由がわかるのであって、われわれ凡夫は、それを煩悩だと信じる以外にない。わたしはそう思っている。そして、そのことを質問者に答えた。

「むしろね、〝理由〟など考えないほうがよいのではないでしょうか……」

わたしはそう言った。

たとえば、未成年者売春で補導された女子中学生が、警察官に喰ってかかったという。

「わたしにとって、セックスは楽しかった。相手の男も喜んでいた。喜んで金をくれた。誰も傷ついていない。それなのに、どうしてわたしたちが〝悪いこと〟をしたことになるのか⁉」

これには、補導した警察官も、眼を白黒させたという。

▼宗教心を持たない無性有情

善か悪か?……といった問いは、宗教に属している。宗教の権威によってしか答えられない問題である。

ところが、日本人は宗教音痴である。宗教を持たないでいる。宗教を持たない日本人は、何が善で、何が悪であるか、その判定を全部、法律にまかせるよりほかない。法律が悪としているから悪なのだ——と言う以外に、言いようがないのである。

しかし、考えてみれば、その法律は「常識」にもとづいている。そして常識は、国により、時代により、機会により、ころころと変わる。セックスについてだって、日本においても、しばらく前までは売春が公認されていた。ちゃんと赤線があった。また、現在においても、夫婦間のセックスは公認されている。夫婦のあいだのセックスは、むしろ積極的にいいものとされている。となると、なぜ夫婦のあいだのセックスはよくて、夫婦以外のセックスは悪なのか……、法律・常識では説明できない。「法律が悪いと言っていることは悪いんだ」と、警察官にしろ学校の先生にしろ、居丈《いたけ》高《だか》に怒鳴るよりほかない。それはもはや暴力である。しかし、宗教の権威に依存できない日本の社会にあっては、暴力的に法律がのさばる。それしかやりようがないからである。

＊

いささか余計なことを論じているようであるが、わたしは、「五性各別」のうちの「無性」――永遠に迷界に沈んで、苦からまぬがれることのできない者――は、ひょっとしたら日本人のことだと思っている。それを言いたくて、日本人の宗教音痴に言及したのであった。

「無性有情」は、仏の性質をいっさい持たない者である。仏になれないだけではない、辟支仏《びゃくしぶつ》にもなれず、阿羅漢にもなれない存在である。

では、「無性有情」は、不道徳な人間であろうか？　悪をなして、恬《てん》として恥じぬ人間なのか……？

とんでもない。

そりゃあもちろん、無性有情のうちにも、不道徳きわまる人間がいる。それはそうだが、無性有情のうちには、道徳的に立派な人もいるのである。宗教音痴の日本人が、皆が皆、不道徳でないのと同じだ。それどころか、日本人はおおむね道徳的である。人には親切であるし、あまり悪いことをしない。日本の治安は、世界一だと折り紙がつけられている。にもかかわらず、日本人は宗教音痴である。宗教を持っていない。

無性有情は、そんな日本人に似ている。

要するに、無性有情は、宗教心を持たない人間である。わたしはそのように考えている。

▼「布施」と「親切」はちがう

宗教心を持たないのが無性有情だとして、では、どうして無性有情は仏になれないのであろうか……?

たとえば、「親切」というものを考えてみよう。

わたしは、あの「小さな親切」なるものが嫌いである。

「小さな親切」ということばを聞けば、反射的に、

――小さな親切、大きなお世話――

と言いたくなる。なぜ、「大きな親切」「どでかい親切」ができないのか……。どうして、みみっちい親切で満足してしまうのか……。その貧乏人根性が大嫌いなのだ。

それと同時に、「小さな親切」をする人が持っている、「独《ひと》り善《よ》がり」が鼻もちならない。

親切をする人は、おれがおまえに親切にしてやっているのだゾ、おまえはおれに感謝しろ、といった気持ちを持っている。相手からの感謝を期待している。それで、相手が彼を無視すると、「人の親切を無にされた」「親切を仇で返された」と怒りだす始末である。

極限状態を考えてみるとよい——。海で遭難した二人に、救命具が一つしかなかったとする。そのとき、「親切」というもので、たまたま自分の手にはいった救命具を相手に譲れるであろうか……。それを譲れば、確実に自分が死ぬのである。「親切」によっては、それはできない。

ところが、宗教であれば、それが可能なのだ。

仏教では、「布施《ふせ》」を教えている。「布施」というものは、一つしかない救命具を相手に施すことである。

もちろん、すべての仏教者が、いますぐそんな「布施」ができるわけではない。そのような「布施」ができるまでには、ずいぶんと時間がかかるであろう。時間はかかるが、そうした「布施」のこころを持った者は、必ず、いつかは「布施」ができるようになる。

そして、そのような「布施」のこころ——宗教のこころを持った者を、「菩薩定性《ぼさつじようしよう》」と呼ぶのである。菩薩定性の有情は、菩薩種子《ぼさつしゆうじ》を持っている。菩薩になる種子を持っているわけだ。その種子の一つのあらわれが、「布施」のこころである。

しかし、無性有情は、そんな種子を持っていない。「布施」のこころがない。

ただし、繰り返して言っておくが、「布施」のこころがないからといって、彼は必ずしも冷酷非情な人間であるわけではない。すごく親切な人である場合もある。

しかし、親切ではあっても、彼には宗教心がない。だから、親切に限界がある。ある場合にはものすごく親切であるかと思えば、次の瞬間、ころりと不親切で冷酷な人間に転ずる。それが無性有情である。わたしに言わせれば、どうやら大半の日本人が無性有情であるらしい。宗教音痴の日本人である。

▼理想主義と現実主義

先程から、わたしの論述が、同じところで足踏みしているようだ。少し整理する。

大乗仏教の思想史においては、いつも二つの考え方が対立的に存在しているらしい。

一つは……理想主義である。

もう一つは……現実主義である。

理想主義というのは、「一切衆生悉有仏性《しつうぶつしよう》」である。すべての衆生が「仏性」を有している——。これほど高邁な理想主義はない。われわれはその理想主義に支えられて、仏道に精進できるのだ。

けれども、一方においては、厳しい現実がある。

そうなんだ、釈尊が在世のころですら、インドにおいて、釈尊のすぐ傍に住んでいながら、釈尊を知らない人がいたという。釈尊は、主としてマガダ国の王舎城で活躍されたが、王舎城の住人の三分の一が、釈尊の名前さえ知らなかったのである。そういう伝説が伝わっている。

なんという、もったいないことを……。われわれはそう思う。けれども、それが現実なのだ。現実には、宗教と出会うことなく、一生を終わる人がいる。現代の日本人などは、そういう人のほうが多いかもしれない。

そして、宗教（仏教）と出会うことのない人は、宗教（仏教）は救えない。「縁なき衆生は度《ど》し難し」――というが、縁があってはじめて人を救えるのである。縁のなかった人は、救いようがない。

では、その縁のある、なしは、どうして決まるのか？

やはり、それはその人のもって生まれた素質である。

仏教では、その人の生来の素質を「種子《しゅうじ》」と呼び、その種子を三種に分類し、その種子のあるなしによって、人間を五種に分ける。それが、「五性各別」の理論である。

つまり、「五性各別」は、凡夫を現実主義の眼で捉えたときの姿である。

凡夫を理想主義の眼で捉えると……「一切衆生悉有仏性」である。

凡夫を現実主義の眼で捉えると……「五性各別」になる。

「悉有仏性」と「五性各別」とでは、まるであべこべの捉え方である。しかし、それは、同じことなのだ。同じ凡夫の姿を、表から見るか、裏から見るかのちがいである。そのように考えたほうがよいだろう。

▼唯識派の開祖＝弥勒（マイトレーヤ）

さて、わたしは最初、理想主義の立場からする「一切衆生悉有仏性」の考え方を解説していた。すなわち、「仏性」「如来蔵」の思想である。それがいつのまにか、現実主義の立場から見た凡夫の姿を論じはじめていた。現実主義に立って見た凡夫の姿は、「五性各別」であり、「一闡提」の存在である。途中でなんの断わりもせずに、自然に「理想主義」から「現実主義」へと移っていたので、あるいは読者は混乱されたかもしれない。お詫びを申しあげねばならない。

そこで、「現実主義」である。

「一切衆生悉有仏性」の理想主義の看板を下ろして、厳しい現実主義の立場からありのままの凡夫の姿を研究したのが、瑜伽行派《ゆがぎょうは》（ヨーガ行者派、唯識《ゆいしき》派ともいう）の人たちである。瑜伽行派とは、瑜伽（ヨーガ。調息等の方法によって、心を一点に集中する観行）を行ずることを専門にする学派である。そして、瑜伽行派によって主張された学説が、

——「唯識説」——

である。唯識説とは、ごく簡単にいえば、あらゆる事物・事象は、心の本体である「識」のはたらきによって仮りに現わし出されたものである、といった主張である。唯物論に対する唯心論であるが、詳しいことはあとで述べる。

瑜伽行派（唯識派）の開祖は、弥勒《みろく》（マイトレーヤ）である。

弥勒といえば、あの弥勒菩薩が思い出される。弥勒菩薩は、釈尊の入滅後、五十六億七千万年後

に、この世に出現される未来仏である。現在は兜率天《とそつてん》にあって、じっと修行中の菩薩である。かの有名な広隆寺の弥勒菩薩像は、兜率天にあってじっと思惟（修行）にふけっておられる姿を刻したものである。

その弥勒菩薩が兜率天界から下生《げしよう》されて、無着に教えを授けたと言われている。そういった伝説がある。

しかし、現在では、学者たちはあまりこの伝説を信じていない。弥勒は伝説の未来仏ではなく、弥勒という名の歴史的人物がいたのだ、というのが現在の一般的な説である。その生没年も、三五〇年ごろから四三〇年ごろとされている。

たぶん、そうであろう。天界から菩薩が下生された——という説は、いささか荒唐無稽である。でも、わたしは、ほんとうはこのような伝説のほうが好きだ。唯識というのは人間心理の分析をするものだが、人間が人間の心理を分析するより、未来仏である弥勒菩薩に人間心理を分析してもらったほうがよい。そのほうが、はるかにすばらしいと思うのであるが、それはわたしの勝手な考え方である。ここでは一般的な学説に従っておく。

弥勒（マイトレーヤ）には、

『瑜伽師地論《ゆがしじろん》』（百巻）　『中辺分別論頌《ちゆうべんふんべつろんじゆ》』（二巻）　『大乗《だいじよう》 荘厳経論頌《しようごんきようろんじゆ》』（十三巻）

等の著作があったとされている。

▼無着と世親の兄弟

弥勒のあとをうけて、唯識説を組織的に完成させたのが、無着《むじゃく》である。無着は、また〝無著〟とも表記される。インド名を〝アサンガ〟といい、生没年は三九五年ごろから四七〇年ごろと推定される。北インドのガンダーラ国、プルシャプラの出身で、はじめは小乗仏教で出家したが、のち大乗仏教に転向した。

無着の代表的な著書には、

『摂大乗論《しょうだいじょうろん》』（仏陀扇多《ぶっだせんた》訳で二巻、真諦《しんだい》訳および玄奘《げんじょう》訳で三巻）『大乗阿毘達磨集論《だいじょうあびだつまじゅうろん》』（七巻）

などがある。

この無着の血のつながった弟が、世親《せしん》である。

世親――。この人こそ、唯識仏教の大成者である。

彼は、インド名を〝ヴァスバンドゥ〟といい、〝婆藪槃豆《ばすばんず》〟と音写され、また〝天親《てんじん》〟とも表記される。世親は無着の弟であるから、兄と同じくガンダーラ国のプルシャプラの出身である。生没年代は、四〇〇年ごろから四八〇年ごろと推定されている。もっとも、この生没年はあくまでも推定であって、それほどしっかりしたものではない。しかも、この推定には、いろいろ難点があって、学者のうちには「二人世親説」を唱える者がいる。世親なる人物が二人いた、というのである。インドでは、多くの著作が誰か有名な人に帰属されてしまうこともままあるので、あるいは世親複数説も成立するかもしれない。

それはともかく、われわれは世親（ヴァスバンドゥ）を、無着の弟だとしておく。

世親も、もともと小乗仏教の人であった。この小乗仏教を学んでいたときの成果が、『倶舎論《くしゃろん》』（正しくは『阿毘達磨《あびだつま》倶舎論』。三十巻）である。

しかし彼は、のちに大乗仏教に転向する。その転向は、兄無着の説得によるものであった。無着もまた、小乗から大乗に転じた人であったから、兄は自信をもって弟に大乗仏教をすすめたのであろう。そして、弟の世親は、翻然《ほんぜん》として大乗仏教に転向した。

世親は、兄の前で、これまで小乗仏教にあって大乗仏教を誹謗《ひぼう》してきた自己の罪を悔い、自分の舌を切断しようとした。無着は、弟を諫《いさ》める。

「おまえは、いま切断しようとしているその舌でもって、これから大乗仏教を宣布したらどうか……」

世親は、その説諭《せつゆ》にしたがい、大乗仏教の教理を説いた数々の典籍をつくった。

世親の代表的な著作は、次のものである。

『唯識二十論』（一巻）　『唯識三十頌《じゆ》』（一巻）　『大乗成業論《じようごうろん》』（一巻）

また、弥勒がつくった頌に注釈を施した『中辺分別論』や『大乗荘厳経論』があり、兄の無着の著作に注釈を施した『摂大乗論釈』もある。彼には、「世親二人説」があるほど、多数の著作があった。

六　凡夫の世界・ほとけの世界

▼唯物論の意味

さて、「唯識《ゆいしき》説」である。いったい「唯識」とはいかなる教えか、それをこれから簡単に解説しよう。

前節にわたしは、「唯識説とは、ごく簡単にいえば、あらゆる事物・事象は、心の本体である〝識〟のはたらきによって仮りに現わし出されたものである、といった主張である。唯物論に対する唯心論である」と述べておいた。じつは、この説明は、誤りではないまでも、いささか誤解をまねくところがある。読者はもう一度白紙の状態に戻って、わたしの解説を読んでいただきたい。

唯識説は、たしかに唯心論である。唯物論に対する唯心論であるが、じつをいえば、わたしたちがよく知っている「マルクスの唯物論」は唯物論ではない。そして、それと同様に、「仏教の唯心論」も唯心論ではない。ここのところが、あいがい世間で誤解されているので、最初にその誤解をといておかねばならない。

カール・マルクスは「唯物論」者だとされている。しかし、世界を物質と精神に分け、精神の存在を認めず、世界は物質のみで構成されている——といった主張を「唯物論」と呼ぶのであれば、マルクスは唯物論者ではない。世界は物質のみである——といった主張は、「素朴唯物論」と呼ばれるものであるが、マルクスは決して素朴唯物論者ではなかったのである。

というのは、マルクスははっきりと精神の存在を認めている。

「唯物論」というのは、厳密にいえば、

「唯物論〔英語＝materialism〕精神にたいする物質の根源性を主張する立場であり、その反対に物質にたいする精神の根源性を主張する観念論に対立する」（『岩波・哲学小辞典』）

であって、精神の不存在を意味するものではない。マルクスは「史的唯物論」の立場に立って、歴史の動きを物質の法則によって説明したのである。つまり彼は、それまでの学者のように、歴史を神の摂理や人間の精神力によって説明することをやめたのである。歴史を物質的に——そして同時に科学的に——説明しようとした。そこにマルクスの「唯物論」がある。その意味において、そしてその意味でだけ、彼は唯物論者であったのだ。

マルクスの主張は、世界は物質だけで構成されている——といった、そんな「唯物論」ではなかった。その点を誤解しないでほしい。

▼「唯識」は命令形である

そして、仏教の「唯識説」は、世界に物質はなく、世界はただ「識」のみによって構成されている――といったものではない。

誰がなんと言おうと、世界に物質はある。世界は識だけである、と言われて、「はい、そうですか」と、われわれは簡単に信ずるわけにはいかない。そんなこと、どだい無理な話である。

では、唯識説とは何か？　なぜ、あらゆる事物・事象は、心の本体である識のはたらきによって仮りに現わし出されたものである、といった主張がなされるのであろうか…？

じつをいえば、唯識説は、一般に言われているような、

――ただ識のみがある――

といった主張ではないのだ。そうではなくて、唯識説は、

――ただ識のみにせよ！――

といった主張である。いわば命令形で理解さるべきものである。

ところが、これまでの仏教学の書物における解説においては、唯識説が命令であることを忘れて、事実に関する学説であるかのように説かれていた。注意深く読めば、それが誤解であることがわかるが、わたしのような不注意な読者には、それが命令形で説かれるべき主張だということがなかなかわからないでいた。そして、唯識説はむずかしい――と思い込んでいたわけだ。

もちろん、唯識はむずかしい。しかし、そのむずかしさは、実践のむずかしさであって、唯識説

という理論のむずかしさではない。実践のむずかしさは当り前であるが、わたしは理論がむずかしいのだと思ってきた。だが、唯識説という理論そのものは、それほどむずかしくない。わりと簡単なことである。

つまり、こういうことだ。

われわれは凡夫である。凡夫であるわれわれには、物と心があるように思われる。物（対象）が確固として存在しており、それをわれわれの心が認識するのである。凡夫の世界では、それが当り前だ。

しかし、ほとけの眼で見れば、世界はまるでちがって見える。いったいどのように見えているのか、われわれ凡夫にはわからない。わからないが、わたしたちとまるでちがっていることだけは確かである。

そこで、そのほとけの眼で世界を観《み》たときの見え方であるが、それをなんとかわれわれ凡夫にわからせるために、凡夫のことばを使って表現してみる。われわれ人間のことばはあまりにも制限が多くて、ほとけの心を表現するに適していない。したがって、それを完全に表現することは無理だが、なんとか近似値を求めてみるのである。譬えていえば、三次元の立体の世界を、二次元の写真で表現するようなものだ。

すると、どうなるか……？

じつは、ほとけの心においては、

——ただ識のみである。

というのである。いや、ほんとうは、ほとけの心になると、もはや「無分別智《むふんべっち》」であって、識のみであるとは言えない。識が転じて智となる（転識得智）と言われている。それはそうだが、ほとけの心はわれわれの思慮のおよぶところではないので、いささか大雑把《おおざっぱ》に言っておく。ここで書いているのは、読者に唯識説のおおよそのところをわかっていただくための解説である。もっと正確な知識は、専門書に譲るほかない。

▼蛇と縄と麻の譬喩

いま、わたしが述べた点に関しては、古来、有名な譬喩がある。蛇と縄と麻の譬えである。

愚かな人間が闇夜に縄を見て、それを蛇と思った。彼はびっくりして大声をあげる。しかし、彼は覚者から、それは蛇ではなくて縄だと教わる。教わって彼は安心する。

ここまでが凡夫のこころの動きである。

ところが、問題はそのあとである。

凡夫が蛇と見たものは、ほんとうは縄であった。だが、じつは、それは縄ではないのである。

では、それは何であるか？

それは、ほんとうは実体がないのである。そのものの本質は麻であり、麻が種々の縁によって仮りに縄の形状をしているにすぎない。そんなふうに言われている。

けれども、このような説明はいささか危険である。こうした説明だと、では、麻がこの場合の事物の実体だと勘違いしかねない。

そうではないのだ。麻が実体でないことは、炯眼な読者はよくご存知である。麻もまた種々の縁によって、仮りにそのように現われ出たものである。

だから、わたしたちは、それを「空」と呼べばよいのである。「空」であれば、これまでわたしは多くを解説してきたから、読者にもおわかりいただけるであろう。

つまり、「空」なる存在を、われわれ凡夫は縄と認識し、そしてときには、その縄を蛇と見誤るのである。それが凡夫の認識である。

では、ほとけの眼には、その「空」なる存在はどのように見えているのであろうか……？　残念ながら、それはわからない。われわれがほとけになって、はじめてそれが見えるのである。

しかし、まあ、そう言ってしまってはおしまいだから、なんとかそれを凡夫のことばで表現しようとする。すると、それを「麻」と呼ぶよりほかないのである。しかし、この「麻」は、実体としての麻ではない。凡夫の眼には縄と映じているものが、ほとけの眼には「縄」ではないというだけのことだ。「縄」ではないから、仮りにそれを「麻」と呼ぶのである。それだけのことである。

▼こだわりの認識

ここのところはいささかややこしいので、伝統的な唯識学の用語を使って、もう一度説明を繰り返しておく。ただし、読者は、以下の解説を読むにあたっては、いったん蛇と縄と麻の譬喩を忘れていただきたい。譬喩にこだわっていると、かえって説明が理解しにくくなる。

さて、伝統的な唯識学においては、いま述べたところは「三性《さんしょう》説」と呼ばれている。

三性とは、――

1 遍計所執性《へんげしょしゅうしょう》（分別性《ふんべつしょう》）。

2 依他起性《えたきしょう》（依他性《えたしょう》）。

3 円成実性《えんじょうじつしょう》（真実性《しんじつしょう》）。

である。これは玄奘《げんじょう》の訳語であって、真諦《しんだい》は括弧に入れた訳語を使っている。わたしはむしろ真諦の訳語のほうがわかりやすいと思うが、一般には玄奘の訳語が使われているので、ここでも玄奘訳によることにする。

この三性のうち、基本になるのは2の依他起性である。

依他起性とは、あらゆる存在は他によって（縁によって）起こったものであるということであって、これはつまりは「縁起《えんぎ》」の教えにほかならない。この世のなかの一切の事物・現象が縁起的であるということは、まさに仏教の根本の教えであって、唯識学が新しく言いはじめたことではない。そして、この依他起性が存在の現実態である。これが現実の姿である。したがって、この依他起性が基本である。

ところが、われわれ凡夫のこころは、執着を特性としている。自分の認識にこだわってしまうのだ。そのこだわった見方が、遍計所執性である。

たとえば、ここに二メートルの棒があるとする。この棒は、ほんらい的には依他起性の存在で、長くもなければ短くもない。長い・短いは他の物との関係で言われることだ。三メートルの棒に対してはそれは短いし、一メートルの棒に対しては長い。

にもかかわらずわれわれは、その棒を「長い棒」であると固定的・実体的に認識してしまう。そして、それに執着するわけだ。それが遍計所執性である。凡夫の認識はこうなっている。

ここで、前に忘れてもらった譬喩をもう一度復活させる（忘れてもらったり、思い出してもらったり、すいません）。蛇と縄と麻の譬喩はおもしろいものであった。しかし、誤解されそうなところがある。誤解をうけそうなところは、
遍計所執性が……蛇。

依他起性が……縄。

と対応させてしまったところである。しかしながら、わたしたちはよほどのことがなければ、縄を蛇と見誤らないのである。とすると、遍計所執性というのは、異常な認識だと思われてしまいかねないのである。

とんでもない。むしろ、遍計所執性が凡夫の日常的認識である。

では、なぜそんな誤解が生じるかといえば、縄と蛇といった（いささか出来すぎた）譬喩がいけないのである。なにも縄を蛇と完全に錯覚する必要はない。そこに存在する縄を見て、

——これはオレの縄である。
——これは彼の縄である。
——この縄は長い。
——この縄は汚ない。

と、縄そのものを実体視し、それにこだわったときに、その認識は遍計所執性なのだ。したがって、われわれ凡夫の認識は、すべて遍計所執性なのである。

▼「眼横鼻直」の世界

では、もう一つ残っている円成実性とは何か？

これは簡単だ。要するに、ほとけの認識である。あるものを、あるがままに知ることである。ある（存在する）ものは、依他起性である。縁起的存在だ。依他起なものを依他起なままに認識すれば、それが円成実性である。

だから、円成実性といっても、特別な世界があるわけではない。事物・現象の真実の姿を、そのままに覚知すればよいのである。禅者がよく言う、

「柳は緑、花は紅」

である。あるいは、道元禅師の言われた、

「眼横鼻直《がんのうびちょく》」

である。眼は横に、鼻は縦についている。当り前の世界である。さらには、「如《によ》」である。「如」は、まさにあるがままだ。ある（存在する）ものをあるがままに覚知すれば、それが円成実性である。

けれども、わたしたち凡夫には、それがわからない。

その円成実性はほとけの眼で見た世界で、それがどんな見え方であるかは、凡夫の窺知《きち》できることではない。溜め息をついて、あきらめるよりほかない。前に紹介した譬喩では、この円成実性を麻に譬えている。しかし、麻というのはたんなる近似値である。われわれ凡夫は、いくらがんばっても「縄」としか見れない。が、ほとけの眼では、もっとちがって見えているのだ。そのことを、なんとか譬喩でもって示そうとしたのが「麻」である。したがって、「麻」にこだわると、円成実性はわからない。いや、そもそも、円成実性は凡夫には理解できないのである。それがわかるには、われわれがほとけの眼を獲得する以外にない。つまり、悟りを開いてほとけになることだ。

ともあれ、円成実性とは、ほとけの世界である。だから、凡夫にはわからない。わからないものはわからないでいいのだ。無理にわかろうとする必要はない。

▼執着態・現実態・真実態

さて、われわれは、伝統的な唯識学の用語によって、「三性説」を解説してきた。せっかくここまでできたのだから、なんとかこの専門用語を一般的なことば（われわれのことば）に置き換えてみたい。そうすることによって、わたしたちは「三性説」の理解をより深めることができそうだ。

まず、依他起性は、わたしは「現実態」でいいと思う。なんといっても、これが基本の姿である。この基本の姿を設定しておかないと、話が前に進まない。

じつは、この基本の姿――現実態・依他起性――が、それほど確固とした「基本」でないことを、唯識説は主張している。つまり、より高次の立場（ほとけの立場）から観《み》れば、それはあくまでも依他起（他者に依存した）の存在であって、相対的である。したがって、ほんとうはそこに基本となる足場を設定してはいけないのであるが、それを言い出せば話は堂々めぐりになってしまう。だから、われわれはあくまでも凡夫の立場に立って、存在の基本の姿として「現実態」を考えることにする。

さて、つぎにわれわれは、この現実態を各自がそれぞれに解釈して受け取るわけだ。たとえば、ここに一千万円の札束がある。ある人はこれを「大金」と思い、別の人は「たったそれっぽっち」と受け取る。前に挙げた例でいえば、クモの巣にチョウがかかっているのを見れば、たいていの人が「かわいそうに……」とチョウに同情する。そして、クモの巣からチョウを逃がしてやりたくなる。クモはわるもの、チョウはいいものと差別《しゃべつ》しているわけだ。仏教では、そのように差別することを〝分別《ふんべつ》〟と言うのだが、われわれは事物や現象を分別して見てしまう。それが遍計所執性である。玄奘は〝遍計所執性〟と訳したが、真諦は〝分別性〟と訳した。〝分別性〟とは、そういう意味である。

では、われわれは、これをどう訳せばよいだろうか？「分別《ふんべつ》態」でもいいし、「差別《しゃべつ》態」でもよさそうだ。凡夫の見方はどうしてもこうなるのだから、「凡夫態」でもいいと思う。あるいは、われわれは対象を好きだ、嫌いだと分別（差別）して、それにこだわる。したがって、「こだわり態」でもいいと思う。いささかスマートでないのが欠点だが、その点にこだわらなければ、この「こだわり態」がいちばんいいことばである。しかしまあ、いちおうここでは「執着態」としておく。

つぎに、円成実性――。これは「真実態」でいいだろう。あるいは、「ほとけ態」としてもいいが、「凡夫態」をやめたのだから、こちらのほうも採用しないでおく。

かくて、「三性説」は、われわれのことばによれば次のようになる。

1　執着態……遍計所執性、分別性。
2　現実態……依他起性、依他性。
3　真実態……円成実性、真実性。

▼「唯識」の根本主張

ひょっとしたら読者のうちには、「唯識」というもので別の解説を期待しておられ、だいぶいらいらとされている方がおられるかもしれない。たしかに、ふつうに「唯識」といえば、阿頼耶識《あらやしき》と呼ばれる識を中心とした解説である。けれども、その問題は、「唯識説」においてあまり重要ではない。わたしはそう思っている。

じつは、阿頼耶識といったものが説かれたのは、なぜわれわれ凡夫は、世界を現実態において認識できずに、執着態（こだわり態）において認識してしまうか……といった疑問に答えようとしてのことである。わたしたちは事物を見て、これはわがもの、これは他人のものと分別して見てしまう。クモをわるものとし、チョウをいいものと見る。すべての生き物がほとけの命を貰って生きているのに、わたしたちはそれを執着態でしか見れない。それはいったいなぜなのか？……といった説明のために、「第七末那識《まなしき》」だとか「第八阿頼耶識」といったものが考え出されたわけである。だが、そうした説明――それはいわば「学問仏教」であるのだが――は、あまり重要ではない。大事なことは、わたしたちの眼を、執着態から真実態に高めることである。

凡夫の世界だと、まず対象があって、その対象を凡夫の主観が捉える。そうすると、そこではどうしても執着態になってしまうのである。しかし、ほとけの世界においては、真実態である。事物・現象があるがままに見える。それはつまりは、ある意味では「対象」がなくなってしまって、ただ「識」だけになったわけである。したがって、「唯識」の主張は、「ただ識だけにしろ！」ということになる。そのような主張が、ほんとうの「唯識」である。

すなわち、「唯識」は、凡夫の世界の分析・解説が主眼ではなく、凡夫にほとけの眼をもて！……と教えるところが中心である。その点を強調したかったので、わたしは「三性説」を先に述べたわけである。

七　認識の構造

▼「唯識」とは何か?

いったい「唯識《ゆいしき》」とは何か？　それを解説しようとして、前節では「三性説」を述べた。一般に「唯識」といえば、「阿頼耶識《あらやしき》」を中心とした解説になる。だから読者のうちには、「三性説」からはじめたわたしの解説を奇異に思っておられる方もおいでであろう。

そこで、そもそも「唯識」とはどういうことか？……もっと全般的な解説をつけておいたほうがよさそうに思える。そう考えたとき、わたしは前に、『国民百科事典』（平凡社）の「唯識」の項目を執筆したことを思い出した。『国民百科事典（十四巻）』は一九七八年の刊行であり、だいぶ昔に執筆したものだ。「百科事典」の解説だから、やや堅い。けれども、読者に「唯識」の全般的な鳥瞰図《ちょうかんず》を持っていただくのにはちょうどよいと思われるので、ここに転記しておく。ただし、転記にあたっては、少しく字句の訂正を加えたし、適宜改行もおこなった。それから、『国民百科事典』では、わたしは本名——増原良彦——で執筆している。

《**ゆいしき　唯識**　現象世界はすべて心の諸作用によってつくりだされた仮の存在であるという、大乗仏教の唯心論的な哲学体系。

仏教は一般に唯心論を特色としており、唯識説は萌芽《ほうが》的に原始仏教においても説かれていた。大乗仏教になって、中観派は現象世界がすべて「空《くう》」であると論証、主張したが、そのような「空」の原理に立脚して、人間の日常の認識活動を体系的、組織的に説明しようとしたのが唯識説である。また一方、唯識説の背景には禅定《ぜんじょう》体験がある。瑜伽行《ゆがぎょう》（ヨーガ、禅定）の実践家（瑜伽師）たちは、禅定中の認識対象はすべて禅者その人の主観の顕現にほかならないことに気づいていた。唯識説はこうした体験にもとづいて構築されたものであって、それゆえ、唯識派を瑜伽行派とも呼ぶ。

唯識の理論には三つの系統があり、それらが互いに関連する。》

▼三界──欲界・色界・無色界

次に、三つの系統の「唯識」の解説がつづく。

《〔**影像門《ようぞう》の唯識説**〕禅定において唯識を体験することをいう。対象界は禅定中の表象、あるいは夢の中での表象のように、識（表象作用）を離れては非有である。すなわち、認識対象がすべ

て主観の顕現にほかならないことをいう。》

ちょっとコメント（注釈）をつけておく。

読者は、〝三界《さんがい》〟ということばを聞かれたであろう。

——「女は三界に家なし」

と、俗諺にもなっている、あの「三界」である。「三界」とは仏教語で、欲界《よくかい》・色界《しきかい》・無色界の三つの世界（それで全世界である）をいう。だとすれば、わたしは、男だって三界に家なし——と思うのだが、昔からなぜか女性だけについて言われている。明らかに女性差別の思想である。ケシカラン！　しかし、なぜこのような女性差別が生じたかといえば、

「……女は、幼少のときは親に従い、嫁に行っては夫に従い、老いては子に従わなければならないものとされ、さらに〝女に七去あり〟などとも言われるところからこのことばがある。」（『故事・俗信・ことわざ大辞典』小学館）

といった理由であるらしい。

まあ、それはともかくとして、問題は「三界」である。

この「三界」は、禅の世界だと考えればよい。

欲界……は、欲望の世界であり、凡夫の世界である。この欲望の世界においても、ちょっとした禅定はある。いわゆる「無我夢中」がそれであって、軽度の精神集中である。そして、欲界におけ

る禅定は、すぐにさめてしまう。

色界……は、欲望のなくなった世界である。欲界においては、五欲が全部はたらいている。五欲とは、眼《げん》・耳《に》・鼻《び》・舌《ぜっ》・身《しん》の欲望である。眼は美しきもの、色よきものに欲望を抱き、耳は美しい音声に、鼻はよき香りに、舌はよき味に、身（皮膚）は快き感触に欲望を抱いている。けれども、色界になると、五欲は徐々になくなっていく。色界にも段階があり――下から順に、初禅・二禅・三禅・四禅と、四段階になっている――が、初禅の段階で鼻や舌の欲望がなくなり、二禅の段階になると、残りの三欲もなくなるそうだ。このようにして、いっさいの欲望がなくなったのが色界であり、人間は肉体（色《しき》）だけの存在になる。肉体だけの存在になるということは、その肉体を維持する本能だけが残っていると考えてもよいだろう。

無色界……とは、ついにはその肉体（色）さえもなくなった世界である。まったく「純粋精神」の世界だといってもよいだろう。しかし、このような世界で何が起きているのか、わたしたち凡夫に知りようがない。また、たといそれを体験できたとしても、凡夫の言語でもってそれを表現することは不可能である。まさに、

――「言語道断《ごんごどうだん》」――

である。まあ、だから、無色界は「純粋精神の世界」だ、と、近似的な表現でもって言っておくよりほかない。

▼阿頼耶識の「転変」

「百科事典」の引用をつづける。この部分はいささかむずかしいが、あとで解説をつけるから、ひとまず知識のまとめとして読んでもらいたい。

〔縁起門の唯識説〕 日常の認識活動が唯識であることを、「縁起」の立場から理論的に説明したもの。「阿頼耶識《あらやしき》縁起説」ともいう。

われわれが実在とみなし、それに執着している自己存在――仏教ではこれを「我《が》」と呼ぶ――や外界の事物――「法」――はすべて「空」であるが、しかし現実の認識活動においては一定の秩序ある差別相が展開されている。そこでそのような現象界の差別相を生みだす可能力を想定し、それを「種子《しゅうじ》」と名づける。種子はそれ自体としては「空」であるから客体ではありえず、純粋なる精神作用――「識」――である。また、このような種子からなる識を「阿頼耶識」という。阿頼耶識は別名を種子識といい、種子をおさめた識であるから蔵識とも呼ばれ、また第八識という。この阿頼耶識は過去の業《ごう》を保存し、記憶や習慣性とかかわりをもち、人間の心理的基体ともいうべきもので、一種の深層心理である。

次に唯識説では、阿頼耶識のほかに、眼《げん》・耳《に》・鼻《び》・舌《ぜつ》・身《しん》(皮膚)・意《い》の「六識」と、さらに「末那識《まなしき》」を加えた七つの識をたてる。末那識は阿頼耶識を対象として働く識で、阿頼耶識を自己そのものと誤認して、それに対して我執を起こす汚れた識であり、それゆえ「染汚意《ぜんまい》」とも呼ばれる。六識はそれぞれ、色《しき》・声《しょう》・香《こう》・味《み》・触《そく》（触れられるもの）・法《ほう》（考えられる対象。あるいは「概念」といったほうがよいかもしれない）の六つの対象領域――「六境」――を認識する。この場合、六識は主観――「見分」――であり、六境は客観――「相分」――であるが、じつは唯識説においては、この見分・相分ともに阿頼耶識の種子が変現したものと考えられているのである。つまり、種子から、認識するものと認識されるものの両者（すなわち見分と相分。この二つをあわせて「現行《げんぎょう》」という）が生じ（「種子生現行」）、同時にそこで得られた外界世界の体験（現行）が業の形で種子に熏習《くんじゅう》（ものに香りがつくように、その性質が付着すること）する（「現行熏種子」）。以上のように、潜在的な阿頼耶識から七つの識が生じ、それが主客に分裂して日常の認識活動が展開される経過を「転変」と呼ぶ。》

この阿頼耶識の「転変」については、のちに詳しく説明せねばならない。

▼「三性三無性」

「百科事典」の解説は、もう少しつづいている。

《〔**三性門の唯識説**〕現象世界のあり方を、①遍計所執性《へんげしょしゅうしょう》、②依他起性《えたきしょう》、③円成実性《えんじょうじつしょう》の「三性」に分け、そのそれぞれに実体性がなく「空」であることを説いた、相無性、生無性、勝義無性の

「三無性」とあわせて、「三性三無性」によって唯識思想を説明したもの。①遍計所執性とは、概念化された事物、とくに外界に実在すると想定された対象を実体と誤認することをいい、またそのような存在に客観性のないことを「相無性」という。②依他起性とは、他の力によって生起した存在、すなわち「縁起」の現象をいい、それは自己の力によって生じたものではないので「生無性」という。③円成実性とは、「円満」「成就」「真実」の意で、完成された究極なるもの、つまり最高の真理（勝義）をいい、それは勝義においての無自性なるものであるから「勝義無性」という。

この三性説は、しばしばヘビと縄と麻のたとえで示される。すなわち縄を見てヘビと誤認するのが遍計所執性で、それが実際は縄であり、その縄は麻などによって成立していることを知るのが依他起性で、さらにヘビも縄も麻もすべて「空」であると知るのが円成実性である。

この三性門の唯識説によって、中観派の説く「空」の思想の認識論的、実在的関係が明らかにされた。》

「百科事典」の解説は以上である。最後の三性説の解説は、ちょっと簡単すぎてわかりにくいかもしれない。「百科事典」だから、与えられた行数でもって解説せねばならないので、だいぶ舌足らずになっている。しかし、わたしは、前節に「三性説」を述べておいた。「百科事典」の解説のほうは、その補足だと思ってほしい。

▼牛肉か、豚肉か

さて、それでは、「阿頼耶識」について述べよう。

まず最初に、一つの事例を考えてみる。

イスラム教徒は豚肉を食べない。徹底して食べない。『コーラン』によって、豚は不浄の動物とされ、豚肉を食べてはならないと禁じられているからである。

ところが、そのイスラム教徒の留学生を、アメリカ人がからかったという。イスラム教徒を自宅に招待して、彼に牛肉をごちそうした。

イスラム教徒は、「おいしい……」と舌鼓を打ちながら食べていた。

そのときである。アメリカ人が言った。

「きみの食べているその肉は、じつは豚肉だよ」

アメリカ人は冗談を言ったのである。まさか……と思って言ったことばである。

ところが、そのイスラム教徒は、豚肉だと言われた瞬間、激しく嘔吐《おうと》した。胃のなかのものを全部吐きだしたという。そして同時に心筋梗塞《しんきんこうそく》を起こし、その場にぶっ倒れてしまった。彼は病院に担ぎ込まれ、ようやく一命をとりとめたのであった。

そんな話を教わったことがある。イスラム教徒がいかに激しく豚肉を嫌悪しているかを教えてくれる、有名な話だそうだ。

ところで、いったい、このイスラム教徒の心のなかでは、どのような動きがあったのであろうか……。

彼は最初、牛肉を食べていた。いや、最初から最後まで、彼は牛肉を食べていたのである。牛肉が途中で豚肉に変化したわけではない。

いやいや、ひょっとすると、そんなふうに断言できないのではなかろうか……。牛肉がずっと牛肉でありつづけたのであれば、牛肉が豚肉に変化したのではなかったならば、イスラム教徒が嘔吐するはずがないからである。イスラム教徒が嘔吐したかぎり、彼にとっては牛肉が途中で豚肉になったのである。そう考えるのが妥当であろう。でも、牛肉が豚肉に変化することなど、ありうるであろうか……？

と、このような事例を考えるなら、われわれは、いったい「認識」とは何か、といった疑問を根本的に問いなおさねばならなくなる。そして、そのような疑問に答えて、仏教における「認識」の構造をうまく説明したのが、

――「阿頼耶識」――

なのである。

▼対象実在説の欠点

ふつうわれわれは、外界に確固たるものが存在している――と考えている。最初から牛肉がちゃ

んとあって、それを豚肉と思った人がいれば、それはその人が錯覚したのである、と考えるわけだ。これが一般的な見方である。

しかし、この考え方だと、ちょっと困ったことが起きる。「裸の王様」の寓話がある。王様がペテン師に引っかかったのである。ペテン師は、じつにみごとに人間心理の裏をかいて、

「善人には見えるが、悪人には見えない繊維で織った豪華な着物」

というのをつくった。本当はなにもないのであるが、これを王様に売りつけた。しかし、王様は、見えない――とは言えない。言えば自分は悪人になる。家来たちも同じだ。悪人に思われたくないので、「王様は裸だ」とは言えない。それで結局、「王様は裸だ」と言ってのけたのは、純心な子どもであった――というお話である。

しかしながら、わたしは、王様にも家来にも、人民たちにも、ちゃんと豪華な着物が見えていたのだと思う。阿頼耶識の考え方では、そこにちゃんとした豪華な着物があったと考える。それが、子どもの発言によって、突然消失したのである。わたしは、その考え方のほうがいいと思う。しかし、阿頼耶識説はこれから解説するのであって、ここでは一般常識にしたがうとすれば、これを「集団幻想」と呼べばよい。大勢の人々が、「そこに豪華な着物がある」と集団で錯覚することはありうることだ。仮に、そのような「集団幻想」が起きたとしよう。そうすると、いったい着物があるほうが正しいのか、着物がないほうが正しいのか、どうなるのであろうか……？　あとから、「あれはまちがいでした」とわかっても、そのときには、そのまちがいが真実であるわけだ。この

点をどう説明すればよいのだろうか？

しかし、それは寓話だろう……と言われる方がおいでであれば、ヨーロッパ中世の「魔女裁判」を考えていただきたい。現代のわれわれは、魔女なんていない、と知っている。（いや、ほんとうは、魔女の存在をいまだに信じている人は、現在でもわりと多いらしい。）けれども、中世ヨーロッパの人々は、魔女の実在を信じていたのだ。そして、疑わしい人間を法廷に引きずり出して、よってたかってその人を魔女にしてしまい、火《ひ》炙《あぶ》りの刑に処したのである。あとから考えれば、大勢の人々がまちがっていたのであるが、仮にその時代に「魔女はいない」と主張する人がいれば、その人がまちがいになったはずだ。さらに考えてみれば、いま現在、わたしたちが「これが真実だ」と思っていることが、二十三世紀あたりになって引っくり返されないともかぎらない。そうすると、何が正しく、何が誤りなのか、どうやって決めるのであろう……？

外界に確固たるものが存在している——といった考え方では、いろいろと不都合なことが起きるのである。

▼現代科学と阿頼耶識

このような問題を論じはじめるときりがない。この問題は、一冊の本を書いても論じ尽くせない、哲学上の難問である。だから読者は、

——外界にものがちゃんとあるんだ——

といった考え方（これを哲学的には「素朴実在論」という）には大きな欠点があることを、ご記憶くだされぱいいのである。われわれがこれから勉強する阿頼耶識説は、このような素朴実在論を否定した、非常に独創的な考え方なのである。

阿頼耶識説を一口で言えば、

――われわれは、認識するものを、どうやら自分でつくりだしているらしい――

ということになる。そして、この考え方は、じつは現代の科学者たちも言いはじめていることである。

たとえば、心理学者の宮城音弥氏は、次のように指摘している。

「トランプを瞬間的にみせる実験を行ない、トランプのなかに、赤いスペードの4とか黒いハートの4とかいった実際にないカードを入れておく。最初は、ほとんど全員が（二八人中、二七人）この現実に存在しない札を、赤いハートの4とか黒いスペードの4と、過去の経験通りに判断した（ブルーナー、ポストマン）（『新・心理学入門』岩波書店）。

ブルーナー、ポストマンというのは、実験をやった心理学者である。人間は、あらかじめ持っている知識によって、現実のものを判断する――というのが、心理学者の言っていることである。「赤いハートの4」をつくりだしているのである。

分子生物学者の渡辺格氏は、もっとおもしろいことを言っている。ちょっと長いが、山内恭彦編『現代科学と人間』（中央公論社）に収録されている、同氏の「人間に未来はあるか」より引用しておく。

「非常に高等な意識の問題は別として、たとえば、図形認識みたいなものでは新しい発展が期待されています。というのは、図形認識は、我々の目が丸を見たから丸を認識するというのではなくて、図形を見る前に、すでに目の網膜上の丸に対応する脳の中の神経細胞の配線が前もってできているという発見です。我々はどんな図形でも認識できるのではなくて、図形を見る前に、それを認識できる神経細胞の配線が脳の中でできているので、それを認識できるのです。脳の中には二〇〇億くらいの神経細胞がありますから、いろいろと無数ともいえる配線ができ上っていることが可能なわけです。ともかく図形認識に関しては、それが遺伝的に前もって決定されているということが重要な発見です。ですから、遺伝的欠陥があってその配線ができない人は、丸は認識できないはずです」

このような文章を読んでいると、ますます阿頼耶識説がすばらしいものに思えてくるのである。

▼犬と猫の鳴き声

日本では、犬は「ワン、ワン」と鳴く。猫は「ニャー、ニャー」である。

中学校のとき、英語で犬の鳴き声は、

「バウ・ワウ (bow-wow)」

だと教わった。そして、猫は、

「ミュー（mew）」

だそうだ。ほんとうに、アメリカやイギリスの犬や猫は、「バウ・ワウ」「ミュー」と鳴くんですか？……と、わたしは先生に質問した。先生は、自信ありげに、「そうだ」と答えられた。それでわたしは、長い間、アメリカやイギリスの犬・猫は、発声器官がちがっているのだと思っていた。

大学生のとき、英字新聞のマンガを見ていたら、プールに人が飛び込んだときの音が、

「スプラッシュ（splash）」

になっていた。日本語では「バシャン」か「ザブン」である。これは、明らかに物理的な音で、物理的なものであれば日本もイギリスも同じなはずだ。とすれば、同じ音を、日本人は「ザブン」と表現し、イギリス人は「スプラッシュ」と表現するのである。そして、なぜそんなふうにちがった表現になるかといえば、日本人とイギリス人（アメリカ人）では、音の聞き方がちがっているからである。日本人には「ザブン」と聞こえ、イギリス人には「スプラッシュ」と聞こえているのである。わたしは、そんなふうに考えた。わたしって、頭がいいやね……。ものすごい真理を、独力で発見したのである。でも、ある意味ではそんなことはわかりきったことで、わざわざ「発見」というまでもない。それはそうだが、角度を変えればこれは重要なことで、仏教の唯識説もここらあたりのところが大いに関係してくるのである。

ところで、ついでに書いておけば、にわとりの「コケコッコー」は、

英語で「コックカドゥドルドゥー（cock-a-doodle-doo）」

ドイツ語で「キケリキ（kikeriki）」

フランス語で「ココリコ（cocorico）」

である。もちろん、フランスのにわとりが「ココリコ」と鳴くのではなしに、フランス人の耳には、にわとりの鳴き声がそう聞こえるのである。

敦煌《とんこう》を旅行したとき、通訳兼ガイドの女性に、中国のにわとりはどう鳴くの？……と尋ねた。彼女は、「オオオオオ」と発声した。字を書いてくれ、と言うと、

「喔・・・・」

と表記した。猫の鳴き声は？……と問うと、「妙」と書いて「ミィアオ」、犬は「旺」と書いて「ワン」と発声した。

インドの動物たちの鳴き声については、インド旅行のたびに教わってこようと思いながら、いつも忘れてしまう。まさかインドのにわとりは、「アホーアホー」と鳴くんじゃないでしょうね（ごく最近インドに旅行したとき、ガイドに訊いた。するとインド人ガイドは、インドのにわとりは「ククルククー」と鳴くと教えてくれた）。

▼心がつくりだした対象

閑話休題《それはさておき》。さて、「阿頼耶識《あらやしき》説」というのは、簡単にいえば、

「われわれは、自分が認識しようと思う対象世界を自分でつくりあげて、それを認識しているの

だ」

ということである。日本人は、にわとりの鳴き声を「コケコッコー」にしておいて、そしてその「コケコッコー」を聞くわけだ。フランス人は「ココリコ」という鳴き声をつくっておいて、そしてその「ココリコ」を聞く。つまり、人間は自分でにわとりの鳴き声をつくり、そのつくった鳴き声を聞いているのである。それが「阿頼耶識説」が言っていることである。

要点をいえば、それだけのことである。そんなにむずかしいことではない。

「幽霊の正体見たり枯れ尾花」——という。枯れ尾花は枯れすすきである。なんの変哲もない枯れすすきを、わたしたちのびくびくした心が幽霊にしてしまうのである。わたしたちは自分で幽霊をつくって、その幽霊を見て、腰を抜かすのである。

しかし、幽霊なんていない——と言っているのではない。弱い心が、おびえた心が、そこに幽霊をつくりだしたのだから、その人にとって幽霊はちゃんといる。その人にとっては幽霊は実在するが、他の人には存在しないのだ。そのように言うのが正しい。幽霊なんていない——と断言するのもまちがっているし、逆に、自分に見えるからといって、幽霊はいる——と主張するのもまちがいである。

シェイクスピアはさすが大劇作家であって、そのことをちゃんと知っていた。彼の『マクベス』には、幽霊をつくりだしたのは弱い心だと断言するマクベス夫人のことばが出ている。すなわち、殺人者＝マクベスの心はおびえているために、幽霊をつくりだした。その幽霊は、彼が坐るべき椅子に坐っている。そこで、マクベスは、自分の坐る椅子がないとさわぐ。だが、マクベス夫人は、その段階にあっては強い女性であって、幽霊なんて見ていない。そして、夫に忠告している。幽霊とは、――。

「それはあなたの不安な心を描《えが》き出したものです。……今になおってみると、あなたは椅子を見つめていらっしゃるだけですわ」（野上豊一郎訳による）

おびえた心は幽霊のごとき異常な対象をつくりだす。強い心は、わりと正常な対象をつくりだす。そして、われわれは自分の心がつくりだした対象にこだわっているのである。そのようなことを、仏教のことばでもって言っているのが、つまりは「阿頼耶識説」なのである。

▼「種子」と「蔵」

そこで、「阿頼耶識説」を、仏教の用語でもって解説しておこう。

まず最初に、「種子《しゅうじ》」なるものを考える。これが認識を成り立たせる根源であり、潜在的な力であるから、「種子」と名づけられている。しかし、「種子」は実体的なものではない。朝顔やひまわりのたねのような、そんな物体があると思ってはいけない。

どういえばよいか、この「種子」は、現代のことばでいえば、エネルギーであり力である。地球には引力がある（といった表現は、物理学的には奇異な表現であって、ほんとうはよくないが、まあ一般的な表現と受け取っていただく）が、引力は誰にも見えない。見えないけれども、確実にある。そのように、認識を成り立たせる力あるいはエネルギーを、「種子」と呼ぶわけである。

そして、このような「種子」をおさめておく倉庫（蔵《くら》）を「阿頼耶識《あらやしき》」と名づける。

阿頼耶識の〝阿頼耶〟とは、サンスクリット語の〝アーラヤ〟の音写であって、その意味は「蔵する」である。したがって、阿頼耶識とは文字通りに「種子を所蔵している識」であって、「蔵識《ぞうしき》」とも訳される。と同時に、これが認識のよりどころとなる基本的な心であるから、「本識《ほんしき》」と呼ばれることもある。

けれども、読者は錯覚されないように……。阿頼耶識が「種子」をおさめる「蔵《くら》」であるといっても、「種子」はエネルギー・力であって目には見えないものであるから、それをおさめる「蔵」も同じく目に見えるものではない。実体的に存在しないものである。阿頼耶識といっても、極端にいえば、なにもないのである。ただ、はたらきだけがあるといえばよい。

だから、人間の認識作用に順番に番号を振っていくと、①眼識《げんしき》、②耳《に》識、③鼻《び》識、④舌《ぜっ》識、⑤身《しん》識、⑥意《い》識、⑦末那《まな》識、⑧阿頼耶識となり、阿頼耶識は第八番目の識になるから、これを「第八識」とも呼ぶ。阿頼耶識には実体がないのであるから、そのことをよくわからせるためには、むしろ「第八識」の呼称のほうがいいかもしれない。しかし、まあ、そのことが十分にわかっていただければ、阿頼耶識というのは「種子」をおさめた倉庫（蔵）のようなものだ、といった説明がいちばんわかりやすい。そういう前提で解説をつづけていく。

▼「種子生現行、現行熏種子」

さて、ではどのようにして、この「種子」から認識が可能になるのであろうか……？　われわれは次に、「種子」が認識に展開して行くプロセス（過程）を勉強せねばならない。

だが、その前にちょっと、ここで言っておいたほうがよいことがある。

それは、じつは阿頼耶識なるものは、いま述べたように実体としてあるものではない。ところが、わたしたちのうちには、この阿頼耶識なるものを実体と見てしまう認識があるのである。

それを「末那識《まなしき》」と名づける。別名を「第七識」という。

末那識は、阿頼耶識を実体視し、それを「自分」だと思い、その自分にこだわるのだ。わたしたち凡夫は、つねに「オレが、オレが……」と考えている。それが末那識のなせるわざで、したがってこの末那識は「染汚意《ぜんまい》」と呼ばれている。執着の識であって、汚れた識なのである。

もう一度、「種子」に戻る。

「種子」は、すでに述べたように、未顕現の潜在力である。それに対して、顕現している経験のほうを「現行《げんぎょう》」という。「現行」とは、「現在にあらわれ出てきたもの」である。そして、この「現行」を生みだすものが「種子」なのだ。

そこで、

「種子生現行」……「種子は現行を生ず」

というのが、阿頼耶識説のまず第一の命題である。実体的な説明はよくないが、まあ、わかりやすいえば、種子が成育して現行（経験）という花を咲かせたわけだ。ただし、それは瞬間の変化である。「種子」がパッと瞬間に「現行」になるのである。

そして次に、われわれがそこで経験した「現行」は、「種子」に影響をおよぼす。火の熱いことを知らない幼児は、赤い炭火に手を出し、「火は熱い」と知る。すると、その幼児は二度と炭火に手を出さないであろう。そのように、「現行」は「種子」を変える力をもっている。阿頼耶識説では、それを、

――「熏習《くんじゅう》」――

と呼んでいる。香をたくと、その香り（熏）が衣服などに付着する。それと同じく「現行」の影響力が「種子」に付着するわけである。

かくて、阿頼耶識説の第二の命題として、

「現行熏種子」……「現行は種子に熏ず」

が出てくる。第一の命題と第二の命題をあわせて

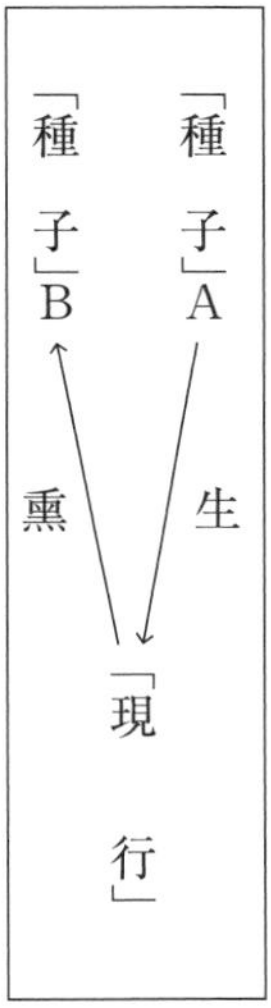

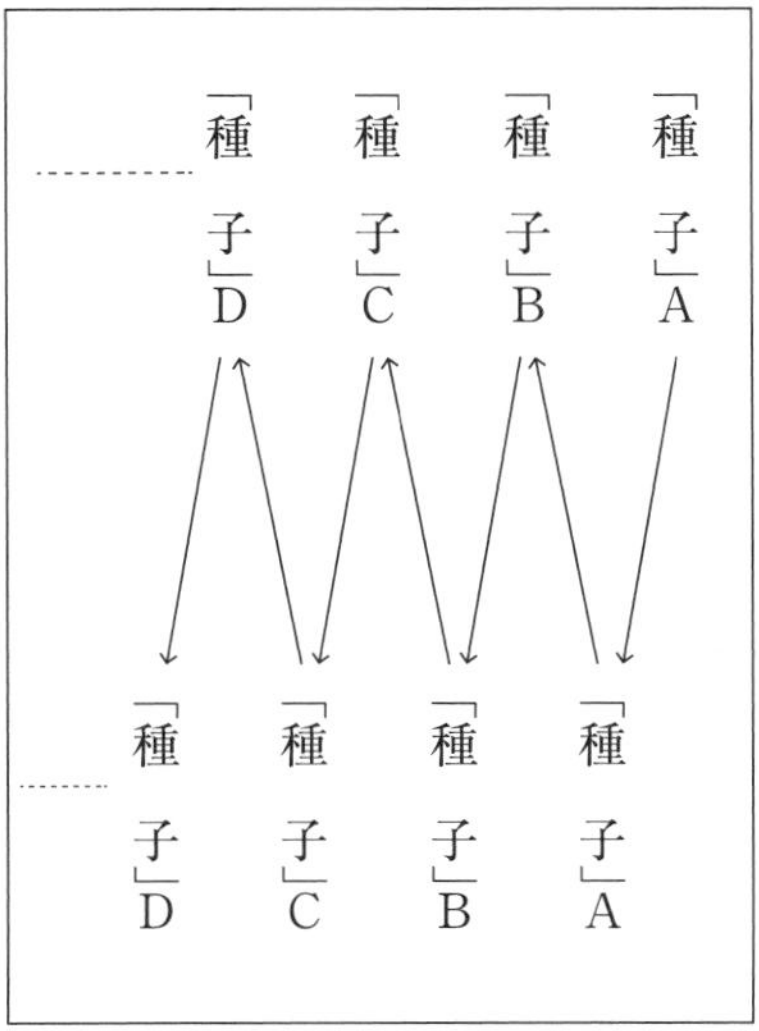

図示すれば、前ページ上段の図のようになる。

そして、注意していただきたいのは、「種子生現行」と「現行熏種子」の二つの展開が、まったく同時に行なわれることである。ということは、最初の「種子」が「現行」を生み出すと同時に、その「現行」の熏じた新しい「種子」が出来ているのである。パッと瞬間に、Aの「種子」がBの「種子」に変わっているわけだ。阿頼耶識説ではそう見ている。そして、認識は、このような展開の連続によってなされる。すなわち、前頁下の図のようになる。

▼「業」と「懺悔」

たとえば、われわれが仏教の教えを聴聞する（「現行」A）。最初はチンプンカンで、なにもわからないかもしれない。しかし、その「現行」は必ず「種子」Bに熏習されているのである。そして、その熏習された「種子」Bでもって仏法を聴聞す（「現行」B）れば、こんどは少しはわかるようになる。そのような形で、少しずつ理解が深まるわけだ。

だが、こうした熏習は、悪いことにだって当て嵌《は》まる。嘘をつくといった「現行」Aは、その一回きりに関するかぎりでは、それほど恐ろしいものではない。けれども、その一回の嘘は「種子」Bに熏習されている。だから、二度目の嘘（「現行」B）が、一度目よりわりと簡単につけるのである。そして、二度目の嘘は「種子」Cに熏習されるから、こんどはさらに容易に三度目の嘘（「現行」C）をつくようになる。そのような惰性が恐ろしいのである。そして、そのような惰性が、ついにはその人の本性になり、人格を変えてしまうわけだ。

といえば、もうおわかりであろう。

じつは、これは、「業《ごう》」の思想である。

「業」は仏教の最初から、釈尊その人によって説かれていた仏教の根本思想である。

われわれがなんらかの行為――たとえば、酒を飲む――をする。業というのは、じつはその「行為」のことである。しかし、われわれがやった行為は、それだけで消えてしまわずに、必ず別な行為をよびおこす潜勢力を持っている。酒を飲むという行為であれば、もう一杯飲みたいという欲望をうみだす潜勢力があるわけだ。その「潜勢力」のことも、また「業」と呼ぶのである。

ところで、このような業の潜勢力が、いったいどこにたくわえられているのか、部派仏教においてもすでに問題になっていた。善悪の行為をなして、その報いを受けるまでに、だいぶ時間がかかることがある。その期間、業の力はどこに保存されているのか？……が、あれこれと議論されていたわけだ。それを、阿頼耶識説は、みごとに、

「種子生現行、現行熏種子」

といった考え方でもって説明したのである。

そして、この「熏習」といった考え方によると、「懺悔《さんげ》」の必要なことがよくわかるはずだ。

なぜなら、わたしたちが悪いこと（「現行」）をする。するとその「現行」は、必ず「種子」に熏習する。そして、ますます悪いことをしでかすことになるわけだ。

だから、わたしたちは悪事をなしたとき、しっかりと懺悔をしておかねばならない。懺悔をすることによって、「種子」はその懺悔という逆方向の熏習を受けるから、再び悪事をする力を弱めてくれるのである。

そのようなことを、阿頼耶識説はわれわれに教えてくれているのである。

▼「見分」と「相分」

さて、もう一度、話を前に戻す。

次ページの図を見てほしい。「種子」は「現行」を生みだすが、じつはその「現行」は、「見分」と「相分」に分かれているのである。

「見分」は……いわば主観である。

「相分」は……いわゆる対象である。

つまり、「種子」は、見る主体の側（「見分」）と見られる対象（「相分」）とを、同時につくりだすのである。

これはちょっと、おもしろい考え方である。わたしたちの常識とだいぶちがっているが、よく考えてみると、この説のほうが合理的である。

たとえば、色覚異常の人の「見分」は、カラー（色彩）が見えない。だから、その人はカラーのない対象（「相分」）をつくりあげて、それを見ているのである。

わたしたちは、ほんとうをいえば、他人がどのようなカラーを見ているのかわからないのである。それぞれの「見分」に応じた「相分」をこしらえあげているのであって、結局は自分の「現行」しかわからない。白状すれば、わたしは色弱であって、どうもカラーに弱いのである。ときどき、妻とわたしのあいだで、カラーに関して見解の相違が起きる。洋服を買いに行ったようなとき、ある服をわたしがグリーン系統の色だと言い、妻がグレーだと言う。デパートの店員に尋ねると、いつも妻の主張が肯定される。たぶん色弱であるわたしは、人々とはちがった色を見ているのだと思う。

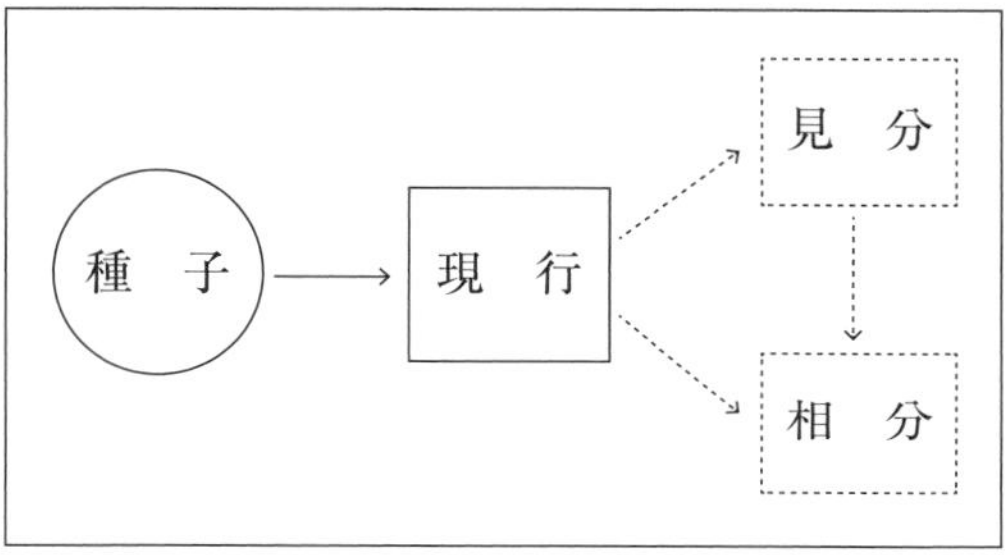

そういえば、真鍋博氏は、眼科医が絵を見ると、その画家の眼の病気がわかると語っている(『発想交差点』中央公論社)。そして、

モネは……白内障。
ゴッホは……緑内障。
ルノアールは……近視。
レンブラントは……遠視。

といった診断が下されると書いている。それぞれの画家はそれぞれの「見分」に応じた「相分」をつくりあげて、そして絵を描いたわけである。だから、そういった診断ができるのだ。

いや、前に述べた、あの「コケコッコー」だって、「見分」「相分」の考え方でもってうまく説明できる。日本人の「種子」は、「コケコッコー」といった「相分」（対象）をつくりだし、それを日本人の「見分」（耳）でもって「コケコッコー」と聞いているわけだ。ドイツ人の「種子」は、「キケリキ」といった「相分」（音）をつくりだし、それをドイツ人の「見分」（聴覚）でもって「キケリキ」と聴く。「見分」「相分」ともに、同じ「種子」がつくりだしたものである。だから、ぴったりと対応するわけだ。

*

阿頼耶識説については、詳しく解説すれば、述べるべきことはまだまだある。しかし、おおよそのところは、以上でよいだろう。以上が「阿頼耶識」の骨格であり、「唯識説」の基本である。

第七章　密教化した仏教

一　救済の三つの道

▼人間存在の本質は「苦」

インド人の宗教思想においては、三つの救済論が用意されている。

1　カルマ・ヨーガ。

2　ジュニャーナ・ヨーガ。

3　バクティ・ヨーガ。

宗教は、人間の救済を目差したものである。これは常識であろう。常識であるが、よく考えてみれば、いささかおかしな話である。

なぜなら、「救済」を目差すということは、人間が苦境にあることを前提にしている。すべての人間が苦悩のうちに呻吟《しんぎん》している、と考えているわけである。だから、その苦悩から救ってやる、というのが宗教である。いえ、結構です。わたしはいまのままで幸福です……と言う者には、宗教は必要でない。しかも、そういう幸福な人間が多いと宗教は困るらしく、いや、おまえたちは不幸だ、苦悩のうちにあると、宗教が必死になって宣伝している向きがないではない。しかし、よくよく考えてみれば、幸福な人間は少ない。というより、幸福である期間は短いのであろう。したがって、幸福に酔い痴《し》れていてはいけないわけで、われわれは幸福の彼方にある不幸を――したがって、これは「本質的な不幸」である――予見していなければならない。

そういえば、釈尊伝のうちには、「四門出遊」のエピソードが伝えられている。

釈尊の出家以前、釈尊がまだ釈迦国のシッダッタ太子であられたころ、父王の勧めによって郊外の花園へと遊楽されようとした。だが、太子が東の門より外に出たとき、そこで老人と出会い、彼は遊楽のこころをなくす。次に南の門より出て病人と出会い、西の門を出て死者と出会う。かくて、三度とも出遊を中止し、最後に北の門を出て沙門《しゃもん》（出家修行者）と出会って、その姿のうちに自己の未来の道を発見された。そんな物語（たぶんフィクション）である。この「四門出遊」の物語において言われているのは、若き日の釈尊が、老・病・死といったおぞましい現実と出会って、みずからの、

若さの驕《おご》り――

健康の驕り――

生命の驕り――

を自覚されたことであろう。若さも健康も生命も、所詮は短くはかないもので、やがては人間の本質である老・病・死に直面せねばならぬ。そのことを、釈尊ははっきりと自覚されたのであった。

つまり、人間は本質的に「苦」の存在である。それが仏教の考え方である。仏教はそこから出発している。

▼バラモンは祭儀の知識の独占者

それはともかく、すべての宗教は人間の救済を目差している。

そして、インド人は、三つの救済論を用意した。

まず第一は「カルマ・ヨーガ」である。〝カルマ〟とは「祭祀」、〝ヨーガ〟は、ここでは「道」「方法」だと思っていただきたい。したがって、第一は、「祭祀による道」である。祭儀を執行して神々に祈り、神々の加護によって救われる道である。先祖供養もこのカルマ・ヨーガに属する。

バラモン教の基本はカルマ・ヨーガである。神々に祈りを捧げる祭儀の方法を知っている専門技術者が、バラモンと呼ばれる祭官である。彼らはその専門知識を独占し、決して一般庶民に祭祀の方法を教えなかった。したがって、一般庶民は神々に直接祈ることはできず、バラモンたちに祭祀の執行を依頼し、仲介してもらわねばならなかった。バラモン教とは、そんな宗教である。

バラモン教の聖典を『ヴェーダ』という。この『ヴェーダ』には、四種の区別がある。

1　『リグ・ヴェーダ』……神々に対する讃歌の集成書。神々を誉《ほ》め称《たた》えた讃歌を集めたもので、日本の神道でいう「祝詞《のりと》」にあたる。

2　『サーマ・ヴェーダ』……歌詠の集成。日本でいう「声明《しょうみょう》」である。

3 『ヤジュル・ヴェーダ』……祭詞の集成。
4 『アタルヴァ・ヴェーダ』……攘災や呪詛などの咒法に関する句を集成したもの。

バラモン教は多神教である。そして、バラモン教の神々は、自然現象が神格化されたものが多い。たとえば、太陽神、雷霆《らいてい》神、風神、暴風神、雨神、水神などである。バラモンたちは、このような神々に祈りを捧げていたのである。そして、祈りを捧げているうちに、彼らはだんだんに自信をもってきた。その結果、バラモンたちが祈りを捧げるから、自然現象が正常に作用するのだと考えるようになった。太陽が毎朝、東から昇るのも、バラモンたちが真剣に祈ってくれているおかげだというわけである。すごい自信過剰である。

だが、それで驚くのはまだ早い。

じつは、バラモンたちは、もっとすごいことを主張しはじめるのだ。

すなわち、太陽も月も、雨も風も、すべての自然現象はバラモンたちの祈禱に束縛されている――と。

バラモンたちが正しい祈禱の聖句を唱えるならば、太陽はいやでも東から昇らざるを得ないのである。ということは、もしバラモンたちが聖句を唱えなければ、太陽は東から昇ることができないのである。太陽の運行は、バラモンたちの祭儀の聖句に左右されているわけだ。バラモンたちはそう主張している。それほどまでに祭祀を絶対視し、祭儀の聖句を絶対視するのがバラモン教である。だから、祭儀に関する知識や聖句を公開するなど、とんでもない話である。バラモンたちはみずからの専門知識を自分たちで独占し、庶民を寄せつけなかったのである。

「カルマ・ヨーガ」とは、そのような道である。

▼交替する最高神

仏教思想史が、バラモン教にだいぶ脱線してしまったようだ。けれども、ここのところが、仏教の密教化の問題と関連してくるので、もう少しバラモン教について書いておきたい。あるいはお気づきになっておられる読者もおられようが、いま述べたバラモン教における祭儀の聖句を重視する傾向が、じつは密教における、

——真言陀羅尼《しんごんだらに》——

となってあらわれているのである。だから、密教を理解するには、いささかなりともバラモン教の知識を持っておいたほうがよいのである。

さて、そこで、バラモン教の多神教について、コメント（注釈）をしておく。

先程、わたしは、バラモン教は多神教だと言った。それはそれで決して誤りではないが、同じ多神教でも、日本の神道や古代ギリシアの宗教の多神教とバラモン教のそれとでは、だいぶ様子がちがっているのである。日本の多神教やギリシアの多神教には、アマテラスオオミカミ（天照大御神）やゼウスのような最高神がいて、神々がピラミッド型に組織されている。ところが、インドのバラモン教においては、そのような最高神がいないのである。

いま、バラモン祭官によって讃歌を献じられている神が、その場においては最高神である——。

これは、いささか変わった考え方だ。たとえば、雷霆神であるインドラ（このインドラが、のちに仏教において帝釈天《たいしやくてん》となる）が讃歌をうける。そのとき、バラモンは、「インドラよ、汝こそ神のなかの第一人者である」と、インドラに最高の讃辞を贈るのだ。ところが、次にその同じバラモンが火神のアグニを拝む。そのときには、「アグニよ、汝こそ神々のうちの最高者なり」と誉めるわけだ。さらに別の神を勧請《かんじよう》するときは、その別の神を最高神にする。わたしは小心であるから、これじゃあ二枚舌、三枚舌ではありませんか……と言いたくなるが、バラモンたちは平気で、その場その場で最高神をとり替えるわけである。そこで、ドイツ生まれの英国の東洋学者のマックス・ミュラー（一八二三—一九〇〇）は、バラモン教のこのような性格を、「単一神教」（Henotheism）あるいは「交替神教」（Kathenotheism）と命名した。普通の「多神教」ではない、というわけである。

▼大日如来と曼荼羅

バラモン教のこのような性格を、われわれはしっかりと注目しておきたい。普通の多神教だと、そこでの最高神以上の神は考えられない。ところが、交替神教だと、現実に存在している神々を超越した、究極・絶対の神を考えることができるのだ。仮に、その究極・絶対の神を「宇宙神」と名づけておく。「宇宙神」は、姿・形のない神である。というより、姿・形を超越した神である。その「宇宙神」が、われわれの世界に顕現したとき、さまざまな神になるのだ。雷霆神のインドラになり、火神＝アグニとなり、太陽神＝スーリヤ、風神、水神となる。それらの神々は、すべて「宇宙神」の一形態である。バラモン教ではそう理解されている。そう理解すれば、インドラが勧請されているときはインドラが、スーリヤが勧請されているときはスーリヤが、その場において最高神となることが納得できるであろう。なぜなら、インドラにしろスーリヤにしろ、それはその場における「宇宙神」の顕現の一形態だからである。インドラもスーリヤも、本質的に「宇宙神」である。だから、究極・絶対の神である。それが交替神教の構造である。

そして。

この点についてはあとで詳しく解説せねばならないが、じつはいま「宇宙神」と呼んだものが、仏教においては「宇宙仏」であり、密教ではその「宇宙仏」を、

――大日如来《だいにち》――

と呼んでいるのである。

「宇宙仏」については、本書の第五章第七節に述べておいた。伝統的な仏教学の用語では、この仏は〝法身仏《ほっしんぶつ》〟、すなわち「真理（法）を身体とする仏」と呼ばれている。真理そのものである仏であって、したがって姿・形を超越している。そして、前には、この宇宙仏（法身仏）の固有名詞は「毘盧舎那仏《びるしゃなぶつ》」であると紹介しておいたが、〝毘盧舎那仏〟といった呼称は顕教《けんぎょう》（密教に対して一般の仏教を〝顕教〟と呼ぶ）のものである。密教においては、この宇宙仏のことを〝大日如来〟と呼

ぶことになっている。つまり、毘盧舎那仏と大日如来は異名同体の仏であり、ともに宇宙仏なのである。

バラモン教においては、姿・形を超越した絶対・究極の宇宙神の顕現が、われわれが普通に接する一般神格であった。密教においても同じように考えられており、姿・形のない宇宙仏である大日如来がわれわれの世界に顕現してくるとき、釈迦牟尼《しやかむに》仏や阿弥陀《あみだ》仏、薬師仏といったさまざまな仏になり、またさまざまな菩薩《ぼさつ》、明王《みようおう》となって顕現する。そして、大日如来の顕現した世界を描いたものが、あの、

——曼荼羅《まんだら》——

である。曼荼羅には数多くの仏、菩薩、明王が描かれているが、それらはすべて大日如来の顕現である。そう考えると、曼荼羅といったものの性質がよくわかるであろう。

だが、これ以上、大日如来や曼荼羅について書くことはやめよう。のちにまとめて詳しく解説せねばならないからである。

▼「ジュニャーナ・ヨーガ」

話を元に戻す。バラモン教は祭祀主義(カルマ・ヨーガ)の宗教である。バラモン教においては、カルマ(祭祀)による救済が考えられていた。

さて、もう一つの救済論は、「ジュニャーナ・ヨーガ」である。〝ジュニャーナ〟とは「知識」の

意であって、「知識の道」である。
祭祀（カルマ）を中心としていたバラモン教も、後世になると哲学者が出てきて徐々に哲学的思索がなされるようになる。後世になると――といった表現では漠然としているが、祭祀に関する聖典である『ヴェーダ』聖典がつくられたのが西紀前一二〇〇年から前八〇〇年ごろにかけて、哲学的思索の書である『ウパニシャッド』がつくられたのが前八〇〇年ごろ以後である。この『ウパニシャッド』が「知識（ジュニャーナ）」を重視しており、知識によって人間は救済されると説いている。それが「ジュニャーナ・ヨーガ」である。

哲学的思索というのは、こういうことである。先程、わたしは、「宇宙神」といった。われわれが接する一般神格の背後にある究極・絶対の超越神である。これを、バラモン教の哲学者たちは、「宇宙原理」であるとして、

――ブラフマン（梵《ぼん》）――

の名称を与えた（もっとも、始源的には、ブラフマンは祭祀のことばに内在している神秘的な呪力であった。しかし、わたしは、仏教との関連においてインド哲学を論じているので、そういう細かなところは軽視しておく。読者はブラフマンを、「世界の根本原理」「宇宙原理」「宇宙神」と理解しておいてくだされば充分である）。

さて、一方では、われわれ人間のうちに「人格原理」「生命原理」が宿っている。これに、バラモン教の哲学者たちは、

――アートマン（我《が》）――

といった呼称を与えた。そして、われわれは、ブラフマンやアートマンを認識しなければならない。ブラフマンやアートマンを認識することによって、われわれは救済されるのである。そのような主張がなされている。

それから、もう一つ。バラモン教の哲学者たちのうちには、「ブラフマン・アートマン同一説」を提唱したものがいた。すなわち、「梵我一如《いちによ》」である。宇宙原理であるブラフマン（梵）と人格原理であるアートマン（我）が、究極において同一（一如）であるという説だ。シャーンディリヤという哲学者の学説である。

じつは、この「梵我一如」の思想も、密教に大きな影響を与えている。……と、わたしは考えている。しかし、それについては、あとで触れることにしよう。

▼「バクティ・ヨーガ」

「カルマ・ヨーガ」「ジュニャーナ・ヨーガ」につづいて、第三の道は「バクティ・ヨーガ」である。

〝バクティ〟とは「信愛」の意。神に対して、われわれ人間が熱烈な信愛（バクティ）を捧げるならば、神は必ずわれわれに恩寵をもって酬《むく》いてくれる。その神の恩寵によって救われようとするのが、バクティ・ヨーガである。

このようなバクティ・ヨーガの思想は、ほんらいのバラモン教にはなかった。バラモン教がずっと後世になって民衆化する。民衆化したあげく、完全な庶民信仰となったものをヒンドゥー教と呼ぶが、紀元前後のころから徐々にヒンドゥー教が形成され、紀元後四世紀のころにヒンドゥー教が成立したと推定される。そのヒンドゥー教の根本聖典ともいうべき『バガヴァッド・ギーター』のうちに、バクティ（熱烈信仰）が謳《うた》われている。

われ〔＝神〕は一切万物に対して平等なり。われにとり憎むべき者なく、愛すべき者なし。されど誠信〔バクティ〕をもってわれを敬愛する者、彼らはわれの中にあり、われまた彼らの中にあり。――（『バガヴァッド・ギーター』九・二九　辻直四郎訳による）

このように、バクティによって、われわれ人間は神と合一できるのである。それは、ある意味での「梵我一如」である。そして、このような「バクティ・ヨーガ」も、また密教の成立に大きな影響をおよぼしているのである。

▼仏教の民衆化

さて、インド人は三つの救済の道を考えた。ところで、わたしが言いたいことは、じつは釈尊の仏教の特色は、「ジュニャーナ・ヨーガ」であったということだ。

釈尊が活躍された当時、インドにあった伝統宗教は、祭祀（カルマ）主義のバラモン教であった。カルマの執行によって人間は救済される――と、バラモン教では教えていたが、「それは嘘だ！」

と釈尊は喝破されたのであった。つまり、バラモン教の主張は、わたしのいう「ブラック・ボックスの宗教」である。神々に祈禱や供物、賽銭をインプットすれば、ご利益《りやく》がアウトプットされるという構造の宗教が「ブラック・ボックス型宗教」である。バラモン教がブラック・ボックス型宗教であることは、わたしは本書の上巻のはじめに指摘しておいた。そして同時に、釈尊がそのようなブラック・ボックス型宗教を否定して、

――縁起《えんぎ》の教説――

を説かれた、ということも論じておいた。要するに釈尊が説かれた仏教は、カルマ・ヨーガのバラモン教に反撥したジュニャーナ・ヨーガの宗教であったわけだ。

そこで、話をわかりやすくするために、少し大胆に整理してしまうと、インド人が考えた救済の三つの道は次のように三つの宗教に対応していることになる。

バラモン教……「カルマ・ヨーガ（祭祀の道）」……祭儀の執行によって救いがある。

釈尊の仏教……「ジュニャーナ・ヨーガ（知識の道）」……「縁起の理法」という真理を悟ることによって救済がある。

ヒンドゥー教……「バクティ・ヨーガ（信愛の道）」……神に信愛を捧げることによって神の恩寵にあずかり、それによって救われる。

このように整理すれば、三宗教の特徴がよくわかっていただけるであろう。

ところで、いまわたしは、〝釈尊の仏教〟といった表現をした。釈尊の段階における仏教は、ジ

ュニャーナ・ヨーガの宗教であったと断言できそうである。そして、小乗仏教もまた、ジュニャーナ・ヨーガであろう。

けれども、大乗仏教は、それとはややちがっているのである。

もちろん、仏教の本質は「智慧」であって、大乗仏教だって基本的には「智慧の宗教」である。「智慧」と「知識（ジュニャーナ）」を混同してはいけないが、カルマ、ジュニャーナ、バクティのうちから何を選ぶかとなれば、「ジュニャーナ」がいちばん妥当である。その意味で、仏教は――大乗仏教を含めて――ジュニャーナ・ヨーガだと言ってよい。

けれども、同じ仏教の中では、小乗仏教と大乗仏教は性格に差がある。小乗仏教をジュニャーナ・ヨーガだと規定することにはそれほど躊躇はないが、大乗仏教までもジュニャーナ・ヨーガと断言できるか、わたしはいささか迷いを感じる。

いや、大乗仏教も、初期のころはジュニャーナ・ヨーガ的であっただろう。しかし、だんだんその性格は変わってきているのである。後期の大乗仏教になると、だいぶちがった仏教になっている。と言うより、こんなふうに説明すればよいか……。大乗仏教というのは、仏教の民衆化である。小乗仏教が出家者という少数のエリートのための仏教であったことに反撥して、在家信者という民衆レベルにまで仏教の門戸を拡大したのが大乗仏教である。したがって、大乗仏教は基本的に民衆仏教である。

では、その民衆化が進行すればどうなるか……？

仏教がどんどん民衆化して行く。そのあげくには、仏教は独自の哲学（ジュニャーナ）を失い、まさに庶民信仰になってしまうことが考えられる。インドにおける庶民信仰はヒンドゥー教である。つまり、仏教はヒンドゥー教化していったわけだ。

そのヒンドゥー教化された仏教が、じつは密教なのである。

二　宇宙仏の直接説法

▼「個人の神」としての仏教

密教とは、「秘密仏教」の謂《い》である。じつは、密教ほどオープンで、開けっぴろげな仏教はないのであるが、にもかかわらず「秘密」の語が冠せられている。なぜ「秘密仏教」と言われるのか、その理由はあとで述べる。

さて、密教を一口で定義すれば、

――民衆化された仏教――

となるであろう。大乗仏教は基本的に在家仏教であり、多くの在家信者が仏教の信者となった。けれども、もともと仏教は「智慧の宗教」であり、どちらかといえば哲学的な宗教である。民衆が仏教信者になっても、仏教信者としてやるべき祭祀などはなかった。仏教徒としてやるべきことは、布施《ふせ》だとか禅定《ぜんじょう》だとかいった「修行」に限られていたのである。

したがって、大乗仏教の在家信者は、仏教の信仰は仏教の信仰として持ちながら、同時にインド人として生き、インド人として生活していたはずである。
インド人は、三つの神を持っているという。
1　グラーマ・デーヴァ……ムラ（村）の神。日本でいう「村の鎮守《ちんじゅ》の神様」であって、村落共同体の神。地縁原理の宗教である。
2　クラ・デーヴァ……イエ（家）の神。血縁原理の宗教で、日本の「氏神《うじがみ》」にあたる。
3　スワ・デーヴァ……個人の神。各人が個人的に信奉している神。
もちろん、この三層の神が別々である必要はない。三層の神が一致していることのほうが多い。しかし、場合によっては、別々の三つの神を信奉できるのがインド人の宗教形態であり、この点では日本も似ている。わが家は浄土宗であるが、娘はキリスト教のミッション・スクールに通っている……といったケースは、日本でよく見られる。インド人も同じで、わたしの家系はヴィシュヌ派ですが、わたしはラーマクリシュナ・ミッションの信者です……と言っていたインド人に会った。そんなに珍しいことではないらしい。

それはともかく、大乗仏教の在家信者は、いわばスワ・デーヴァ（個人の神）として仏教を信じていたはずである。そして、個人的には仏教を信じながら、家系の一員としてはクラ・デーヴァ（イエの宗教）の儀式に参加し、村落共同体の一員としてグラーマ・デーヴァ（ムラの宗教）の祭儀に参加していた。葬式や結婚式は、当然、クラ・デーヴァの行事として行なわれた。それが、最初のころの大乗仏教の在家信者の実態であっただろう。わたしはそのように推測している。

▼密教——ヒンドゥー教化された仏教

そのうちに、仏教のほうが変わってくる。変わってくる、というより、民衆がやっている宗教儀式・儀礼が、仏教のうちに摂《と》り入れられてくるのである。

すなわち、仏教のヒンドゥー教化である。

ヒンドゥー教は、バラモン教が民衆化・庶民化した宗教である。そして、ヒンドゥー教は別名を〝インド教〟という。つまり、ヒンドゥー教は「インドの宗教」なのである。インド人であるかぎり、誰もがヒンドゥー教徒だと言ってよい。それはムラの宗教でありイエの宗教であるのだから、ヒンドゥー教徒であることをやめれば、共同体から追い出されてしまう。宗教が生活の中にあるインドにおいては、インド人であるかぎりヒンドゥー教徒なのだ。もちろん、わたしが言っているのはイスラム教やキリスト教が入ってくる以前のインドである。

したがって、仏教がヒンドゥー教化するというのは、まさに当り前の現象なのである。そしてその結果、仏教はついにヒンドゥー教の一派にされてしまった。「仏教」といった独立の宗教はなくなり、「ヒンドゥー教仏教派」とでも呼ぶことのできそうな、そんな一派になったのである。仏教がヒンドゥー教のうちに完全に解消してしまうのは、だいたい十世紀から十二世紀のころである。仏教もちろん、ある日突然、仏教が崩壊する——といったわけではない。ヒンドゥー教化が徐々に進行し、そして完全にヒンドゥー教のうちに吸収されてしまうわけである。

その少し前、すなわち、ヒンドゥー教化は進んでいるが、それでもまだそれを「仏教」と呼べる段階の仏教を、われわれは、

「密教」

と名づけるのである。したがって、密教は、仏教が民衆化されたものであり、ヒンドゥー教化された仏教である。

それが、密教の歴史的・形態的な定義である。

▼顕教の構造――宇宙仏と分身仏

では、密教の思想的特色は何であろうか……？　密教を、思想的にどのように定義すればよいであろうか？

結論から先に述べる。わたしは密教を、

――宇宙仏が説法する仏教――

と定義している。ここのところに、密教のいちばん大きな特色があるのである。

ところで、〝宇宙仏〟といった名称は、わたしの独自の用語である。伝統的な仏教学の術語だと、これは〝法身仏〟と呼ばれている。〝法身仏〟とは、「真理（法）を身体とする仏」の意である。

この「宇宙仏」なる概念については、わたしはすでに説明しておいた（本書一二四ページを参照のこと）。宇宙の中心にどっかとましますま仏――といったイメージで捉えてもらってもよいし、あ

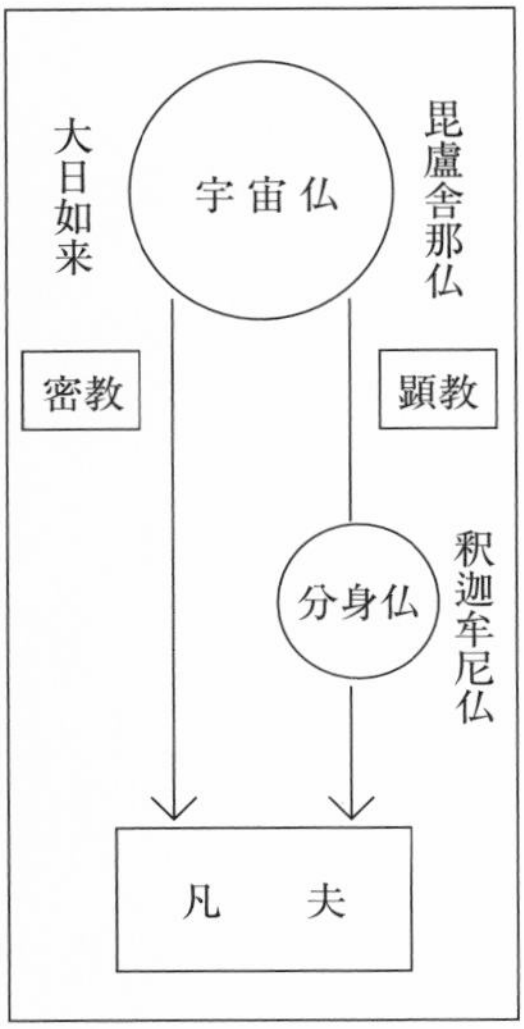

るいは宇宙そのものである仏——と理解していただいてよい。時間と空間を超越した仏であり、姿・形のない仏である。キリスト教徒のいう「ゴッド（神）」、ユダヤ教徒がいう「ヤーウェの神」、イスラム教徒の「アッラーの神」は、時間と空間を超越した絶対の神であって、宇宙仏はそれらの神と等質の存在である。

そして、前に述べたように、顕教《けんぎょう》（密教ではない普通の仏教）ではこの宇宙仏に〝毘盧舎那仏《びるしゃなぶつ》〟といった名称を与えている。

また、顕教においては、このように考えられている。——われわれは、宇宙仏（毘盧舎那仏）の説法を直接聴聞できない。宇宙仏の説く真理はあまりにもスケールが大きく、とても人間に理解できないからである。あるいは、宇宙仏の説法は当然、宇宙語でなされる。しかし、われわれ人間にはそのような宇宙語は理解できそうにないからである。

そこで、宇宙仏と人間とを媒介してくれる存在が必要となる。

その媒介者が釈尊（釈迦牟尼《しゃかむに》仏）である。顕教ではそのように考えられている。釈迦牟尼仏が宇宙仏の代弁者としてわれわれ人間世界にやって来られ、そして人間のことばでもって法（教え、真理）を説かれたのである、と。わたしは、そのような釈迦牟尼仏を、わたしの用語で〝分身仏〟と呼んでおいた。伝統的な仏教学の術語では、これは〝応身仏《おうじんぶつ》〟と呼ばれている。要するに、顕教においては、宇宙仏（毘盧舎那仏）は説法せずに沈黙をまもり、分身仏（釈迦牟尼仏）がわれわれに説法されるのである。そんな構造になっているわけだ。

▼大日如来の説法

ところが、密教においては、宇宙仏が直接われわれに説法されるのである（右図参照）。

密教においては、宇宙仏に、

――大日如来《だいにちにょらい》――

の呼称を与えている。顕教が〝毘盧舎那仏〟と名づけている仏を、密教では〝大日如来〟と呼んでいるわけだ。しかし、毘盧舎那仏と大日如来は異名同体の仏であって、ともに宇宙仏である。大日如来は雄弁の仏である。毘盧舎那仏のように、ご自身は沈黙をまもり、釈迦牟尼仏に説法をまかされるわけではない。大日如来みずからが、われわれ人間に法を説かれるのである。にもかかわらず、大日如来の仏教は「密教」、すなわち「秘密仏教」とされているのである。どうして「秘密」なのか……？

有名人の臨終のことばが伝えられている。

たとえば、ドイツの哲学者のカントは、最後に「よろしい」と言って息を引き取ったそうだ。フランスの物理学者のキューリー夫人は、注射をしにやって来た医者に向かって、「いやです。そっとしておいてください」と言ったという。それが彼女の最後のことばであった。

ところが、相対性理論で有名な物理学者＝アインシュタインの臨終のことばは、謎とされている。アインシュタインが最後のことばを言わなかったわけではない。彼はちゃんとドイツ語で辞世のことばを言ったのだが、それを聞いていたアメリカ人の看護士は、全然ドイツ語がわからない。だから、謎とされているのである。

秘密――というものは、喋《しゃべ》らない秘密だけではない。大声で喋っていても、それを聞いた者に理解能力がなければ、まさしく秘密になるのである。

密教が「秘密仏教」であるのも、それと同じである。大日如来はいっさいを公開して説法されているのだが、わたしたち衆生のほうにそれを理解する能力がないので、結果的に秘密になってしまうのだ。

宇宙仏である大日如来の説法は、宇宙語でなされる。それは、シンボル（象徴）を多用した象徴言語であり、ある意味での暗号である。夜空に輝く星が、大日如来の説法である。咲く花が、流れる小川が、風が、波が、大日如来のことばである。

でも、わたしたちには、そのような説法は難解でわからない。

大日如来の説法――暗号――を理解するには、それなりの勉強が必要である。しかし、勉強さえすれば、必ずそれは理解できるのだ。

あるいは、このような譬喩がいいか……。大日如来は電波を発しておられる。その電波をキャッチするには、受信装置がいる。しかし、その受信装置はほんとうは誰もが持っているのである（この受信装置は、ある意味で「仏性」である。「一切衆生悉有仏性」と言われているように、すべての衆生が仏性という受信装置を持っているわけだ）。ところが、われわれ凡夫は、各自の受信装置の手入れを怠っている。受信装置が埃《ほこり》だらけになっているのである。だから、大日如来の電波が雑音になってしまう。「ガーガー、ピーピー」と無意味な音になって、説法にならないのである。

でも、わたしたちが受信装置の手入れをして、みずからの感性を高めるならば、きっと大日如来の説法が聞こえてくるのだ。埃は煩悩である。煩悩の埃を吹き払うなら、必ずや電波はわたしたちにとどくのだ。密教ではそう考えられている。

そして、わたしたちが直接、宇宙仏である大日如来の説法を聴聞するのが、ほかならぬ密教である。密教とは、宇宙仏が説法する仏教なのである。

▼密教経典の特質

ここで、密教経典について触れておく。

代表的な密教経典には、次の三経がある。

1　『大日経《だいにちきょう》』……正しくは、『大毘盧遮那《だいびるしゃな》成仏《じょうぶつ》神変加持経《じんぺんかじきょう》』。唐の善無畏《ぜんむい》訳、七巻。ちょっと細かなことを言えば、わたしは前に大日如来と毘盧舎那仏が異名同体の仏であることを注記しておいた。毘盧舎那仏には〝大〟をつけて、大毘盧舎那仏としてもよい。したがって、『大日経』が正しくは『大毘盧遮那成仏神変加持経』であることは見当がつくのであるが、問題は〝大毘盧舎那仏〟と〝大毘盧遮那仏〟との表記の差である。じつはこれは、顕教の仏としては〝大毘盧舎那仏〟と表記し、密教の大日如来の別名としては〝大毘盧遮那仏〟と書く約束になっている。

2　『金剛頂《こんごうちょう》経』……一般に用いられているのは、不空訳三巻である。

3　『理趣《りしゅ》経』……正しくは『大楽金剛不空真実三摩耶《だいらくこんごうふくうしんじつさまや》経』、不空訳、一巻。

だいたいにおいて、これらの経典がつくられた年代は、七世紀の中葉から八世紀にかけてであると推定されている。

ところで、密教経典には、一般の経典（顕教の経典）とちがった大きな特色がある。

顕教の経典は、例外はあるが原則的に釈尊（釈迦牟尼仏）が説法された形態をとっている。もちろん、大乗経典は釈尊が入滅されてから、四、五百年ののちにつくられたものである。だから、実際に釈尊がそれを説法されたことなどあり得ないが、フィクション的にそのような状況設定がなされているのである。

それに対して、密教経典は、これも原則的に、宇宙仏である大日如来が説法されたことになっている。密教は「宇宙仏説法の仏教」だから、密教経典はそうした形式をとっているわけだ。

たとえば、『大日経』である。『大日経』の教主は大日如来である。大日如来が説法される。しかし、大日如来は宇宙仏であって、その説法は当然に難解である。一般大衆が聴聞して理解できるわけではない。そこで『大日経』においては、大日如来の説法を聴聞する人たちは、金剛手《こんごうしゅ》（秘密主、あるいは金剛薩埵《こんごうさつた》）をトップとする特殊グループのメンバー（これを執金剛《しゅうこんごう》と呼ぶ）と、ほかに弥《み》勒菩薩《ろくぼさつ》・文殊《もんじゅ》菩薩・普賢《ふげん》菩薩などの大乗仏教の菩薩たちである。ある意味では、すでに悟りを完成した人々に向かって説法がなされているのである。それでなければ、大日如来の説法は「無意味」になってしまう。わたしたち凡夫は、ことばにとらわれてしまって教えの本質がわからないからである。金剛薩埵を上首とする人々であれば、ことばを超えた真理を把握できるのだ。大日如来は、そのような人々を相手に説法されたのである。

さらに、密教経典の伝承のされ方もおもしろい。

いま『大日経』の例で示したように、密教経典を聴聞したのは金剛薩埵である。彼は、大日如来より聴聞した『大日経』や『金剛頂経』などの密教経典を、南天竺（南インド）の鉄塔中に安置したという。そして、じっとチャンスを待っていたのだ。

そこに、龍猛《りゅうみょう》菩薩がやって来る。

金剛薩埵は、人間である龍猛に秘密の灌頂をし、龍猛は鉄塔の中に入って密教経典を得、それを人間世界に伝えた。そんな伝説がある。

龍猛とは、インド名を〝ナーガールジュナ〟といい、顕教においては〝龍樹《りゅうじゅ》〟と呼ばれている人である。彼はまた、密教の伝承者ともされているのである。もちろん、これは歴史的事実ではない。伝説にすぎない。しかし、この伝説は、密教経典というものの本質をよく示している。密教経典はほとけの世界においてつくられ、それを人間（龍猛）が受け取ったのである。つまり天啓聖典である。人間がつくったものではないのである。

▼仏との合一

では、次に、密教の目的は何であろうか……？

顕教の目的は、一言でいえば「成仏」である。われわれが修行をやって、悟りを開いて仏・仏陀になることである。けだし、仏教とは、われわれ自身が「仏になるための教え」である。そのために、「仏（＝釈尊）の教え」を学ぶのである。その点は、大乗仏教も小乗仏教も同じである。顕教の目的は、われわれ自身が仏になることである。

だが、密教はそうは考えない。

密教においては、言い過ぎを覚悟で極論すれば、われわれ凡夫はすでに仏であると考えられている。

この考え方は、大乗仏教が言いはじめた「仏性」「如来蔵」の理論の延長線上にあるものだ。「一切衆生悉有仏性」ということを認めれば、われわれはすでに仏であるはずである。密教は大乗仏教が言いはじめた哲学をうけいれて、それを推進したのである。

では、すでに仏であるわれわれは、なぜ修行をせねばならぬのか……？　当然、そういった疑問が出てくる。わが国、曹洞宗の開祖の道元禅師は、比叡山で学んでおられた若き日、これと同じ疑問を発されたのであった。そして、道元禅師はその疑問をかかえて宋に渡り、禅を学び、みずからその疑問を解決された。ここで道元禅師のことを語るのは、われわれのテーマである『インド仏教思想史』を大きく逸《そ》れることになる。だから詳しく語れないが、言い出したからにはある程度の説明をせねばならない。簡単にいえば、道元禅師の解答はこうである。

——われわれは仏になろうと思って修行するのではない。そのような考え方だと、修行がとてもきついものになる。そうではなくて、われわれはすでに仏だから修行ができるのである。すなわち、仏が修行をしているのだ！

この道元禅師の結論は、わたしが思うには、非常に密教的である。密教の考え方も、基本的にはこれと同じである。

密教においても、われわれはなにも仏になるための修行をしなくてよい——と考えている。なぜなら、われわれはすでに仏だからである。

けれども、わたしたち凡夫の仏のパワーは弱まっている。そこで、弱まった仏のパワーを回復せねばならない。それが、密教において目差されているところである。

仏のパワーの回復——。前に使った譬喩でいえば、わたしたちの仏性（受信装置）は埃まみれになっており、感度が鈍っているのである。そこで埃を払って、受信装置の感度を高めねばならない。では、どうすれば、感度を高めることができるか？　仏のパワーを回復するには、いかなる方法があるか？

それは、「仏との合一」である。

わたしたち凡夫が、仏とぴったり一つになることである。

三　三密加持——成長の理論

▼仏のパワーの加持

磁石がある。磁石は鉄を引き寄せる。しかし、磁石のパワーが弱まり、あまり鉄を引き付けなくなれば、どうすればよいか……？　どうすれば、磁石のパワーを回復させることができるか？

簡単なことだ、弱くなった磁石を、強い磁石にくっつけてやればよいのだ。

実際には、電磁石が使われている。電磁石だと、電気を流せばいくらでも磁石の力を強くできるからだ。弱くなった磁石を電磁石に密着させて、それで磁力を回復させてやるのだ。

じつは、これが密教における、

——仏と凡夫との合一——

の理論的根拠である。いかなる凡夫も仏性（仏のパワー）を持っているが、しかし凡夫における仏のパワーは弱くなっている。その弱まった仏のパワーを回復させるのが密教の目的であるが、そのためには凡夫は仏と合一しなければならない。密教はそう教えている。なぜ凡夫が仏と合一すれば仏のパワーが回復されるか?……と問われれば、わたしはこの磁石の譬喩でもって応えたいのである。われわれは仏の世界に飛び込み、仏と一体になれば、仏の強いパワーをいただけるのだ。密教では、そんなふうに言われている。

密教の用語では、それを、

「加持《かじ》」

という。サンスクリット語では〝アディシュターナ〟である。「加」は、仏の力が衆生に加わること。「持」は、衆生がそれを保持することである。つまり、仏と衆生が相応し一致するのが加持である。

あるいは、「感応道交《かんのうどうこう》」といったことばもある。衆生が仏心を感じ、仏力がこれに応ぜられるのが「感応」、そして「道交」とは行き交わること。衆生の感と仏の応が、互いに相通じるのが「感応道交」である。俗に言う、「魚心あれば水心あり」であろう。ちょっと男女の機微に似ている。

いや、実際、密教における如来(仏)と衆生の関係は、男と女の関係でもって説明可能なのだ。男性原理と女性原理の結合——でもって説明することもある。ただし、あまりそのことを強調すると、いかがわしい左道密教になってしまうので注意せねばならないが……。

▼バクティ思想と合一の思想

ところで、「仏と衆生との合一」といえば、われわれは前に述べたヒンドゥー教の根本聖典である『バガヴァッド・ギーター』に出てくる「バクティ（信愛）」の哲学を思い出す。もう一度『バガヴァッド・ギーター』からの引用を繰り返せば、次のようである。

「われ〔＝神〕は一切万物に対して平等なり。われにとり憎むべき者なく、愛すべき者なし。されど誠信〔バクティ〕をもってわれを敬愛する者、彼らはわれの中にあり、われまた彼らの中にあり」

バクティは、男女の愛にも似た、熱烈なる敬愛であり、信愛であり、信仰である。バクティによって、われわれは神の世界に没入し、神がわれわれの中に入ってこられる。それはつまり、神との合一である。ヒンドゥー教においては、そのような神との合一が説かれているのだ。

もっとも、ヒンドゥー教のバクティの思想の背景には、バラモン教の哲学がある。バラモン教においては、早くから、

「梵我《ぼんが》一如《いちによ》」

の哲学が提唱されていた。「梵」は「ブラフマン」であって、宇宙原理である。「我」は「アートマン」で、これは人格原理である。宇宙原理であるブラフマン（梵）と人格原理であるアートマン（我）の究極的一致を主張したものが、「梵我一如」説である。そして、この「梵我一如」説が形を変えて、のちのヒンドゥー教の「バクティ」の哲学になったわけだ。わたしはそのように解釈している。

ところで、バラモン教のブラフマン（梵）は宇宙原理であるが、密教の仏である大日如来は宇宙

仏である。したがってバラモン教の「梵我一如」の哲学は、まさに密教における「仏と凡夫との合一」、すなわち「仏凡合一」の思想に重なるわけだ。ということは、密教にはバラモン教（ヒンドゥー教）の影響があるのである。わたしは密教を「ヒンドゥー教化した仏教」と定義したが、その定義はこの点においても立証される。要するに、バラモン教が民衆化（インドの場合、民衆化は「インド化」ともいえるのである）してヒンドゥー教となり、仏教が民衆化して密教となったのである。密教とヒンドゥー教は、その意味での共通性を持っているわけである。

▼「三密加持」

さて、「仏凡合一（仏と凡夫との合一）」である。いかにすれば「仏凡合一」は可能か……?

それに対しては、古来、密教学においては、「三密加持」の理論でもって答えている。

「三密」とは、

1　身密《しんみつ》。
2　口密《くみつ》（語密《ごみつ》ともいう）。
3　意密《いみつ》（心密ともいう）。

である。これは普通、「三業《さんごう》」――身業《しんごう》・口業《くごう》・意業《いごう》――と呼ばれている。〝業〟とは「行為」の意であって、われわれがなす身体的行為・言語的行為・意志的行為（心的行為）が三業である。凡夫の行為は〝業〟と呼ばれるが、宇宙仏（大日如来）の行為は〝密〟と呼ばれる。したがって、三密とは宇宙仏の身体的行為・言語的行為・心的行為の謂《い》いである。

なぜ、それは「密」であるのか？

考えてみてほしい。宇宙仏は「宇宙そのものである仏」だ。宇宙というものは、時間と空間を超越している。宇宙は時間的にも無限、空間的にも無限なのだ。わたしたち人間は、宇宙を見ることはできない。夜空を見上げて、いま自分は宇宙を見ていると思っている人もいるだろうが、彼が見ているのは宇宙のごくごく一部である。空間的にも一部であるし、時間的にも断片の宇宙である。百年間夜空を見つづけたとしても、悠久永遠の宇宙からすれば、ほんの一瞬でしかない。

したがって、わたしたちには宇宙仏は見えないのである。

あるいは、同じことだが、換言すれば、宇宙仏は姿・形を持っていないのである。姿・形を超越した仏である。

だから、宇宙仏である大日如来の業（行為）は「密」である。秘密なのだ。

そこで、凡夫の三業に対して、大日如来の三密がある。

この三密を三業に加持させるのが、「三密加持」である。

すなわち、

凡夫の身業に……大日如来の身密。

凡夫の口業に……大日如来の語密。

凡夫の意業に……大日如来の心密。

を加持させるわけだ。磁石をくっつけるように、ぴったりと合一させる。すると、凡夫にほとけのパワーが加わってくる。凡夫は加わってきたパワーをじっと保持する。それが「三密加持」である。

▼身密――印契

しかしながら、いま述べたところには、いささかの矛盾がある。読者は気づいておられるであろうか……。凡夫の三業に大日如来の三密を加持させると言っても、如来の三密のほうが見えない、聞こえないでは加持させようがない。いったいどうやって加持させるのだ?……といった疑問が当然飛び出してくる。話がいささかおかしいわけだ。

しかし、じつは、だからこそ密教は「秘密仏教」なのである。その加持のさせようを、こっそりと、秘密に伝授するのである。もちろん師（密教では、師を〝阿《あ》闍梨《じゃり》〟と呼ぶ。サンスクリット語の〝アーチャリヤ〟の音写である）から、その資格のある弟子にだけ伝授されるのだ。門外漢には教えない。密教はたしかに密教で、原則的には非公開の宗教である。

そこで、まず「身密加持」から述べてみよう。

身密加持の秘密は、「印契《いんげい》」である。

形相を超越した大日如来ではあるが、その大日如来の身密は、シンボリックな（象徴的な）意味で、印契のうちにあらわれていると考えるのである。

印契は、簡単に〝印〟ともいい、また〝印相《いんぞう》〟〝密印《みついん》〟ともいう。サンスクリット語（梵語《ぼんご》）の〝ムドラー〟の訳語である。ムドラーとは、「記号」「表徴」の意。インドには「指の踊り」があり、密教はこれを採り入れたものと思われる。ヒンドゥー教にも印相があり、両者の印相は共通している。それは、共通しているのが当り前で、密教もヒンドゥー教も、民間でおこなわれていたものを採用したまでである。印相・印契は、ボディ・ランゲージ（身体言語）なのだ。

印相にはさまざまなものがあって、数百種もあるそうだ。そのうち十八種が基本形で、それを「十八契印《げいいん》」あるいは「印母《いんも》」と呼んでいる。

……もう、このあとのところは、わたしの『インド仏教思想史』の守備範囲ではない。わたしは、人から問われてよく言う。わたしは、医者でいえば病理学が専門で、臨床はできません、と。手術のほうは、からきしだめなのだ。したがって戒名をつけたり、印を結んだりすることは、わたしにはできない。

だから、わたしに言えることは、密教には印母と呼ばれる十八種の印相の基本形がある——ということだけである。それ以上は、専門の僧侶に教わっていただくよりほかない。しかし、専門の僧侶にしても、密教の場合は秘密伝授がたてまえであるから、公開できないだろう。資格のない者には伝授してはいけないのだ。だから僧は、袈裟か法衣の下で印を結んでいる。わたしたち素人は、この程度を知っておけば、十分だと思う。

▼語密——真言陀羅尼

つぎに「語密加持」

大日如来のことば（それは本質的には超言語である）をシンボリックに表現したものを、「真言」という。サンスクリット語では〝マントラ〟。真実でいつわりのないことばであるから「真言」と訳される。また、「呪」「神呪」「密呪」「密言」などとも訳される。

真言は、仏や菩薩、諸天諸神の徳や教えの深い意味、あるいは別名に関する秘密の語句である。中国や日本においては、この真言は翻訳しないで、原語（サンスクリット語）を音写して用いる。

たとえば、『般若心経』の最後のほうにある、

「羯諦《ぎやてい》。羯諦《ぎやてい》。波羅《はら》羯諦《ぎやてい》。波羅《はら》僧羯諦《そうぎやてい》。菩提《ぼうじ》薩婆訶《そわか》」

がそれである。これは、サンスクリット語の

「ガテー・ガテー・パーラガテー・パーラサンガテー・ボーディ・スヴァーハー（gate gate pāragate pārasaṃgate bodhi svāhā）」

を、そのまま音写したものである。意味をとって訳せば、

「渡り、渡りて、
真理の彼岸に到れる者よ。
まったき彼岸に到達せし者よ。
そなたに、悟りあれ！

幸《さち》あれかし」

となるであろう。

また、真言宗において使われる「光明真言」がある。

「おん　あぼきゃ　べいろしゃのう　まかぼだら　まに　はんどま　じんばら　はらばりたや　うん」

これはさまざまな解釈が可能であるらしいが、真言宗豊山派宗務所編『真言宗諸経要集解説』には、次のような和訳がつけられている。

「オーン　不空なるものよ、毘盧遮那よ、大印あるものよ、摩尼と蓮華よ、光明を放ちたまえ、フーン」

すなわち、これは五仏に対する呼びかけであって、五仏とは、

不空なるもの……不空成就如来

毘盧遮那…………大日如来

大印あるもの……阿閦《あしゅく》如来

摩尼と蓮華………宝生如来と阿弥陀如来

である。同書の解説によると、

「この真言は大日如来の真言にして、また一切仏菩薩の総呪とされ、その功徳は無量無辺であり、わずかにこの真言を二、三、あるいは七遍聞けば一切の罪障は消滅し、またこの真言をもって加持

した土砂には無量の功能があって、生前に十悪五逆四重罪等を犯した亡者でも、罪障消滅して得脱するとして、古来広く尊重されてきた」

とある。

ところで、「真言」はときに「陀羅尼」ともいわれる。真言と陀羅尼は同じものとして扱われることが多いが、厳密にいえば両者はちがっている。サンスクリット語でいえば、真言は前に述べたように〝マントラ〟であるが、陀羅尼は〝ダーラニー〟であって、この語は「総持」「能持」と意訳される。「能く総べてものごとを摂め持《たも》って忘れ失わぬ念慧の力をいう」と『仏教学辞典』（法蔵館）にあるように、陀羅尼は一種の記憶術である。しかし、後世になると、真言と陀羅尼の明確な区別はなくなり、長句のものを陀羅尼、短いものを真言と呼ぶようになった。

ともあれ、真言陀羅尼は、簡単にいえば「ほとけのことば」である。われわれはこれを唱えることによって、ほとけと一体となることができるのだ。

▼心密——入我我入

さて、第三には「心密加持」である。

心密加持は、ほとけの心と凡夫の心のドッキング（合体）である。身密加持、語密加持が達成されても、心密加持がなければ、いわば「仏造って魂入れず」の状態である。その「魂を入れる」のが、心密加持である。

密教では、「入我我入」ということが言われる。「入我」とは、仏が我（凡夫）のうちに入って来ること、「我入」は逆に、我（凡夫）が仏のうちに入ることである。したがって、正しくいえば「仏入我、我入仏」であろうが、それを「入我我入」というのである。

この「入我我入」を実現するために密教では観法《かんぽう》がある。

観法とは、瞑想（メディテーション）の一種だと思えばよい。あるいは、坐禅と同じと思ってもよい。しかし、

「観法の時は別に義理を思惟せざれ」（実慧《じちえ》『阿字観口決《くけつ》』）

と言われているように、観法のときには思考をしてはいけないのだ。静かに心を遊ばせるのが観法であるらしい。

代表的な観法に、次の三種がある。

1 月輪《がちりん》観……月輪を描いて壁に掛け、その月輪を観ずる。
2 阿字《あじ》観……梵字の「阿」の字を観ずる。
3 鑁字《ばんじ》観……やはりサンスクリット語の「鑁《ばん》」の字を観ずる。

観法においては、わたしたちはほとけの世界に飛び込んで行くのである。と同時に、わたしたちの心のうちにほとけの世界を吸収する。それを交互に繰り返すことによって、わたしたちはほとけと一体となれる。それが観法であり、三密加持なのである。

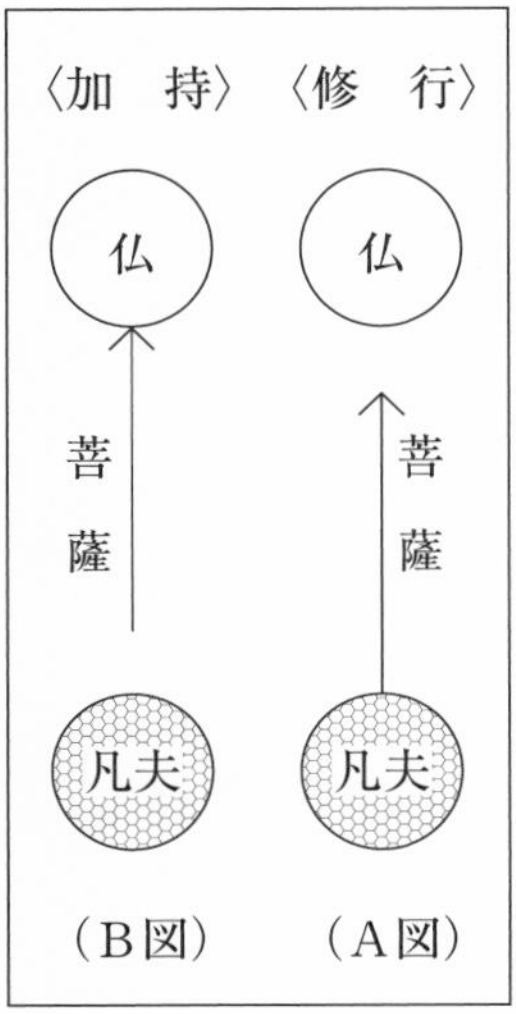

▼「加持」と「修行」の差

三密加持は、いうなれば密教の修行法である。しかし、わたしは「加持」と「修行」とは根本的にちがっていると考えている。そして、顕教（密教でない仏教）においては「修行」があり、密教においては「加持」があると考えている。

では「加持」と「修行」は、どうちがうか？ 当ページの図を見ながら読んでいただきたい。

仏教は、前にも言ったが、「仏になるための教え」である。仏教の目標は仏であり、われわれはその仏に向かって歩みつづけるわけだ。そして、仏に向かって歩みつづける存在を「菩薩《ぼさつ》」と呼ぶ。菩薩のうちには、もはや仏に近い存在もある。たとえば、観音菩薩や地蔵菩薩がそうだ。観音さま、お地蔵さんは、もうほとんど仏と変わりはない。すばらしい菩薩である。それに対してわれわれは、ほんの一歩か二歩を仏に向かって歩みはじめたばかりである。しかし、それでもわれわれは菩薩である。なぜなら菩薩というのは、仏に向かって歩む、その姿勢が問題であって、どこを歩んでいるか、その位置は問題でない。歩みつづけるかぎり、その人は菩薩である。

ところで、顕教で考えられている「修行」は、その歩みつづけている菩薩を、基本的には凡夫と見ているのである（A図）。つまり、修行中の菩薩は凡夫であって、仏ではないと見る。それが修行の考え方である。

それに対して密教の「加持」は、菩薩はすでに仏と見られている(B図)。仏に向かって一歩を歩みはじめた者は、その瞬間に凡夫でなくなるのだ。だから、B図では、凡夫と離して菩薩の矢印をはじめている。A図の矢印は、凡夫にはじまり、そして仏と切れている。したがって、A図で菩薩は凡夫であり、仏でないのであり、B図で菩薩は仏である。凡夫でないのである。A図・B図はそういうふうに見てほしい。

修行の考え方は、わたしたちの常識でよくわかる。われわれは仏ではないから、修行をせねばならぬのだ。

では、加持の考え方はどうか……? われわれはすでに仏となっている——というのだ。これは、どう考えればよいか?

赤ん坊の仏だと思えばよいのである。

たとえば、日本に生まれた赤ん坊が、日本語を学習するようなものだ。赤ん坊だけれども、日本人として日本語を喋っているのである。それと同じで、赤ん坊の仏として行動するのが加持である。修行はその逆だ。あくまで、日本人でない外国人として、日本語を学習するやり方だ。それが顕教の修行である。

だとすれば、三密加持は、わたしたちが赤ん坊だけれども仏の自覚をもって、仏の身体的行動(身密)と言語活動(語密)、そして心的行為(心密)をお手本にしてまねながら、少しずつ大人の仏に成長して行くようなものである。つまり、わたしたちが日々ほとけさまらしい行動をし、ほとけさまにふさわしいことばを語り、ほとけさまのような心を持つ――それが三密加持である。

凡夫が赤ん坊の仏から大人の仏に成長して行く。それが密教の考え方である。そこに密教のすぐれた特色がある。密教は、なかなかおもしろい仏教なのである。

四　マンダラの基本精神

▼打てば響く、仏と衆生の関係

密教の仏である大日如来は、宇宙仏であり、太陽を象徴した仏である。宇宙の中心に、真っ赤に輝く太陽のごとき宇宙仏＝大日如来がましまし、そして一切衆生がその太陽の光に照らされている——。それが密教の基本的コンセプト（観念）である。

宇宙仏である大日如来がわたしたち一切衆生を照らし、わたしたち衆生（凡夫）からすれば、大日如来に照らされている。そこのところを、密教のことばで表現したものが、すでに前節に述べたところの「加持」である。

その加持について、わが国、真言宗の開祖である弘法大師空海が、次のように解説している。

「加持とは古くは仏所護念といひ、または加被といふ。然りといへども、いまだ委悉を得ず。加は往来渉入をもつて名とし、持は摂して不散をもつて義を立つ。すなはち入我我入、これなり」

『大日経開題』

「加持の義、加とは諸仏の護念なり。持とは我が自行なり」（『秘蔵記』）

「加持とは如来の大悲と衆生の信心とを表す。仏日の影、衆生の心水に現ずるを加といひ、行者の心水よく仏日を感ずるを持と名づく」(『即身成仏義』)

いささか難解な表現に思われそうだが、言わんとするところは明解である。仏という太陽(仏日)がわたしたち凡夫という水(心水)を照らし温める。わたしたちはただ、その太陽のあたたかさを感ずればよい。それが加持にほかならないのである。

つまり、加持とは、俗に言う、

──「魚心あれば水心あり」「水心あれば魚心あり」──

である。男女の機微に似たものである。あるいは、それは、いわゆる、

──「感応道交《かんのうどうこう》」──

といったことばで表現されるものである。仏と衆生は親子のようなもので、衆生に機縁があれば、仏の力がこれに応じて自然と働きかけてくれるわけだ。〝感〟は衆生のほうから言った語で、〝応〟は仏のほうからの働きかけである。打てば響く──仏と衆生との関係が、加持である。

▼宇宙そのものがマンダラである

そして、――。

大日如来の光に照らされたこの宇宙を描いたものが、

――「曼荼羅《まんだら》」――

である。曼荼羅は、密教の世界を象徴する図像であり、密教世界を理解するキイ・ワード（鍵の語）である。

〝曼荼羅〟は、また〝曼陀羅《まんだら》〟とも表記される。サンスクリット語の〝マンダラ（maṇḍala）〟の音写語である。したがってわれわれは、なにもこの語を〝曼荼羅〟〝曼陀羅〟といった漢字で表記する必要はない。〝マンダラ〟あるいは〝まんだら〟で十分である。以下では、〝マンダラ〟の表記を採用しよう。

〝マンダラ〟は密教のキイ・ワードであるが、これには四つの意味があるとされる。

1　本質を有するもの……あとでも解説するが、密教にかぎらず仏教全体において、「本質」とは「悟り」である。したがって、「本質を有するもの」とは、「悟りを完成させたもの」「悟りの境地」の意である。

2　道場……その悟りを完成させる場所もまたマンダラである。

3　壇……諸仏（マンダラ）を祀り、祈禱する壇。

4　聚集……その壇には諸仏が集合しているから、マンダラには「聚集」の意があるとされる。あるいは、〝輪円具足《りんねんぐそく》〟といった訳語も用いられる。

しかし、こうした解説では、マンダラの意味がそれほど明瞭にならない。そこで、もう少し基本的なところから、マンダラの意味内容を考えてみたい。

わたしは、つい先程も述べたように、

マンダラとは……宇宙仏である大日如来の智慧と慈悲の光に照らされたこの宇宙の全体像。

だと思っている。より簡単にいえば、

マンダラとは……大日如来に加持された世界。

である。ともあれ、この宇宙全体がマンダラなのである。

なぜか……？　大日如来は宇宙仏であり、宇宙がイコール仏だからである。そして、この宇宙に存在しているありとあらゆるもの（森羅万象）が仏性をもっている。すなわち、「一切衆生悉有仏性《いっさいしゅじょうしつうぶっしょう》」である。仏性という本質（マンダラ）をもっているのだから、宇宙そのものがマンダラなのである。われわれは、マンダラをそのように理解せねばならない。

▼行者が捉えた心象マンダラ

さて、この宇宙全体がマンダラだとして、では宇宙はどのような形をしているか……？

じつは、宇宙には、形がないのである。

形がない――というより、形象を超越している、と言ったほうがよさそうだ。

宇宙は、時間・空間を超越した存在である。時間的にも無限、空間的にも無限の拡がりをもっている。われわれ人間は有限の存在であるからして、この無限の宇宙を捉えることはできない。仮りにわれわれが百年のあいだ宇宙を眺めつづけても、無限の宇宙からすれば、それはほんの小さな点にもならない。したがって宇宙＝マンダラは、形象を超越した存在である。アメリカの天文学者のカール・セーガン博士は、「宇宙」というものを、

「昔も今も将来も〝存在するもの〟のすべてである」

と言っている。宇宙とは、そういうものである。

だから、宇宙マンダラは、表現できないのである。

では、どうするか？　そこで、密教の行者は、なんとかしてこの宇宙マンダラを自分の心のうちに捉えようとする。時間・空間を超越した宇宙のマンダラを、時間化し、空間化して捉えようとするのである。それには、専門的なテクニック（技術）が必要である。誰もが簡単に捉えられるものではない。

そして、そのテクニックは、公開されない秘法である。それを公開すると、悪用する者が出てくるためであろう。わたしには皆目見当がつかないが、その技術はひょっとすればセックス的なものかもしれない。男女の合体と似たところがありそうに思える。そんなテクニックを公開すれば、誤解する者がいるはずだ。それで秘密にしておくのであろう。

まあ、ともかく、密教の行者は非公開の秘法でもって、宇宙マンダラを時間化し、空間化して捉える。それは、非常に高度な三密加持のテクニックである。だとすれば、行者が宇宙マンダラを時

間化し、空間化するのではなく、行者は宇宙マンダラと一体となるのである。行者自身が無時間的存在となり、超空間的存在となって宇宙マンダラに合一する。そう考えたほうがよさそうだ。

そうして、そこに捉えられたものが、

——心象マンダラ——

である。行者の心のなかにイメージ化された宇宙風景である。それをわたしは、〝心象マンダラ〟と名づける。

これもまた、形のないマンダラである。……と、わたしは推測している。高度なテクニックの所有者が、その心象のなかでつくりあげたマンダラだから、わたしのような素人にはそれが正確にどのようなものであるかわからない。わたしはただ、想像するだけである。そして、その心象マンダラが、形象を超越した四次元マンダラであることを、推測で語るよりほかないのである。

▼平面マンダラと大日如来

さて、宇宙マンダラを、行者は心象風景として捉えた。それが心象マンダラであるが、その心象マンダラは行者以外には見えない。行者の心のなかだけにしか存在していないのであるから、われわれ第三者には存在していないのも同然である。そこで、これをなんとかして一般の人々に公開しようということになる。それを公開しないでおくと、高度なテクニックを持たない一般人は、密教に近づけないからである。

で、一般人にマンダラの世界を見せるために考案されたのが、われわれにおなじみの、

——図像マンダラ——

である。密教寺院の壁にかけられた、あのマンダラの図像がそれである。

じつはわたしは、ちょっとおもしろいことを考えている。それは、マンダラというのは、ほんらいは球形ではなかろうか……ということである。

なぜなら、マンダラは宇宙を表現したものであり、宇宙そのものは球形だからである。

いや、宇宙は球形だとは言えない。繰り返し指摘したように、宇宙は時間と空間を超越しているから、いわば「無形」である。したがって「球形」とは言えないが、しかし、われわれの感覚からすれば球形であろう。宇宙が平面であるとは考えられないし、また立方体と考えるよりは球形のほうがよい。球形はいちばん美しく、いちばん完成した形状のように思えるからである。

それでわたしは、マンダラは球形だとしておく。

ところが、マンダラをつくる（表現する）に際して、球形マンダラをいちいちつくるのは面倒である。そう簡単につくるわけにはいかない。現代であれば、機械でもってつくらせることができるかもしれないが、昔は球形をつくるのは大変であった。

そこで、簡便な方法として、平面マンダラがつくられたのである。

ちょうど、地球を示すために、いちいち地球儀をつくるのは大変だ。だから、地球儀のかわりに、地図をつくるようなものだ。つまり、

球形マンダラ……地球儀。

平面マンダラ……地図。

に対応するわけである。平面マンダラであれば、わりと簡単につくれる。

ここで、一つ注意せねばならぬ点がある。平面マンダラは、球形マンダラの表面だけを描いたものである、といった点である。

だが、球形マンダラは、それ全体が宇宙マンダラである。つまり、大日如来の智慧と慈悲の光に照らされた宇宙である。いわば球そのものが大日如来だといってよいのである。

その宇宙マンダラの表層のところに、大日如来の光に照らされた諸仏がおられ、諸菩薩がおられ、諸天諸神がまします。平面マンダラは、その表層だけを描いたものである。

したがって、平面マンダラには、球そのものは表示できないわけだ。それは、地図は地球の表層だけを描いたものであって、地図の上に地球内部のマグマやマントルを表示できないのと同じである。

そして、球そのものといえば、これは大日如来である。平面マンダラには、理論的に、大日如来は描けないことになる。

ところが、マンダラをつくって、そこに大日如来が描かれていないのは、どう考えてもおかしい。それで、約束として、平面マンダラの中央に大日如来を描くのである。

したがって、われわれは平面マンダラを見るときには、注意しなければならない。平面マンダラの中央に描かれた大日如来は、他の諸仏諸菩薩と次元を異にした存在である。それは、いわばマンダラ全体を象徴した存在である。そのように思っていただきたい。

▼レーゾン・デートル（存在理由）

以上の解説で、マンダラがほぼどのようなものであるか、読者におわかりいただけたかと思う。ところで、先程も述べたように、マンダラは密教のキイ・ワードである。そもそも密教とは、これを、

――マンダラ仏教――

と呼ぶこともできるほどである。そこでわれわれは、以下に「マンダラ」の思想を究明しつつ、密教（マンダラ仏教）の特質を考察することにしよう。

1　レーゾン・デートル（存在理由）

マンダラがわれわれに語りかけてくれている基本思想の第一は、宇宙の森羅万象のすべてにレーゾン・デートルがある、ということである。

〝レーゾン・デートル〟といった語は、フランス語である。「存在理由」「存在価値」といった意味である。じつは、この点については、すでに本書の二一五ページに詳しい解説がある。そこでは、

――「諸法実相」――

――「一切衆生悉有《しつう》仏性」――

といったことばが、まさにこのレーゾン・デートルの同義語だと指摘したのであった。

つまり、「諸法実相」とは、すべての存在は真実の相であるといったことであり、それは換言すれば、宇宙の森羅万象にレーゾン・デートル（存在理由）があることである。また、「一切衆生悉有仏性」は大乗仏教の基本思想であり、生きとし生けるものすべてが仏性（ほとけの性質）を持っているということは、すべてにレーゾン・デートルがあることである。仏性とはほとけの性質、あるいはほとけの可能性であるが、それはまさにマンダラにほかならない。つまり、マンダラの基本哲学は、宇宙の森羅万象にレーゾン・デートルを認めることであり、それはとりもなおさず大乗仏教の基本精神である。密教（マンダラ仏教）は、その意味ではなんら特殊な仏教ではなく、大乗仏教のうちに含まれる仏教なのである。

すべてのものにレーゾン・デートルがあるということは、この世の中に、なくていいものなど一つもないのである。わたしたちは、ときに自分勝手な判断でもって、なんらかのものをなくていいものと考えてしまう。しかし、それはまちがった考えである。絶対にマンダラの精神ではない。

たとえば、いじめっ子がいて、いじめられっ子がいる。いじめられている子は、たしかにかわいそうだ。けれども、ではいじめっ子などいないほうがよいか……となると、わたしはそんな考え方は危険だと思う。ナチス・ドイツにおいて、諸悪の根源はユダヤ人にあると考えられた。ユダヤ人さえいなければ、われわれドイツ人はもっと幸福になれる、と彼らは信じた。その結果、ドイツがポーランドを占領したとき、ポーランド南部のアウシュヴィッツの郊外に強制収容所を設けて、約四百万人のユダヤ系一般市民を殺してしまった。そのような悲劇も、つまりはユダヤ人などいないほうがいいと考えたところから起きている。マンダラの哲学は、はっきりとそれに反対する。マンダラの精神は、

「なくていいものなど、一つもない！」

である。だから、いじめっ子がなくなればいい——と考えるのはまちがいである。いじめっ子にもレーゾン・デートルがあるのだ。わたしたちは、そのことをはっきりと確認しておかねばならない。

▼「いはんや悪人をや」

イエズス会神父であり、上智大学文学部教授のジョセフ・ラヴ氏は、左のように言っておられる。

「もし、私の聖書の読み方が正しいとすれば、神はあるがままの人間を愛されるので、あるべき人間の姿を期待して愛されるわけではないのです」（『教えるヒント学ぶヒント』新潮選書）

わたしは、これはすばらしいことばだと思う。そして、この考え方は、仏教のマンダラの精神に通ずるものだと信じている。

宇宙の森羅万象は、そのままで、すなわちあるがままで、大日如来の光に照らされているのだ。

大日如来に加持されて、絶対肯定されている。それがマンダラの思想である。

いじめっ子は、いじめっ子のままでレーゾン・デートルをもっている。いじめっ子のままで大日如来に加持されている。いじめっ子がいじめっ子でなくなれば、いじめっ子がいい子になったとき、そのときになってはじめて大日如来が慈悲の光で照らされるわけではない。すでにいじめっ子のままで、慈悲の光に照らされているのだ。それが、レーゾン・デートルの意味である。

泣き虫は、泣き虫のままでいいのだ。泣き虫のままで、レーゾン・デートルをもっている。

頭のわるい子が勉強をして、それで頭がよくなってから、大日如来はその子を救われるわけではない。頭のわるい子はそのままで、すでに大日如来に救われているのだ。

ずっと前に挙げた例でいえば、チョウもクモも、ともにレーゾン・デートルをもっている。毛虫とチョウのいずれにも、レーゾン・デートルがある。それがマンダラの思想である。

悪人にはレーゾン・デートルがない。悪人が善人になれば、そのときはじめて彼は救われる。……わたしたちは、ついついそのように考えてしまう。しかし、それは、マンダラの精神からすればおかしいのだ。なぜなら、マンダラの精神は、すべての人――したがって、善人にも悪人にも――にレーゾン・デートルを認めることである。したがって、悪人は悪人のままで存在していいのだし、存在しなければならない。

そう考えるならば、わが国、浄土真宗の開祖である親鸞聖人のかのことばが、すんなりと理解されるのではなかろうか……。親鸞聖人は、『歎異抄』のなかで、こう語っておられる。

善人なをもて往生をとぐ、いはんや悪人をや。しかるを世のひとつねにいわく、悪人なお往生す、いかにいはんや善人をやと。この条、一旦そのいはれあるににたれども、本願他力の意趣にそむけり。

（善人が往生できるのだから、悪人が往生できるのは当り前なんだ。それなのに世間の人々は、悪人でさえ往生できるのなら、善人が往生できるのは理の当然と言っている。この世間の人々の言い種《ぐさ》は、ちょっと見には筋が通っているようだが、阿弥陀仏の本願と他力の教えに矛盾するものである。）

悪人にも善人にも、等しくレーゾン・デートルが認められたとき、悪人は善人になる必要はない。いや、実際は、無力な悪人はどう努力しても善人になれないのであるが、だからこそマンダラの思想によってしか、悪人は救われないのである。そのマンダラの精神によると、悪人は悪人のままでレーゾン・デートルが認められているから、悪人は善人になる必要はない。悪人は悪人のままで、悪人を救うことを願としておられる阿弥陀仏によって救われるのだ——。そう親鸞聖人は言いたかったのであろう。わたしは、親鸞聖人が、マンダラの哲学——宇宙の森羅万象にレーゾン・デートルを認めるマンダラのこころを語っておられるような気がする。

ともあれ、マンダラの基本精神は、まず第一に、すべての事物にレーゾン・デートルを認めることである。

▼役割分担の思想

宇宙に存在する一切万物のレーゾン・デートル（存在理由）をしっかりと肯定し、承認することが、マンダラの基本精神である。マンダラの基本思想といえば、この「レーゾン・デートル」に尽きてしまう。あとは、ここから導き出された副次的な特色である。

2　役割分担

一切のものにレーゾン・デートルを認めるマンダラの基本精神から導き出されてくる第二の基本精神は「役割分担」の思想である。この宇宙に存在するすべてのものが、そのもの独自の役割を担っているのである。

たとえば、金持ちには金持ちの役割があり、貧乏人には貧乏人の役割がある。

じつは、日本人は、この点に関しては、からきしマンダラの精神がわかっていない。日本は仏教国であるが、マンダラ仏教（密教）の理解に関するかぎり、日本人は完全に落第だ。現在では仏教徒がほとんどいなくなったインドのほうが、むしろマンダラ仏教的である。

いや、それは、決して奇異なことではない。すでに指摘しておいたように、密教＝マンダラ仏教というのは、ヒンドゥー教化した仏教である。非常にインド的（ヒンドゥー的）な仏教なのである。したがってインド人は、ヒンドゥー教においてマンダラの精神を理解している。インド人がマンダラの思想の良き理解者であるのは、ある意味では当然のことなのだ。

インド人は、金持ちと貧乏人の役割分担をしっかりと認識している。わたしのインド旅行の体験でいえば、ときに通りすがりのインド人から、「おまえのボールペンを一本よこせ！」と要求される。なぜ、わたしがおまえに施さねばならぬのか？……と反問すれば、

「おまえは二本もボールペンを持っている。一本は、おれが使ってやる」

という返事である。なるほど、わたしの胸のポケットには、二本のボールペンがある。しかし、だからといって、わたしが見ず知らずのインド人に、一本を献上せねばならぬ義理はない。わたしは断り、しかも断ったあとでも不愉快であった。

けれども、だんだんにインド人の考え方がわかってくると、わたしのボールペンを一本よこせ！……と言うインド人にも、それなりの理窟のあることが了解できた。すなわち、彼らインド人の考え方は、

金持ちは……貧しい人に施す義務がある。

貧しい者は……金持ちから財物を貰う権利がある。

ということである。施すのが金持ちの役割であり、受け取るのが貧乏人の役割である。それが役割であるから、施しを受けてなにも卑屈になる必要はない。堂々と権利を主張し、そして受け取っ

て当然といった顔付きをしている。「ありがとう」と言うのは、むしろ施した側である。なぜなら、彼は施すことによって、はじめて自分の役割＝義務を果たせたからである。受者がいなければ、彼は自分の役割を分担できないわけだ。だから、彼は受者に感謝すべきである。

これが役割分担の思想である。そして読者は、仏教の布施《ふせ》の思想が、この考え方の上に成り立っていることにお気づきだと思う。

ところが、日本人には、この考え方ができない。日本人は、貧乏でないほうがよいと思ってしまう。そして、金持ちになりたいと願う。それは、貧乏人のレーゾン・デートルを認めていない考え方である。金持ちのレーゾン・デートルだけを認めて、貧乏人などいないほうがよいと思うのだ。それがマンダラの精神に反する考え方であることに、日本人は気づいていないのである。

▼怠け者の役割

貧乏人には貧乏人の役割がある。怠け者には怠け者の役割がある。社会には、ぜひとも怠け者がいてくれないと困るのだ。

じつは、わたしは、このあいだ（一九八七年四月）も中国の五台山へ旅をした。文殊菩薩《もんじゅぼさつ》の霊場である五台山は、すばらしいところであった。五台山、太原、大同で参拝した仏教寺院は、大きな感激を与えてくれた。

でも、わたしは、中国の社会そのものは好きでない。

中国人が働き蜂だからである。

人間が汗水垂らして働いている。そのこと自体は悪いことではないのだが、そういう社会を見ていると、息が詰まりそうになる。わたしは、中国のような社会主義社会は嫌いだ。

もっといやなのは、高度経済成長以後の日本社会である。人間がガツガツとし、あくせくと経済的利益だけを求めて走り回っている。まるで蟻である。どこにもゆとりがない。

インドに行くと、全体にノンビリしている。わたしは、最初に中国の旅行したとき、その息苦しさに辟易し、帰国してすぐにインドに遊びに行った。インドに行くと、ほっとできる。いまもまた中国から帰って来て、無性にインドに行きたくなっている。

インドには、大勢の怠け者がいる。怠け者がいるから、社会が全体としてノンビリしてくるのである。

北京の万里の長城で、長城から出ようとする観光客と入ろうとする観光客が、狭い出入口のところで殺気だって押し合いをしていた。われ先に出よう、入ろうとするから、そうなるのだ。ＪＲ線のラッシュも同じだ。

怠け者が大勢いると、ラッシュアワーに殺気だつこともない。こんな満員電車に乗って行くのはシンドイと、会社を休む怠け人間が多くなると、社会はもっと明るくなる。

怠け者は、そのようなすばらしい役割を担ってくれているのだ。

「怠けてはいけません！」と、怠け者の役割分担を認めなくなると、日本のような殺伐とした社会になってしまう。

マンダラの思想を、日本人はもう一度、学びなおさなければならない。

▼図像マンダラの諸尊

さて、じつは、このような「役割分担」の理念を具体的に表現したものが、われわれにおなじみのあの図像マンダラである。そこで、以下に、図像マンダラについて少しく解説を加えておく。

図像マンダラの代表は、一般に「両界マンダラ」として知られている。

――金剛界マンダラ――

――胎蔵界マンダラ――

がそれである。前者の金剛界マンダラは、密教経典の『金剛頂経』という経典にもとづいて描かれたマンダラであり、後者の胎蔵界マンダラは同じく密教経典の『大日経』にもとづいて描かれたものである。ただし、〝胎蔵界〟といった語は『大日経』に出てこないから、学者によると、これは〝胎蔵マンダラ〟あるいは〝胎蔵生マンダラ〟というべきだとされる。しかし、古来、〝両界マンダラ〟といった呼び名が使われてきたのだから、〝胎蔵界マンダラ〟と呼んでもいいように思う。

密教寺院においては、東に胎蔵界マンダラを、西に金剛界マンダラを掛けている。

胎蔵界マンダラには、約四百の諸尊が描かれている。数え方にもよるが、一般には四百十四尊とされている。

金剛界マンダラには、千四百六十一尊の諸仏・諸菩薩が描かれている。じつは、ここで解説を加えておくべきなのは、このマンダラに描かれた諸仏・諸菩薩なのである。マンダラには多種多様のほとけが描かれているが、それらのほとけがみごとに役割分担をしている。そこのところを、わたしたちは再確認しておきたい。

そこで、多種多様のほとけを分類し、少しコメント（注釈）をつけておく。

われわれは、仏教に関係した尊像をすべて〝仏像〟と呼んでいるが、厳密な意味での「仏像」は、あくまで「仏」の像でなければならない。「仏」はまた〝如来《にょらい》〟とも呼ばれる。したがって、〝仏像〟には広狭二つの意味があって、広義の〝仏像〟は仏教に関係したすべての尊像、狭義の〝仏像〟は「仏」あるいは「如来」の尊像ということになる。最初に、その狭義の「仏・如来」を解説する。

A 仏・如来

仏教において、基本になるものは仏・如来である。そして、仏・如来にさまざまなタイプがあることは、すでに述べたところである。

a1 宇宙仏

仏・如来のうち、とりわけ根源的な存在が宇宙仏である。宇宙の中央にどっかとましますす仏であり、あるいは宇宙に遍在する仏である。宇宙そのものが仏である――ということもできるだろう。この宇宙仏は、ユダヤ教のヤーウェの神、キリスト教のゴッド、イスラム教のアッラーの神に相当する。それらの神が時間と空間を超越した超越神であるように、宇宙仏は超越仏である。

密教においては、この宇宙仏（超越仏）を〝大日如来《だいにちにょらい》〟と呼んでいる。この大日如来は、顕教でいう毘盧舎那《びるしゃな》仏に同じである。大日如来と毘盧舎那仏は、異名同体の仏とされている。

宇宙仏（大日如来）は、宇宙そのものである仏であるから、他のタイプの仏——のちに述べる分身仏・理想仏——とは次元のちがった存在である。そこで、そのような次元のちがいを明確にするために、マンダラにおいて大日如来を表現するとき、これを王者の姿でもって表すのである。つまり、一般的にいえば、仏・如来は出家者である。出家をして悟りを開いたのが仏であるから、仏像（狭義の仏像、すなわち如来像）は出家者の姿で造像される。そういう約束になっている。ところが、大日如来だけは例外で、頭上に宝冠をつけ、胸飾りや腕飾りなどをつけた帝王の姿でつくられている。したがって、在家の人間である。これは、大日如来が宇宙仏であって、他のタイプの仏とちがっていることを示すための工夫なのだ。

a2　分身仏　前にも述べたが、宇宙仏は姿なき仏である。宇宙そのものが、時間・空間を超越しているから、宇宙仏も時間と空間を超越した存在である。

したがって、われわれ人間は、宇宙仏である大日如来に直接見《まみ》えることはできない。大日如来から教え（法）を親しく聴聞することはできない。もちろん、大日如来の説法を、われわれが絶対に直接聴聞できないわけではない。直接聴聞の途はあるにはある。それがあるから、「密教」なのである。しかし、その直接聴聞の途は、高度なテクニックを要する。「入我我入」によって、われわれが仏と一体にならねばならない。なかなか困難である。

そこで、宇宙仏とわれわれ凡夫とのあいだを媒介してくれる仏が必要になる。

そのような仏が分身仏であり、具体的にいえば釈迦牟尼仏（釈迦仏）である。

マンダラ仏教の考え方によると、釈尊は、時間・空間を超越した宇宙仏の絶対的真理を、われわれ凡夫のために時間化し、空間化して説いてくださる仏とされる。そのために、釈尊はわざわざ人間の姿をとられたとみる。つまり、マンダラ仏教では、顕教の仏である釈尊を宇宙仏の分身とみているのである。

a3　理想仏　だが、ある意味において、釈迦牟尼仏（釈尊）ははじめから仏なのである。ほんらいは姿なき仏――真理そのものであるものが、われわれ衆生のためにかりに姿をとられた存在が釈迦仏である。その意味では、釈迦仏はちょっとわたしたち凡夫の理想とはなり難い。宇宙仏と分身仏と、われわれ衆生とのあいだには、いわば断絶がある。

そこで、宇宙仏・分身仏とはちがった、もう一つのタイプの仏が必要になる。必要になる――といった表現はおかしいが、われわれ衆生と断絶していない仏がほしいのである。

それが、理想仏である。

代表的な理想仏は、阿弥陀仏《あみだぶつ》と薬師《やくし》仏である。また、日本仏教ではあまりなじみがないが、インド仏教においては阿閦《あしゅく》仏（無動《むどう》仏）もわりとポピュラーな理想仏である。

理想仏の特色は、これらの仏ははじめは人間であった存在が、修行をした結果、仏となったのである。といえば、釈迦仏（釈尊）だって、はじめは人間ではないか……と反論されそうであるが、すでに述べたように釈迦仏の場合は、ほんらい仏であった存在が、一時的に人間の姿となってこの世に顕現されたのである。ところが、理想仏の場合は、たとえば阿弥陀仏は、はじめは法蔵比丘《ほうぞうびく》という修行者（人間）であった者が、修行によって仏となったのである。理論的には、そのように見做《みな》している。したがって、理想仏と分身仏は、「人間→仏」という図式と、「仏→人間」という図式となり、まるで方向が逆になっているのである。

それから、理想仏はそれぞれの誓願をもっている。

修行に先立って、理想仏は独自の誓願――衆生を救いたいという願い――を立てる。そして、その誓願を前に置いて、修行をつづけるのだ。じつは、「誓願」は、サンスクリット語（梵語《ぼんご》）で、

――〝プラニダーナ（praṇidhāna）〟――

というが、この語のもとの意味は「前に置く」ということである。目標・願いを前に置いて修行し、その修行が完成して仏となったのが理想仏である。阿弥陀仏の四十八願、薬師仏の十二願が知られている。

B　菩薩

図像マンダラには、またさまざまな菩薩が描かれている。

菩薩とは何か？　本書において、わたしは「菩薩」を、
――仏に向かって歩みつづける者――
と定義した。その定義によれば、わたしたち凡夫もまた、菩薩なのである。わたしたちはほんの一歩を歩みはじめたばかりであるが、それでも歩みつづけているかぎり、菩薩であることにまちがいはない。

だが、図像マンダラに描かれた菩薩は、もっともっと先を歩んでおられる菩薩である。

いや、じつをいえば、観音菩薩や地蔵菩薩、文殊菩薩、……等々の諸菩薩は、実力において仏に等しい存在である。しかし、これらの菩薩たちは、あえて仏にならずに（なろうと思えば、いますぐにでも仏になれるが……）、菩薩のままでがんばっておられるのだ。

なぜか……？　それは、仏になると、この世から消滅するからである。別の世界に去らねばならない。

仏教では、わたしたちのいるこの世界を〝娑婆《しゃば》〟と呼んでいるが、仏になると娑婆にはいられないのである。それであえてこれらの諸菩薩は、わたしたち衆生のために、菩薩のままでこの娑婆にとどまり、救済の活動をしておられるのだ。

菩薩は、そういう存在である。

C　明王

図像マンダラには、またさまざまな明王が描かれている。

明王とは、簡単にいえば、大日如来の使者である。

したがって、明王は、釈迦仏と同じく、本質的にほとけである存在が、明王という姿をとって化現しているわけだ。

では、なぜ、明王が必要か……？　それは、菩薩は慈悲のこころでもってわたしたち衆生を救済されようとする。ところが、世の中にはひねくれ者がいて、やさしく導いてくれる菩薩の教導を拒否することがある。そのようなひねくれ者が、結果的に悩み苦しむのは、本人の責任だ。したがって、ひねくれ者はほおっておいてもよいのであるが、しかしそれではまたほとけの慈悲に反する。すべての衆生を救いたいのが、ほとけの慈悲だからである。

そこで大日如来は、忿怒《ふんぬ》の姿をした明王——不動明王や愛染《あいぜん》明王など——をおくって、そうしたひねくれ者の救済にあてられるわけだ。だから、菩薩は母親的にやさしく導かれるが、明王は父親的に、

「こらっ！」

と叱りながら、人々を教導するのである。

……と言えば、炯眼《けいがん》の読者はお気づきであろう。そう、ここに役割分担の思想が見られるのである。衆生を導くのに、母親的な役割・父親的役割が、ともに必要なのだ。菩薩にもレーゾン・デー

トルがあり、明王にも存在理由がある。どちらが上で、いずれが下ということはない。それぞれの役割を分担しているのだ。

マンダラは、われわれにそのようなことを語りかけている。

D　諸天諸神

図像マンダラには、そのほか諸天諸神が描かれている。これらの諸天諸神は、ヒンドゥー教の神さまである。民衆の信じる神さまをマンダラのうちに採り入れ、それらを姿なき大日如来の顕現と見做したわけだ。マンダラ仏教（密教）は、その意味で非常に包容力のある仏教である。しかし、同時に、その包容力が逆作用して、仏教がヒンドゥー教のうちに消滅してしまったともいえる。つまり、ヒンドゥー教の神さまを自己の体系――マンダラ――のうちに取り込んだがために、仏教とヒンドゥー教の区別がつかなくなったのである。その結果、ついにインドでは仏教が消滅してしまった。消滅の原因には、このほかイスラム教徒の侵入がある。七、八世紀のころから、イスラム教徒がインドの地に侵入して来た。そして、彼らは徹底的に仏教徒を弾圧した。そういう外的な原因があって、仏教はインドの地で滅びたのであるが、同時に内的な（思想史的な）原因も考えられる。その内的な原因が、まさにマンダラ仏教（密教）の包容性だったわけである。

▼一尊のみを真剣におがむ

読者もよくご存知のように、われわれが密教寺院で見るマンダラ——図像マンダラ——には、さまざまなほとけが描かれている。そして、それらの数多《あまた》なるほとけには、すべてレーゾン・デートル（存在理由）がある。なくていいほとけなど、ないのである。

ということは、それらのほとけには、上下の差別はないわけだ。上下の差別があれば、下位のほとけはなくていいほとけになるからである。

多種多様のほとけたちは、役割分担をしているのである。

とすれば、われわれがどのほとけを崇拝すればよいのか……といった問題は、簡単に答えが出る。手っ取り早く言えば、あらゆるほとけ——仏・菩薩・明王・諸天諸神——を尊崇すればよいのだ。

現代のインド人も、そして現代の日本人も、だいたいがこの考え方である。マンダラ仏教（密教）においては、すべてのほとけをおがむことが推奨されている。

しかしながら、実際問題として、すべてのほとけをおがむことはむずかしい。ほとけは許多《あまた》ましますから、どうしても扱いに差ができる。知らずのうちに軽視していたり、無視していたりするほとけさまができる。それは失礼である。

それに、諸菩薩や諸天諸神に祈願する場合、それぞれの個性をよく知っていなければならない。そうでないと、やはり失礼な祈り方をしてしまう。でも、数多いほとけの個性を全部知ろうとするのは大変だ。いや、不可能である。

だから――。

わたしたちは、すべてのほとけをおがもうとすることをやめたほうがよい。ただ一つのほとけだけを、しっかりとおがむべきだ。

密教では、そのように考える。なぜなら、すべてのほとけが、本質においては大日如来だからである。いっさいのほとけが大日如来の顕現である――というのが、密教のマンダラの理論である。

したがって、どのほとけをおがんでも、われわれはそのほとけの背後にある大日如来をおがむことになるわけだ。つまり、いずれのほとけをおがんでも、結局は同じことだ。

だとすれば、すべてのほとけをおがむより、いずれか一つのほとけを真剣におがんだほうがよい。密教ではそう考える。そして実際、一尊だけをおがむことが奨励されているのである。

▼ほとけが凡夫を選ぶ

では、いかにして、その一尊を選定するか？

いずれのほとけをおがんでも、結局は同じであるが、でもやはり、どのほとけをおがむべきか、われわれは迷わざるを得ない。しかし、要は、自分にあったほとけを見つけ、そのほとけをおがむべきだ。

ただし、早合点をしてもらっては困るのは、自分にあったほとけは、自分の好きなほとけではない。自分の好き・嫌いをもとにして、こちら側からほとけを選定してはいけない。そのような選定は、まさに思い上りもはなはだしい。

つまり、わたしがほとけを選定するのではなしに、ほとけのほうからわたしを選定していただくのである。それが、マンダラの基本精神である。

3　ほとけの側からの働きかけ

具体的には、どのようにするか……？

現在、わが国の真言宗においては、結縁灌頂《けちえんかんじょう》のときに、「投華《とうけ》得仏《とくぶつ》」といった儀式が行なわれている。

灌頂というのは、頭頂に水をそそぐ儀式である。インドの国王が、即位のときなどにこの儀式を行なったというが、密教はそのような儀式を採り入れたわけである。そして、ひろく在家の人間に仏縁を結ばせるために、結縁灌頂をする。

そのとき、縁を結ぼうとする信者は、覆面して敷マンダラの前に立たされる。手には花を持たされているが、その花を敷マンダラの上に投げる。花はいずれかの尊像の上に落ちる。

そのとき、花が当たった尊像が、その人の有縁のほとけである。

以後、彼は死ぬまで、そのほとけをおがんで行くのだ。

これが投華得仏である。

このやり方は、つまりは、わたしがほとけを選ぶのではなしに、ほとけのほうからわたしを選んでいただくやり方である。わたしは目隠しをされているから、わたしにとってはそのほとけとの出会いは偶然である。わたしが選んだわけではない。とすれば、ほとけがわたしを選ばれたことになる。わたしには偶然だが、ほとけのほうでは必然としてわたしを選んでくださったのである。

それが密教の考え方である。

つまり、そこには、ほとけのほうからの「加」がある。ほとけの側からの働きかけがある。わたしは、それを「持《たも》」てばよいのである。それが「加持」だ。

偶然の出会いを必然化して行く――。それが、信仰である。マンダラ仏教（密教）においては、そう考えている。マンダラ仏教は、ほとけのほうからの働きかけを基盤にした仏教なのである。

五　インド仏教の終焉

▼インド仏教の雲散霧消

前節において、わたしはマンダラの基本精神を述べてきた。もう一度、繰り返して要約しておけば、マンダラ仏教（密教）においては、宇宙の森羅万象にレーゾン・デートル（存在理由）を認めている。宇宙のすべての事物が、宇宙仏である大日如来のあらわれだと見ているのだ。

そして密教は、このようなマンダラの精神にもとづいて、インドの民衆のあいだで信奉されている神々（ヒンドゥー教の神々）を自己の体系のうちに取り込んだ。それらヒンドゥー教の神々も、宇宙仏である大日如来の一つの分身だと見たのである。大日如来の分身と規定することによって、ヒンドゥー教のもろもろの神々が密教の神々となる。したがって密教は、数多くのヒンドゥー教の神々を採用したわけである。

それはつまり、密教のヒンドゥー教化である。

いや、そうではない。すでにこの点は論じておいたが、仏教がヒンドゥー教化したとき密教となるのである。

「密教とは、ヒンドゥー教化した仏教である」

わたしは前に、そのように定義しておいた。

ところが、仏教がヒンドゥー教化して密教になった。しかし、密教になっても、ヒンドゥー教化の勢いは、そこで停止しないのである。密教ができあがっても、なおもどんどんヒンドゥー教化が進んでいく……。

すると、どうなるか？　すると、もはや密教ですらなくなり、ヒンドゥー教そのものになってしまう。

じつは、インドの仏教（密教）は、そうなってしまったのだ。

つまり、インドの仏教は「仏教」でなくなり、ヒンドゥー教になってしまった――。

それがインド仏教の、終末の姿である。

思想史的には、インド仏教は、ヒンドゥー教のうちに雲散霧消してしまったのだ。

わたしは、仏教の立場から、それを「雲散霧消」と表現する。しかし、現代インド人に言わせれば、彼らはヒンドゥー教の立場から、仏教はヒンドゥー教のうちに「発展的解消」を遂げた、と評価するであろう。しかし、まあ、いずれにしても、「仏教」はインドの地において姿を消すのである。姿を消したところで、「インド仏教思想史」はピリオドが打たれるのである。

▼イスラム勢力からの攻撃

もっとも、インドの地から仏教が消滅してしまった原因として、外的な要因がないわけではない。それは、イスラム勢力のインド侵入である。

イスラム教徒のインド侵入は、七、八世紀のころからはじまる。そして、十一世紀になると、アフガニスタンを支配していたガズニー朝やグール朝の勢力がつぎつぎとインドに侵入し、略奪と侵略をほしいままにする。

ご承知のように、イスラム教はアッラーの神を唯一絶対の神とし、偶像崇拝を排斥する宗教である。いかなる偶像もつくってはならないとしている。

ところが、ヒンドゥー教は（そして密教も）多神教であり、偶像崇拝の宗教である。インドに侵入したイスラム教徒の目に映ったのは、そのような許しがたい偶像崇拝の現実であった。彼らは怒り心頭に発して、ヒンドゥー教の神像や仏教の仏像を破壊した。現在、インドに行けば、イスラム教徒による偶像破壊の爪跡を見ることができる。わたしは一九八六年にパキスタンのガンダーラを訪れたとき、つい数日前に壊された仏像を見た。パキスタンは現在、イスラム教国であるから、よほど監視を厳しくしておかないと、仏像を破壊する者がいるのだ。

そういうわけで、インドに侵入したイスラム教の勢力によって、仏教は徹底的な攻撃を受けた。それが、インドにおいて仏教が滅びた原因である。そう説明する学者がいる。そして、一二〇三年を、仏教がインドで消滅した年としている。一二〇三年には、インド密教の最後の根本道場であったヴィクラマシーラ寺院が、イスラム軍によって破壊され、僧尼が殺戮《さつりく》されたからである。

たしかに、イスラム勢力による弾圧・攻撃も、インドにおける仏教滅亡の一つの原因である。でも、それだけであれば、ヒンドゥー教だって同様に攻撃を受けたのであるから、ヒンドゥー教もまたインドの地方から姿を消していなければならない。仏教だけが消滅し、ヒンドゥー教が残った理由を、イスラム勢力のインド侵入だけでは説明できないのである。

仏教は、インドにおいて、ヒンドゥー教のうちに解消してしまったのだ。そう見たほうがよい。もっとも、それを「発展的解消」と見るか、「雲散霧消」と見るかは、立場によってちがうけれども……。そして、ヴィクラマシーラ密教根本道場の破壊は、ヒンドゥー教化されずに残っていた「仏教」の最後の法灯の消滅である。わたしはそのように解釈している。

▼仏教は「彼岸」の教え

ところで、そこで問題がある。

わたしは、密教とは、「ヒンドゥー教化した仏教」であると定義した。では、ヒンドゥー教と仏教はどう違うのか？　仏教が、どう変わればヒンドゥー教になるのか？　あるいは、仏教から何かが失われればヒンドゥー教になるのか、それとも仏教に何かが加わればヒンドゥー教になるのか……？　その「何か」とは、いったいなにか？

じつは、この問題は、いったい仏教とは何か？……に帰着するのである。すなわち、ここでわたしは、わたし自身のトータルな（全体的な）仏教理解を問われていることになる。おまえは、そもそも仏教をどのように理解しているのか？　その問いに答えて、はじめて仏教とヒンドゥー教を截《さい》然《ぜん》と区別できるのである。

そこでわたしは、こう答えようと思う。

――仏教をして仏教たらしめているものは、その「彼《ひ》岸《がん》的性格」である――

と。

別なことばで言えば、仏教は彼岸世界を理想としている。現世である此《し》岸《がん》世界を超越した、彼方の世界を憧憬するのが仏教である。

それは、さらに別のことばで言えば、

――出世間的性格――

である。世間の常識、世間の価値観をいちど否定して、世間を超越した理想を持つのが、仏教の仏教たるゆえんである。わたしはそう考えている。仏教が「出世間的」でなくなり、「世間的」になってしまえば、それはヒンドゥー教でしかないのである。

密教は、ヒンドゥー教化した仏教である。したがって、密教はまだ仏教であって、ヒンドゥー教とよく似ていても、そこには現世を否定し、世間を超越した「彼岸的」な価値観がある。その彼岸的価値観に支えられて、密教は仏教であったわけだ。しかし、密教がそのような彼岸的性格を失ってしまったとき、密教はヒンドゥー教に堕落するのである。ヒンドゥー教に対しては、「堕落」といったことばは失礼であるが、しかし仏教の立場よりして、ここではあえて「堕落」の語を使わせていただく。

けれども、誤解をしないでいただきたい。わたしは、「出世間的」であると言っても、「出家主義」を推奨しているわけではない。出家主義は、小乗仏教である。大乗仏教は、在家の人間のための仏教でなければならない。したがって、大乗仏教は、出家主義をとれないのである。

では、在家の生活をおくりながら、しかも出世間的であることはできるのか……？　もちろん、それは可能である。大乗仏教は、それが可能であると主張してきた。

わたしたちが迷いの此岸にいて、しかも彼岸的理想を持つことができるだろうか？　それも可能である。大乗仏教は、それが可能であると教えてきた。

その教えを一言にまとめるなら、

——「空《くう》」——

である。そして、わたしは、「空」を「こだわるな！」とパラフレーズ（解釈）した。こだわり、執着を捨てることによって、わたしたちは在家の生活をしながら、なおかつ出世間的であることができるのだ。此岸にあって、しかも彼岸的理想を持ちつづけることができるのだ。

▼いま、仏教のなすべきこと

もうそろそろ、わたしは本書を終わりにせねばならない。

その最後において、わたしは日本仏教への警鐘を鳴らしておく。

インドの仏教は、「出世間的性格」「彼岸的性格」を失ったとき、みごとにヒンドゥー教のうちに吸収されてしまったのだ。仏教が出世間的でなくなったとき、仏教はインドの地で滅びてしまった。出世間的でなくなるということは、裏返しに言えば、世間に妥協したわけである。

インドの民衆が、現世のご利益《りやく》を——現世のご利益のみを——祈願しはじめたとき、インドの仏教はまさに仏教であることをやめたのであった。

だから、——。

いま、日本において、わたしたちがただ世間的な利益のみを仏教に求めるならば、仏教は仏教でなくなってしまうだろう。それは、まちがいのないことだ。

では、世間的な利益とは何か？

たとえば、金儲けである。仏教によって、企業の利益を増大させようとしてはいけない。仏教はむしろ、「少欲知足」を教えている。欲望をすくなくし、足るを知るこころを持つことだ。

たとえば、子どもの教育である。いい教育をしたい、ということは、あくまでも現世の願望だ。子どもをいい子に育てるのだから、立派なことのように思われそうだが、いい子というのは、それぞれの社会が自分の都合で判定したいい子である。それが証拠に、資本主義社会のいい子は、社会主義社会のいい子ではない。平和の時代のいい子と、戦争の時代のいい子はちがっている。だから、いい子をつくる——といった考えはまちがっている。まちがっているというのは言い過ぎであろうが、それは世間的尺度での話である。仏教の出世間的（彼岸的）尺度からすれば、全員がはじめからほとけさまの子なんだ。その認識が、仏教においては、不可欠である。その認識なしに、世間的尺度でのいい子をつくる教育に仏教が荷担すれば、やがて仏教が滅びるだろう。インド仏教思想史は、そのようにわたしたちに警告してくれている。

あるいは、老人問題である。世間では、若さを保つ秘訣が教えられている。しかし、仏教の考え方は、出世間的だ。若さなんか保たなくてよろしい。老いをそのまま受容することが、仏教の教えである。不老の願望は世間の願望であって、仏教がそんなものに振り回されてはいけない。

病気も同じ。病気にならないことを願うのは、世間的な願望だ。あるいは、病気が治ることを祈るのもやはり世間的欲望である。仏教が教えているのは、ここでも出世間的である。病気は四苦の一つであって、人間にとって不可避の事象である。ならば、われわれは病気をそのまま受容すること。それが仏教の教えである。

そうなんだ。わたしたちは、問題をはっきりさせておく必要がある。

——いま、仏教に期待されていることは何か？

——いま、仏教がなすべきことは何か？

——いま、仏教がしてはいけないことは何か？

問題は微妙にちがっている。仏教に期待されていることは、世間からの期待である。あるいは現在は、世間から仏教に期待がほとんど寄せられていないのかもしれない。それは悲しいことだ。しかし、それよりも大事なことは、世間からの期待があるからといって、すぐにそれに応えてはいけないということである。たとえば、企業の研修のお手伝いをして、仏教が根性のある社員教育をはじめる。それは、仏教がやってはいけないことだと思う。わたしはそう思う。なぜなら、根性のある社員――というのは、ガツガツとした人間で、まるで餓鬼ではないか……。少欲知足を教える仏教が、そんなさもしい人間をつくる研修に荷担してよいわけがない。

だから、わたしたちは、仏教がしてはいけないことをはっきりと知っておかねばならない。いくら仏教に期待されても、してはいけないことをしてはいけない。

そして、わたしたちは、仏教のなすべきことをやらねばならない。世間が期待しなくとも、世間のほうで敬遠しようと、わたしたちは仏教がなすべきことを、決然としてやるだけの勇気を持ちたい。なすべきことをやらずにおくと、仏教はまちがいなく滅びてしまうであろう。

わたしは、これから、三つの問いを問いつづけて行こう。

いま、仏教に何が期待されているか？

いま、仏教は何をなすべきか？

いま、仏教は何をしてはならないか？

『インド仏教思想史』は、きっとその問いに答えるヒントとなるであろう。わたしはそれを確信して、ここで筆を擱《お》く――。

あとがき

わたしがなぜ『インド仏教思想史』を書いたか、その理由は上巻の「まえがき」で明らかにしておいた。したがって、本書刊行の趣旨は、そちらを見ていただければわかるわけだ。下巻において「あとがき」を付け加えるとすれば、ここでわたしは一種の弁明、釈明をすべきであろう。

じつは、わたしは、仏教学者ではない。学者として仏教を研究したことなど、これまで一度もなかった。

わたしはこれまで、数多くの仏教書を書いてきた。わたしの本の読者は、わたしに仏教学者を期待しておられない。読者がわたしに期待しておられるのは、仏教をわかりやすく解説することである。わたしには、そのことがよくわかっている。

それなのに、どうしてわたしは、本書のようなややカタイ本を書いたのであろうか……？　なんだか読者にご迷惑をかけたような気がしてならない。『インド仏教思想史』のようなやや専門的なテーマは、学者にまかせておけばよいのです。なにもあなたが手をつけることはありません。あからさまに、わたしにそう言われた読者もおられる。

言われてみればその通りである。しかし、わたしは、やはり『インド仏教思想史』を書いておきたかった。これを書いておけば、わたしの足場がしっかりするからである。「仏教思想史」の展開を踏まえた上で、これからは自信をもって「仏教」について発言できそうである。そんなわたしの、成長のための踏み石として、わたしはこの『インド仏教思想史』を書いた。これを足場に、わたしはこれから「仏教」について積極的に発言して行きたい。いささか大言壮語になったが、わたしはいま、そのような気持ちでいる。

合　掌

一九八七年十二月十五日

ひろ　さちや

インド仏教思想史　上巻〔目次〕

ひろ　さちや

一九三六年（昭和十一年）大阪市に生まれる。東京大学文学部印度哲学科卒業、東京大学大学院人文科学研究科印度哲学専攻博士課程修了。一九六五年から二十年間、気象大学校教授をつとめる。退職後、仏教をはじめとする宗教の解説書から、仏教的な生き方を綴るエッセイまで幅広く執筆するとともに、全国各地で講演活動を行っている。厖大かつ多様で難解な仏教の教えを、逆説やユーモアを駆使して表現される筆致や語り口は、年齢・性別を超えて好評を博している。

おもな著書に、『仏教の歴史（全十巻）』『釈迦』『仏陀』『大乗仏教の真実――インド仏教の歴史――』『ひろさちやのいきいき人生（全五巻）』（以上春秋社）、『観音経 奇蹟の経典』（大蔵出版）、『お念仏とは何か』『禅がわかる本』（以上新潮選書）、『「狂い」のすすめ』（集英社新書）、『わたしの「南無妙法蓮華経」』『わたしの「南無阿弥陀仏」』『〈法華経〉の世界』『『法華経』日本語訳』『〈法華経〉の真実』（以上佼成出版社）などがある。

インド仏教思想史(下)

2020年10月30日　初版第1刷発行

著者…………ひろさちや
発行者………水野博文
発行所………株式会社佼成出版社
〒166-8535　東京都杉並区和田2-7-1
電話　(03) 5385-2317 (編集)
(03) 5385-2323 (販売)
URL　https://www.kosei-shuppan.co.jp/
印刷所………亜細亜印刷株式会社
製本所………株式会社若林製本工場

 ISBN978-4-333-02829-0　C0015